**50 Touren für alle Ansprüche**

# Das Radlbuch
# Oberbayern

**Die schönsten Touren zwischen Altmühltal und Werdenfelser Land und vom Pfaffenwinkel bis nach Berchtesgaden**

**J. BERG**

**34** Reizvolle Landschaften, wie im Talbodes der Jachenau, machen Radeln zum Genuss und Erlebnis.

# Inhalt

**1/S** Das Pfingstwunder (1480) in der
Alten Pfarrkirche von Pullach

**36** Urlandschaft mit unverwechselbarer Stimmung:
das Karwendeltal im Karwendelgebirge

27 Am Wege liegen auch stattliche Gasthöfe, wie der Pfeiffenthaler mit Biergarten in Feilnbach.

## Hallertau, Donaumoos, Altmühltal

## Abseits des Trubels

## Aktionsradius beim Radeln

»Alte Hasen« wissen es längst: Strecken, die zu Fuß kaum zu bewältigen sind, schafft der Radler leicht. Doch Vorsicht vor Übertreibung, wie auch vor Unterforderung – beides kommt uns nicht zu Gute! Einsteiger sollten sich zunächst an 5–10 km versuchen und die Distanz allmählich steigern. Durchschnittliche Tourenfahrer, und von denen ist auszugehen, bewältigen 20 bis 50 km an einem Tag. Dagegen greifen gut trainierte Radler auch schon mal die 100-km-Marke an – doch das ist schon eine »Schallgrenze«!

**2** Auch Spielplätze gehören zum Programm der Touren, wie hier im Wildpark Poing.

So malerisch, wie hier nahe Egmating, kann sich auch eine bäuerliche Landschaft präsentieren, wenn Wetter und Jahreszeit stimmen.

# Einführung

Wie der Titel »Das Radlbuch Oberbayern« schon andeutet, steht die Freizeitregion **Oberbayern** in diesem Buch im Mittelpunkt. Gemeint ist jenes Oberbayern, bei dem uns reizvolle Landschaften und betörende Ausblicke auf das Gebirge, aber auch prächtige Kirchenräume und behagliche Gasthöfe in den Sinn kommen. Der Titel beflügelt unsere Sehnsucht nach Bewegung in freier Natur und verheißt schöne Erlebnisse mit Freunden oder im Familienkreis.

Schauplatz der Radausflüge ist das Gebiet des **Regierungsbezirks Oberbayern**. Er umfasst neben Hochgebirgszonen und Vorbergen das gesamte Alpenvorland zwischen der Salzach im Osten und dem Lechtal im Westen sowie eine Ausbuchtung nördlich von München über das tertiäre Hügelland hinweg bis zur Fränkischen Alb. In zwei Fällen, nämlich der Eng in den Tiroler Ostalpen und dem Karwendeltal bei Scharnitz, werden Abstecher in das benachbarte Österreich unternommen. Dieses ausgedehnte Tourengebiet ist von vielgestaltigen **Landschaften** geprägt. Mit von der Partie sind unter anderen das anmutige Altmühltal und das alte Bauernland in der Hallertau, weiter südlich die großen Moore und Waldgebiete rund um München und daran anschließend das von den letzten Eiszeiten

## Vorteile des Radelns

Radfahren vereinigt eine Reihe beachtlicher Vorzüge in sich: Vom Auto übernimmt es den erweiterten Aktionsradius, vom Wandern vor allem den engen Kontakt zur Natur. Radeln ist auch sehr kostengünstig und umweltfreundlich. Schließlich hat es eine sportlich-gesundheitliche Wirkung, die in spielerischer Weise erzielt wird.

geformte eigentliche Bilderbuch Oberbayern mit seinen zahlreichen Seen, idyllischen Flusstälern und verträumten Filzen. Besonderen Landschaftsgenuss vermitteln die Touren ganz im Süden, so am Fuße von Wetterstein- und Karwendelgebirge sowie der Berchtesgadener Alpen, wo lange und steile Anstiege das Radeln zwar oft erschweren, man aber mit großartigen Gebirgsbildern entschädigt wird.

So sehr die oberbayerische Landschaft das Profil der Touren auch bestimmt, es bleibt noch genügend Raum, um auch der namhaften **Kunstprovinz** Oberbayern gerecht zu werden. Sie weist eine erstaunliche Dichte hochrangiger Kirchen, Klöster und Schlösser auf, die bautechnisch und ausstattungsmäßig ein hohes Niveau vertreten. Man denke nur an die Wieskirche, an die Stiftskirche in Dießen oder an die Klosterkirche in Rott am Inn. Wesentliche Gründe für diese Anhäufung von Kulturschätzen waren der ausgeprägte Kunstsinn des Klerus und vor allem die jahrhundertelange ungebrochene Herrschaft der Wittelsbacher, die Kunst stets gefördert und so die Eliten ihrer Zeit zu Höchstleistungen angespornt haben. Allen voran war es die Ära des Barock und Rokoko etwa von 1680 bis 1750, die in Oberbayern Großes hervorgebracht haben.

Zu erwähnen sind auch die schmucken Dörfer und Einzelhöfe mit ihrer Blumenpracht sowie die mittelalterlichen **Ortskerne** in Oberbayern, etwa in Landsberg am Lech, Bad Tölz, Wasserburg am Inn sowie in den Salzachstädten Burghausen und Tittmoning, die allesamt ein besonders malerisches Straßenbild abgeben.

Auch die Pflege historisch gewachsenen **Brauchtums** ist ein Wesenszug Oberbayerns und ermöglicht Einblicke in Lebensart und Geschichte. Veranstaltungen wie der berühmte Leonhardiritt in Bad Tölz, die Seeprozession in Seehausen am Staffelsee oder der Georgiritt in Traunstein bieten sich geradezu an, in eine Radtour eingebunden zu werden – sofern Petrus mitspielt.

## Check Fahrradtechnik

Vor jeder größeren Tour sollte das Fahrrad einer Kurzkontrolle unterzogen werden:

- Luftdruck der Reifen
- Lichtanlage
- Bremsklötze
- Kette (Spannung, Öl)
- Werkzeug, Flickzeug, Luftpumpe

Fast zu schade, um nur als Bauernhaus genutzt zu werden: der Birknerhof in Miesbach mit Lüftlmalereien und Blumenschmuck.

7

Blick von Wallgau nahe Mittenwald auf das mächtige Massiv des Wettersteingebirges mit Alp- und Zugspitze

So liefern diese Touren ein gutes Abbild von der landschaftlichen Schönheit und den reichen Kunstschätzen dieses Landes, denn überall dort, wo es möglich und sinnvoll war, wurden die Sehenswürdigkeiten in die Routen einbezogen. Damit wird gewährleistet, dass beim Radeln nicht nur der sportive Aspekt zum Tragen kommt, sondern der Radltag zu einem Rundumerlebnis wird. Dies ist freilich erst dann vollkommen, wenn auch gemütliche Gasthöfe und Biergärten am Wege liegen. Bei den meisten Touren ist das der Fall, sodass niemand Hunger oder Durst leiden muss.

## Organisatorische Hinweise

**Anfahrt:** Bei 46 der 50 Touren sind Start und Ziel identisch, das heißt, die Anfahrt mit dem Auto ist möglich und sinnvoll. Lediglich im Altmühltal (Tour 47, 48), beim RadlRing München (Tour 1) und im Fünfseenland (Tour 50) empfiehlt es sich, mit dem Zug anzufahren, da man nicht mehr an den Ausgangspunkt zurückkehrt. Im Übrigen ist die Möglichkeit der Bahnanfahrt jeweils angegeben, die Zugverbindungen erfährt man unter der einheitlichen Service-Nummer der Bahn 01806/99 66 33 (14 ct/ Min. aus dem Festnetz), im Internet unter www.bahn.de oder bei der Radfahrer-Hotline, Tel. 01805/15 14 15 (0,12 Euro/Min.).

**Gasthöfe:** Es wird immer schwieriger, die Öffnungszeiten der Gasthöfe verlässlich anzugeben. Manchmal ändern sich die Ruhetage aus internen Gründen, vielfach unterscheiden sie sich zwischen Sommer- und Winterhalbjahr und nicht selten schließen Gasthöfe zwischen 13/14 und 17/18 Uhr, was nicht als Ruhetag

### Neuauflage

In der Neuauflage des Radlbuchs 2021 wurde die Zahl der Touren von 48 auf 50 erhöht. Die beiden neuen Touren stehen dabei unter dem Motto »ruhige Wege abseits des Trubels« und bieten damit die Möglichkeit, auch mal ein paar Stunden in weniger überlaufenen Gefilden zu radeln.

gilt. Der Nachmittag ist aber bei Radtouren die Zeit der Einkehr. Dies alles komplett anzugeben, ist schon aus Platzgründen nicht mehr möglich. Deshalb wird ab dieser Neuauflage des Radlbuchs bei Gasthöfen nur noch ihre Telefonnummer angegeben, unter der kurz vor und selbst noch während der Tour die Öffnungszeit erfragt werden kann. Die Buchstaben hinter den Gasthöfen bedeuten: B = Biergarten, T = Terrasse, G = Garten.

Museen und sonstige Einrichtungen: Das bisherige Verfahren bleibt erhalten. Angegeben werden die Öffnungszeiten im Sommer, die sich im Winterhalbjahr oft verkürzen.

Kartenempfehlung: Die für die Tour empfohlene Karte ist jeweils auf der Tourenkarte genannt. In den meisten Fällen handelt es sich dabei um die Regionalkarte 1:75 000 des Allgemeinen Deutschen Fahrradclubs. Gut geeignet sind aber auch die Topografischen Karten 1:50 000 des Bayerischen Landesvermessungsamtes oder die Kompass-Karten 1:50 000. Als Übersichtskarte für das gesamte Tourengebiet wird unter anderen die ADAC-Auto-Karte 1:200 000 Blatt 12 Süd-Bayern vorgeschlagen.

Kunstgeschichtliche Hinweise: Daten und Fakten zu Klöstern, Kirchen, Schlössern und ähnlichen Bauwerken gründen meist auf dem Handbuch der Deutschen Kunstdenkmäler von Georg Dehio, Band Bayern IV: München und Oberbayern, München 1990. Zurate gezogen wurden auch die Internetseiten der Dörfer und Städte (Tourist-Info) sowie der Kulturstätten und Einrichtungen.

## Corona-Pandemie

Die seit Frühjahr 2020 auch in Deutschland grassierende Covid 19-Epidemie hatte und hat auch noch 2021 gravierende Auswirkungen auf das öffentliche und private Leben. Deshalb sollte vor Radtouren stets geprüft werden, ob das geplante Tourengebiet auch zugänglich ist und beabsichtigte Besuche, z. B. in Gasthöfen, Museen, Schlösser oder Kirchen möglich sind.

»Ich habe viele Länder dieser Erde besucht und ihre Landschaften und Kulturdenkmäler bewundert. Und doch glaube ich, dass das oberbayerische Alpenvorland mit seinem landschaftlichen Reiz, dem allgegenwärtigen Gebirgspanorama und dem Reichtum seiner Kunstschätze sich vor keiner Region dieser Welt zu verstecken braucht.«

**Armin Scheider, Taufkirchen/München**

## Regeln für die Mitnahme von Fahrrädern in S- und U-Bahnen:

- Mitnahme verboten von Mo–Fr 6–9, 16–18 Uhr; in den Ferien nur früh.
- Fahrrad im Einstiegsbereich abstellen und festhalten; je Einstiegsbereich höchstens 2 Fahrräder.
- Tarife Fahrräder: Je Fahrrad ist eine Fahrrad-Tageskarte zu lösen (MVV-Bereich € 3,00, bayernweit € 5,50).

# Münchner Umland

Das malerische Dorf Aying mit seiner Pfarrkirche St. Andreas

## Der RadlRing München 2020

Der Radlring durch stadtnahe Gemeindefluren rund um München ist nun ca. 15 Jahre alt und bietet dem Freizeitradler nach wie vor ein besonderes Erlebnis! Dennoch zeigt der Ring inzwischen auch »Alterserscheinungen«. So sieht es aus, als würde seine Anziehungskraft stagnieren oder nachlassen, gravierender aber ist das Problem der Beschilderung (zuständig Gemeinden). Die Schilder sind oft lückenhaft oder missverständlich gesetzt, manche schlecht erkennbar. So kann man unversehens auch mal im »Nirwana« landen. Ratsam ist deshalb, eine gute Karte mitzuführen (1:25.000/1:50.000), womöglich auch ein Navigationsgerät und vor allem das Handy, auf dem sich meist auch eine Karten-App (z.B. Google Maps) befindet. Mit ihr lässt sich in wenigen Klicks der eigene Standort und damit die Position auf der Route ermitteln. Leider ist es nicht möglich, die Routen dieses Buches genauer darzustellen. Dazu sind die Karten zu klein und der Platz für den Text zu beschränkt. Orientierungsprobleme auf dem Ring muss der Radler also selbständig vor Ort lösen und ggf. auch mal ein kurzes Stück vom Ring abweichen.

# RadlRing München

Was lange schon ein stiller Wunsch vieler Freizeitradler war, nämlich einmal die Landeshauptstadt mit dem Bike zu umrunden, ist Wirklichkeit geworden. Der Planungsverband Äußerer Wirtschaftsraum München hat anlässlich der Bundesgartenschau 2005 eine Route rund um München entwickelt, die den großen Vorteil besitzt, dass sie ausgeschildert ist. Damit können sich auch Ortsunkundige und Radler mit Orientierungsschwächen auf den Weg machen. Der RadlRing ist mit Varianten 170 Kilometer lang. Dafür wird der Durchschnittsradler in der Regel mehrere Tage ansetzen müssen. Streckenführung des RadlRings siehe Karte unten. Die **Tour Nr. 1** dieses Buches widmet sich diesem RadlRing. Für die Zwecke des Buches wurde eine feste Route mit einer Gesamtlänge von gut 130 Kilometern ausgewählt und in vier Tagesabschnitte unterteilt:

- Nord von Dachau nach Ismaning (1/N, ca. 25 km)
- Ost von Ismaning nach Neubiberg (1/O, ca. 30 km)
- Süd von Neubiberg nach Gauting (1/S, ca. 31 km)
- West von Gauting nach Dachau (1/W, ca. 45 km).

Diese Abschnitte werden auf den nächsten Seiten vorgestellt. Im Normalfall fährt man vom Wohnort per S-Bahn zum Startpunkt und vom Zielort mit der S-Bahn wieder zurück. Bei entsprechend kurzen Strecken kann man natürlich auch das Rad zur An- oder Rückfahrt nutzen. Erwarten Sie keine metergenaue Schilderung der Strecke. Die Ringwege sind inzwischen bis auf wenige Stellen komplett markiert und mit geeigneter Karte leicht zu finden.

## Was erwartet uns auf dem RadlRing?

Zuerst einmal schöne Rad- und Waldwege, bäuerliche Landschaften und Moorregionen, weite Ausblicke und kulturelle Glanzpunkte – und auf ganzer Strecke nur wenige Steigungen. Leider gibt es aber auch Abschnitte entlang verkehrsreicher Straßen, wenn auch meist auf Radwegen. Wann ist der RadlRing am schönsten? Ganz sicher im Frühling oder Frühsommer.

# RadlRing Nord: Dachau–Ismaning

| leicht | 25 km | 20 m | 2.30 Std. |

### Route
Dachau – Oberschleiß-heim (km 10,5) – Dirnismaning (km 18,5) – Ismaning (km 24,6)

### Verkehr
Rund 3 km an der B 471 (Radweg) und kurz entlang B 11, sonst durchwegs nur wenig Verkehr.

### Steigungen
Rund 400 m an 3 Straßenbrücken, sonst flach.

### Wegezustand
Schotterstücke an der Regattaanlage und am Schleißheimer Kanal, alle gut befahrbar, sonst nur Asphalt.

### Ausgangspunkt
Bahnhof Dachau (S 2)

### Endpunkt
Bahnhof Ismaning (S 8)

### Einkehr
Dachau: Zieglerbräu: Tel. 08131/45 43 96; Schlosscafé (T): Tel. 08131/260 78 18; Oberschleißheim: Schlosswirtschaft (B): Tel. 089/315 15 55; Ismaning: Zur Mühle (B): Tel. 089/960930

### Tourist-Info
Dachau: Tel. 0 81 31/75-286, www.dachau.de

Der Nordabschnitt des RadlRings ist geprägt von reizvollen Moorlandschaften und prachtvollen Schlössern. Ab Dachau geht es erst ein Stück an der B 471, dann am Schleißheimer Kanal entlang, um schließlich im Isartal zu landen.

## Streckenbeschreibung
Abschnitt Dachau–Oberschleißheim. An der Ostseite des Bahnhofs folgt man den RadlRing-Symbolen über die Wiener Straße und kommt nach einem Linksknick an die große Schleißheimer

Dachauer Moos, weites Flachland mit schönen Farb- und Lichtstimmungen

Straße, später **B 471**. Ihr Radweg bleibt eine Zeit lang unsere Richtschnur, wobei der starke Verkehr diese Etappe prägt. Nach viereinhalb Kilometern geht es über die Bundesstraße hinweg in stilles Moorgebiet. Damit kehrt der Blick für die Reize der Landschaft zurück. Nach einigen Schwenks erreicht man die **Regattaanlage**, umfährt den Nordteil und radelt mit weiter Sicht über die B 92 zur Schlossanlage Oberschleißheim.

Dieser Abschnitt des RadlRings ist übrigens eindeutig markiert.

**Abschnitt Oberschleißheim–Ismaning.** Nach einem Rundgang in der schönen Schlossanlage nehmen wir Kurs auf Ismaning. Die Route läuft bei weiten Ausblicken zunächst an der Südseite der Schlösser entlang und folgt dann dem **Schleißheimer Kanal** bis zur B 13. Auf der Gegenseite biegen wir gleich an der Bushaltestelle rechts ab und radeln erneut am Kanal entlang, jetzt mit Blick nach Norden. Nach einem Rechts-/Links-Knick stößt man auf die B 11 in **Dirnismaning**. Ihr folgen wir nach Norden, biegen nach 600 Metern rechts ab (Waldweg) und gelangen nach weiteren Schwenks an den Südrand von Garching. Hier geht es parallel zur B 471 nach Osten, direkt nach der Isar unter der Bundesstraße hindurch und auf reizvollem Uferweg nach Ismaning.

Schloss Lustheim in Oberschleißheim, einst Jagdschloss von Kurfürst Max Emanuel, heute u. a. Ausstellungsort einer Porzellansammlung

## Sehens- und Wissenswertes

**Dachau:** Kreisstadt mit beachtlichen Sehenswürdigkeiten: Kirche St. Jakob im Stil der Spätrenaissance mit wertvoller Ausstattung; Schloss, 1717 barockisiert, mit berühmter Holzdecke im Festsaal und dekorativem Treppenhaus. Mehrere Museen.

**Oberschleißheim:** Bedeutende Schlossanlage. Altes Schloss von 1623, Neues Schloss (Anfang 18. Jh.) mit Prunkräumen und großem Park sowie Schloss Lustheim mit berühmter Porzellansammlung.

### Tipp des Tages

Wenn Sie die Regattaanlage vor Oberschleißheim erreicht haben, radeln Sie doch im Innenraum eine Runde um die Olympiastätte. Dort haben Athleten aus aller Welt 1972 um Medaillen im Kanurennsport und im Rudern gekämpft.

leicht · 30 km · 50 m · 3 Std.

### Route
Ismaning – Feringasee (km 5) – Feldkirchen (km 13,6) – BUGA-Park (km 19,6) – Haar (km 21,2) – Neubiberg (km 30)

### Verkehr
Längere Passagen an der B 471 auf Radweg, sonst nur noch in Haar und Neubiberg etwas mehr Verkehr.

### Steigungen
Gesamt ca. 400 m an Straßen-brücken, sonst flach.

### Wegezustand
Schotterwege am Speichersee und um Keferloh, meist gut be-fahrbar, sonst Asphaltstraßen und -wege.

### Ausgangspunkt
Bahnhof Ismaning (S 8)

### Endpunkt
Bahnhof Neubiberg (S 7)

### Einkehr
Ismaning: Zur Mühle (B): Tel. 089/960930; Aschheim: Post (T): Tel. 089/900 48 00; Feldkirchen: Bauer (T): Tel. 089/ 909 80; Keferloh: Kreit-mayr (B): Tel. 089/46 92 48

### Tourist-Info
Ismaning: Tel. 0 89/96 09 00-0, www.ismaning.de

Die Gegend südlich des großen Speichersees ist vollkommen eben und von einfachem Ackerland bestimmt. Dazwischen liegen kleine Weiher und Badeseen, manchmal bieten sich weite Ausblicke bis zu den Bergen. Höhepunkt ist der Besuch des ehemaligen BUGA-Parks.

## Streckenbeschreibung

**Abschnitt Ismaning–Feldkirchen.** Am Bahnhofsplatz weisen Radl-Ring-Symbole nach Süden Richtung Feringasee. Ihnen folgen wir. Es geht durch einen Park, dann über die Bahn und weiter strikt nach Süden. Die Gegend ist flach, landschaftlich ein wenig herb, bietet aber weite Rundsicht. Am **Mittleren Isarkanal** werden wir zur A 99 und nach Unterquerung weiter nach Süden gelenkt. Wenig später biegt man nach Osten ab und passiert den beliebten **Feringasee**. Die Route läuft in Acker- und Wiesenland

Verschwenderische Blumenpracht auf der Bundesgartenschau 2005, hier ein üppiges Dahlienfeld

mit gelegentlicher Alpensicht zur B 471 und an ihr entlang nach **Aschheim** hinein. Am Hotel-Gasthof Post folgt man links der Mars- und kurz darauf rechts der Saturnstraße und trifft an der Erdinger Straße wieder auf die Radschilder. Sie leiten uns auf schönem Radweg zunächst zum Heimstettener See, dort wieder vor zur B 471 und auf deren Radweg ins Zentrum Feldkirchens.

**Abschnitt Feldkirchen–Neubiberg.** Leider muss man weitere 2 Kilometer auf dem Radweg an der B 471 bleiben, dann aber fahren wir von Ottendichl über Salmdorf nach **Gronsdorf**, wo sich ein Abstecher (400 m) zum Gelände der **Bundesgartenschau 2005** empfiehlt, mittlerweile der Riemer Park. Danach führt die Route mit den Schildern Richtung Neubiberg weiter durch flaches Bauernland nach **Haar**. Über Gronsdorfer- und L.-Moser-Straße sowie auf dem Jagdfeldring, dann einem Wiesenpfad und auf Kieswegen gelangen wir zum Gasthof Kreitmair in **Keferloh**. Von

**Tipp des Tages**

Besonders an heißen Tagen sollte man nicht am Feringasee vorbeiradeln. Der im Sommer täglich von mehreren Zehntausend Badegästen besuchte See ist fast 800 m lang, gut 500 m breit und bis zu 7 m tief. Umgeben ist er von ausgedehnten Liegewiesen.

Gasthof/Hotel zur Mühle in Ismaning, beliebte Einkehr am Seebach im historischen Ortskern

dort geht es über Solalinden und Ödenstockach an die Neubiberger Straße in Putzbrunn und rechts abschwenkend zum S-Bahnhof in Neubiberg.

# RadlRing Süd: Neubiberg–Gauting

leicht    31 km    50 m    3 Std.

**Route**
Neubiberg – Unterhaching (km 4,5) – Großhesselohe (km 12,5) – Pullach (km 14,8) – Buchenhain (km 18,6) – Buchendorf (km 27,8) – Gauting (km 31).

**Verkehr**
In Neubiberg, Unterhaching und Gauting stärker, sonst verkehrsarm oder -frei.

**Steigungen**
Gesamt ca. 900 m, Hauptanstieg zum Bahnhof Gauting, sonst nur kurze Steigungen.

**Wegezustand**
Lange, gut befahrbare Schotterstrecken (v.a. im Wald), sonst Asphalt.

**Ausgangspunkt**
Bahnhof Neubiberg (S 7)

**Endpunkt**
Bahnhof Gauting (S 6)

**Einkehr**
Unterhaching:
Wirtshaus Alt-haching:
Tel. 089/66 59 45 10;
Großhesselohe: Waldwirtschaft (B): Tel. 089/74 99 40 30; Pullach: Rabenwirt (T): Tel. 089/793 01 85

**Tourist-Info**
Neubiberg, Tel. 089/ 600 12-0, www.neubiberg.de

Die Route verläuft erst durch das Hachinger- und dann über das Isartal ins Würmtal. Landschaftliche Höhepunkte bleiben aus, dafür gibt es lange und stille Waldetappen, wenig Ausblicke, aber ein paar attraktive Zwischenstationen.

## Streckenbeschreibung

Abschnitt Neubiberg–Buchenhain. Die gut markierte Route beginnt am Bahnhof, läuft auf Haupt- und Äußerer Hauptstraße zum Friedhof Neubiberg und erreicht, an der Aussegnungshalle vorbei, die ehemalige Start- und Landebahn. Nach gut 2 Kilometern mit Ausblicken bis zu den Alpen stößt man auf die Biberger Straße in **Unterhaching**, steuert über Adejeweg und den Schildern nach die Unterführung am S-Bahnhof an und radelt von dort durch den Ort auf der Isartalstraße geradewegs in den **Perlacher Forst**. Im Zick-zackkurs gelangt man zum Aussichtshügel Perlacher Mugl, passiert die Filmstadt **Geiselgasteig** und überquert auf der Großhesseloher Eisenbahnbrücke das Isartal. Radschilder leiten uns weiter zur Waldwirtschaft und vorbei an der Burg Schwaneck bis **Pullach**. Ab hier führt der Kurs durch einen Park am Isarhochufer und über die Dr.-C.-v.-Linde-Straße hinweg weiter bis zum S-Bahnhof Buchenhain.

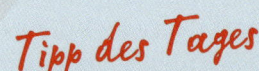

**Tipp des Tages**

Sie gilt als einer der schönsten Biergärten Münchens: die Großhesseloher Waldwirtschaft. Ihre Markenzeichen: behagliche Wirtshausstimmung, dezente Jazzmusik und gut gelauntes Publikum mit »Promi«-Beteiligung.

Abschnitt Buchenhain–Gauting. Schräg rechts gegenüber vom Bahnhof führt an der B 11 eine Asphaltstraße, genannt Ludwigsgeräumt, schnurstracks in den **Forstenrieder Park**. Erschrecken Sie nicht, wenn Sie hier plötzlich frei laufenden Wildschweinen

oder Hirschen begegnen. Nachdem die Autobahn unterquert ist, geht es links ab, um wenig später auf die alte Römerstraße einzuschwenken, die uns – gegen Ende mit weiten Ausblicken – nach **Buchendorf** bringt. Vergessen Sie nicht, auch einen Blick auf die dortige Keltenschanze zu werfen. Nach Rechts-/Linksschwenk nutzen wir ein Stück der Historischen Römerstraße und gelangen so ins Würmtal nach Gauting, wo der S-Bahnhof Endpunkt der heutigen Tour ist.

Die Waldwirtschaft Großhesselohe – ein Biergarten-Erlebnis vom Feinsten!

Links: Geschnitzte »Bekrönung Mariens« (16. Jh.) in der Pullacher Alten Hl. Geist-Kirche

## Sehens- und Wissenswertes

Pullach: In der Alten Hl. Geist-Kirche Schnitzwerke (»Pfingstwunder«) und Bildtafeln (Jan Pollak) aus dem 15. und 16. Jh. Nahe **Buchendorf** existiert eine sehr gut erhaltene Keltenschanze mit einer Seitenlänge von 115 m.
Gauting: Die Frauenkirche enthält u. a. Fresken (15. Jh.) und Straub-Altäre.

> **»Der Weg ist das Ziel.«**
>
> **Konfuzius, chinesischer Philosoph**

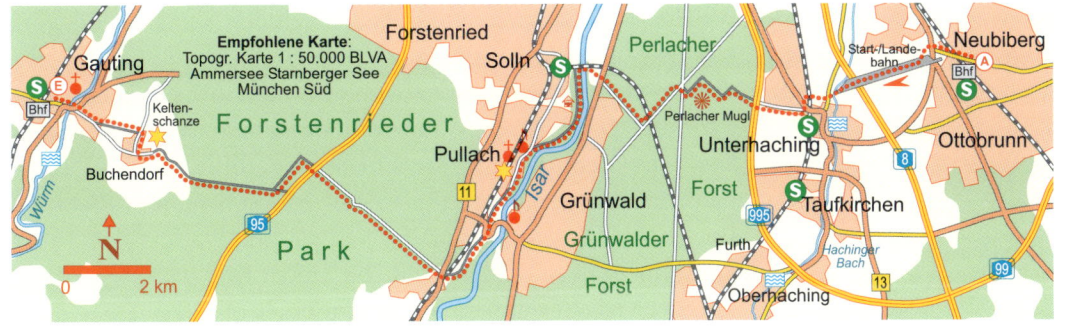

# 1/W RadlRing West: Gauting–Dachau

mittel  45 km  110 m  4.30 Std.

**Route**
Gauting – Unterpfaffenhofen (km 9,5) – Alling (km 14,2) – Fürstenfeldbruck (km 22,5) – Olching (km 31,3) – Dachau (44,7 km)

**Verkehr**
Rund ein Drittel der Strecke und in größeren Orten verkehrsreicher, sonst weitgehend ruhig.

**Steigungen**
Gesamtlänge ca. 2,4 km, davon ein Drittel stärker. Hauptanstieg zum Germannsberg.

**Wegezustand**
Mehrere längere Schotterabschnitte, meist in gutem Zustand und bis auf wenige Stellen gut befahrbar.

**Ausgangspunkt**
Bahnhof Gauting (S 6)

**Endpunkt**
Bahnhof Dachau (S 2)

**Einkehr**
Kloster Fürstenfeld:
Klosterstüberl (T):
Tel. 08141/52 68 19;
Fürstenfelder Biergarten:
Tel. 08141/88 87 54 10;
Dachau: Zieglerbräu:
Tel. 08131/45 43 96

**Tourist-Info**
Gauting: Tel. 089/89 337-0,
www.gauting.de

Dieser Teil des RadlRings ist der längste und auch steigungsreichste. Zu Beginn geht es durch viel Wald, später dominieren Acker- und Wiesenland. Der Wermutstropfen: öfter lebhafter Verkehr! Die Höhepunkte bilden Fürstenfeldbruck und Dachau.

## Streckenbeschreibung

**Abschnitt Gauting–Fürstenfeldbruck.** Nach Unterqueren der Bahn an der Nordseite des Bahnhofs radelt man auf der Unterbrunner- und bei Km 0,8 rechts auf der Römerstraße (Radschild verdeckt!) hinaus. Nach 2 Kilometern mit mehr Verkehr zweigt rechts ein Weg in den **Kreuzlinger Forst** ab, führt in mehreren Schwenks an einen Kreisverkehr und auf Waldwegen nach Norden bis **Unterpfaffenhofen**. Dort teilt sich der RadlRing. Geradeaus geht es über Puchheim und Gröbenzell nach Geiselbullach, links nach Fürstenfeldbruck. Wir entscheiden uns für links, schon der prächtigen Klosterkirche wegen. In ländlicher Gegend bringt uns ein Radweg am Schusterhäusl vorbei nach **Alling**. An der Kirche beginnt eine lang gezogene Steigung hoch zum Weiler Germannsberg (Alpensicht) und zu der aus Gilching kommenden verkehrsreichen Römerstraße. Dort nehmen wir Kurs auf **Biburg**, durchqueren das Dorf und landen nach Auf und Ab im Kloster **Fürstenfeld**. Von dort leiten uns die Schilder in die Stadt.

**Abschnitt Fürstenfeldbruck–Dachau.** Auch hier lenken uns die Schilder. Ab der Hauptstraße geht es über die Kirchstraße zur Emmeringer Straße und auf dem Radweg bis zur **Unteren Au**, wo wir links auf schönem Radlsträßchen an den Rand von Olching kommen. Es folgen Schwenks über die Staatsstraße 2345, die Römer- und stark befahrene Schlossstraße in **Esting**, bevor es dann durch die Amper- und Mühlbachauen zur Neu-Estinger Straße in **Olching** geht. Hier fehlen die RadlRing-Symbole, deshalb richten wir uns jetzt nach den gelben Schildern Richtung Dachau, radeln auf reizvollem Weg am Mühlbach entlang nach **Geiselbullach** und dort rechts zu einem Kreisverkehr, wo die Route aus Unterpfaffenhofen einmündet. Ab hier führen die

Empfohlene Karten:
Topogr. Karten 1 : 50.000 BLVA
Blatt Ammersee Starnberger See München Süd
und Blatt München Nord und West

Schilder über die A 8, später an der
B 471 entlang und schließlich ans
Amperufer. Die letzten 2,5 Kilometer
bis Dachau mit schönen Uferwegen
sind neben dem Olchinger Park der
landschaftliche Höhepunkt.

## Sehens- und Wissenswertes

**Gauting:** s. Abschnitt Süd

**Fürstenfeldbruck:** Kreisstadt mit histo-
rischem Stadtkern. Hauptattraktion ist
die **Klosterkirche** des ehemaligen Zis-
terzienserklosters, eine der eindrucks-
vollsten Barockkirchen Bayerns mit prunkvoller Ausstattung.
Herausragend u. a. die Fresken der Gebrüder Asam, der prächtige Hochaltar und der üppige Stuck. Im Klosterhof auch ein
**Stadtmuseum** (Di–So 13–17 Uhr)

**Dachau:** s. Abschnitt Nord.

Ein wunderbarer Radlkurs
in den Flussauen entlang des
Mühlbachs in Olching

Ganz oben: Säulengeschmückte
Hauptfassade der Klosterkirche
Fürstenfeld im italienischen Stil

# 2 Stille Fahrt durch den Ebersberger Forst

| mittel | 36 km | 56m | 3.30 Std. |

## Route
Eglharting – Forsthaus Diana (km 6,2) – Forsthaus St. Hubertus (km 8,0) – Anzing (km 16,3) – Wildpark Poing (km 21,8) – Anzing (km 27,3) – Eglharting (km 35,7)

## Verkehr
Außer in Anzing und Poing nur wenig Verkehr oder ganz verkehrsfrei.

## Steigungen
Gesamte Strecke meist eben mit einigen leichten, fast unmerklichen Steigungen. Markantere Anstiege (0,5 km) nur zwischen Anzing und Poing.

## Wegezustand
Im Forst Schotterwege/-straßen, vereinzelt mit losem Schotter. In und um Anzing und Poing Asphaltstraßen.

## Ausgangspunkt
Bahnhof in Eglharting (S4)

## Anfahrt
Auto: Von München über die B 304 bis Eglharting (ca. 25 km, 45 Min.). Bahn: S4 Richtung Ebersberg bis Haltestelle »Eglharting« und von dort zurück (ca. 30 Min.; Fahrradmitnahme möglich).

## Einkehr
Ebersberger Forst: Forsthaus St. Hubertus (B): Tel. 08092/857 99 96; Anzing: Kirchenwirt: Tel. 08121/30 33

## Tourist-Info
Landratsamt Ebersberg: Tel. 08092/823-0, www.tourismus-ebersberg.de; Gemeinde Poing: Tel. 08121/ 97 94-0, www.poing.de

Zum einen ist es die einsame, beschauliche Fahrt durch eines der größten zusammenhängenden Waldgebiete Deutschlands, die der Tour ihren Stempel aufdrückt. Zudem bietet der Wildpark Poing ein nachhaltiges Erlebnis: Besonders in Europa heimische Wild- und Haustiere leben hier. Er ist eine der bekanntesten und beliebtesten Freizeitattraktionen dieser Gegend.

## Streckenbeschreibung
Vorbemerkung: Da im Wald normalerweise markante Orientierungspunkte rar sind, empfiehlt sich die Mitnahme eines Radltachos, der für relativ wenig Geld zu erstehen und leicht anzubringen ist. Der kleine Alleskönner führt Sie sicher durch das Wege-Wirrwarr des Waldes.

Abschnitt Eglharting – Poing. Die ersten Meter der Tour führen auf die Nordseite des S-Bahnhofs Eglharting und von dort auf dem Forstweg zum Waldrand. Direkt nach dem Gatter biegen

> **»Man muss schon etwas fahren, um nach Poing zu kommen – aber einmal da, befindet man sich in einem sehr liebenswerten Park. Man kann den Tieren sehr nahe kommen, sie füttern, und man spaziert nebenbei angenehm durch die Natur.«**
>
> **Marie K. aus Garching bei Tripadvisor**

wir rechts ab (Schilder »Forsthaus Diana«). Sogleich umfängt uns der schattige Mischwald mit riesigen Baumexemplaren und seiner für große Wälder typischen Stille und Einsamkeit. Nach knapp einem Kilometer stößt man auf eine quer verlaufende Forststraße. Dort geht es erneut rechts und nach 100 Metern links (Schild) auf Schwaberwegen Hauptgeräumt, auf dem wir knapp 1 Kilometer bis zu einer großen Kreuzung (kleines rotes Signal-

dach) bleiben. Die rechte Abzweigung (Reitöster-Geräumt) bringt uns zum **Forsthaus Diana**, wo noch einer der letzten Köhler Bayerns tätig ist und dort auch seine Grillkohle verkauft. 100 Meter nach dem Forsthaus folgen wir links für gut 400 Meter dem Töring-Geräumt, schwenken dann rechts auf den Herdgassen-Geräumt ein, der nach 1,7 Kilometer nach Norden abbiegt und nun in gerader Linie zum **Forsthaus St. Hubertus** verläuft. Ein großer, gemütlicher Selbstbedienungs-Biergarten verführt uns dort zur Einkehr.

Wir nehmen zur Weiterfahrt das direkt am Biergarten vorbeiführende Sträßchen Richtung Westen, das sogleich in die breite, verkehrsarme Forststraße nach Anzing einmündet, und haben nun eine ziemlich lange und mit der Zeit etwas eintönige Etappe vor uns. Durch losen Schotter und die holprige Oberfläche ist die Straße nicht besonders angenehm zu radeln und für Rennräder schon gar nicht geeignet. Nach längerer Fahrzeit erreichen wir den Rand des Ebersberger Forsts und wenig später das Dorfzentrum von **Anzing**. Der Tacho steht hier bei Km 16.

Wieder hinaus geht es nach Norden über die Autobahnbrücke und direkt danach links ab Richtung **Lindach**. Am Südrand des Weilers fährt man eine kurze Links-rechts-

Schönes Ausflugserlebnis: gemächlich den Ebersberger Forst zu durchqueren und gedanklich bei der nächsten Einkehr zu sein

## Tipp des Tages

Wussten Sie, dass im Wildpark Poing seit März 2007 auch die Braunbärin Mia mit ihrem Nachwuchs Maja, Mette und Molly beheimatet ist, und zwar in einem 30 000 m² großen Freigehege. Allerdings sind die Bärenjungen inzwischen so groß wie ihre Mutter. Sie freuen sich über Ihren Besuch ebenso wie die Luchs- und die Wolfsfamilie.

Kurve und radelt wieder hinaus Richtung Poing. Durch den Neubau einer Straße zwischen Anzing und Poing hat sich die Streckenführung nach Poing in diesem Bereich verändert. Man überquert zuerst die neue Straßenbrücke, biegt unmittelbar danach rechts ab und radelt nun nach Unterquerung der Brücke für knapp 500 Meter an der Straße entlang. Dann biegt der Weg in den Wald ab und führt als Lindacher Weg schließlich nach **Poing**, wo man über Kampenwandstraße und Osterfeldweg zum Eingang des **Wildparks Poing** gelangt.

Abschnitt Poing – Eglharting. Der Rückweg bis **Anzing** ist bekannt. Dort geht es auf Höger- und Zornedinger Straße in gerader Linie nach Süden hinaus und an der Rechtskurve der Staatsstraße geradeaus auf der Eglhartinger Straße zum Ebersberger Forst. Die nächsten 6 Kilometer führen nun wieder verkehrsfrei und menschenleer im reizvollen Mischwald des Forsts nach Süden bis an die Bahnlinie in Eglharting. Wir biegen direkt davor links ab und gelangen auf einem Wiesenweg zurück zur S-Bahnstation in Eglharting.

Linke Seite: Das Forsthaus Diana, früher Wohnhaus für Jäger, heute Standort einer Köhlerei

Links: Das Forsthaus St. Hubertus mit Restaurant und schönem Biergarten, umstanden von alten Baumriesen

## Sehens- und Wissenswertes

**Ebersberger Forst:** Mit 90 Quadratkilometern eines der größten zusammenhängenden Waldgebiete Deutschlands. Der Forst ist Lebensraum von Rot- und Damwild, Mufflons und Wildschweinen. Kernstück ist der umzäunte Wildpark Ebersberg. Die wichtigsten Anlaufpunkte im Forst sind das Forsthaus St. Hubertus, die Hohenlindener Sauschütt mit Naturerlebnispfad sowie die Ludwigshöhe mit Aussichtsturm.

**Forsthaus Diana:** Einen Namen hat dieses einsame Haus mit seinen Treppengiebeln durch eine Köhlerei, die seit 1980 dort betrieben wird. Es geht darum, aus Holz Grillkohle zu gewinnen, die man dort auch kaufen kann. Der Arbeitsvorgang dauert rund eine Woche.

**Wildpark Poing:** Gemäß Homepage des Wildparks wurde der Park 1959 gegründet und gilt als wildreichster in Deutschland. 570 000 m² ist er groß und Lebensraum für heimische Haus- und Wildtiere; dazu gehören neben Rot-, Dam-, Reh-, Muffel- und Schwarzwild in freier Wildbahn auch Wolf und Luchs sowie Teichanlagen, Fischbecken, Feuchtbiotope und Vogelvolieren. Ein Rundweg an den Gattern vorbei ist 4 Kilometer lang und bietet die Möglichkeit, Tiere wie Hirsche, Schafe, Ziegen oder Ponys zu streicheln oder zu füttern. Während sich Erwachsene auf einer Picknick-Wiese mit Kiosk ausruhen können, tummeln sich die Kinder auf einem Wasserspiel- und Abenteuerspielplatz oder in einem Westernfort. Offen ist der Park im Sommer von 9–17, im Winter von 9–16 Uhr.

Oben: Ein Biber genießt die warme Mittagssonne.

Unten: Ein Wolf sonnt sich in seinem Gehege.

# 3 Gebirgspanorama im Grafinger Land

mittel    43 km    85 m    4.15 Std.

### Route
Ebersberg – Traxl (km 5,8) – Tegernau (km 10,8) – Aßling (km 16,8) – Hohenthann (km 22,6) – Alxing (km 31,4) – Nettelkofen (km 36,3) – Ebersberg (km 43)

### Verkehr
In Ebersberg stark, in Aßling und um Bahnhof Grafing lebhaft, sonst nur wenig Verkehr.

### Steigungen
Länge ca. 4,4 km, davon 1,9 km stärker ansteigend. Zwei markante Anstiege vor Hohenthann und Loitersdorf, sonst kurze Steigungen.

### Wegezustand
Schotterstücke vor Hohenthann, im Brucker Moos und hinter Egglsee, dort auch schmaler Bohlenweg.

### Ausgangspunkt
Bahnhof Ebersberg (S 4)

### Anfahrt
Auto: Von München auf der B 304 über Haar und Zorneding. Ca. 35 km, Fahrzeit ca. 50 Min.; Bahn: S 4 München–Ebersberg und zurück in regelmäßigen Abständen. Fahrzeit ca. 50 Min., Fahrradmitnahme möglich.

### Freibäder
Ebersberg: Klostersee

### Tourist-Info
Ebersberg: Tel. 0 80 92/ 82 55-0, www.ebersberg.de
Aßling: Tel. 0 80 92/81 94-0, www.assling.de

Die altbayerische Kulturlandschaft zwischen Ebersberg und Bad Aibling bietet eine Vielzahl an Aussichtspunkten mit betörendem Blick auf die Alpen – klare Sicht vorausgesetzt. Unsere Runde um Grafing enthält einige dieser Punkte und verläuft zudem in verträumter bäuerlicher Landschaft. Angesagt ist also beschauliches Radeln, fern von Lärm und Hektik.

## Streckenbeschreibung

**Abschnitt Ebersberg–Tegernau.** Vom gotischen Rathaus am Marienplatz radeln wir auf Sieghart- und Abt-Häfele-Straße durch den gepflegten Ortsteil Eggerfeld hinunter zur B 304, überqueren sie mit großer Vorsicht und folgen schräg gegenüber der Straße nach **Oberndorf**. Wenn wir das Dorf hinter uns gelassen haben, biegen wir bei schöner Aussicht rechts ab, passieren Rinding und erreichen wenig später **Traxl**. Dort schwenken wir neuerlich rechts ab, durchradeln weiter offene und sympathisch-

bäuerliche Landschaft und bekommen nun ein zunehmend imposantes Alpenpanorama geboten. Zunächst geht es durch Baumberg, später am Weiler Haging vorbei, dann treffen wir in **Tegernau** ein.

*Eine Gegend für genussvolles Radeln – parkartige Landschaft bei Aßling mit Alpenblick*

**Abschnitt Tegernau–Hohenthann.** Nachdem wir in Tegernau beim Vogelsinger unseren Durst gelöscht haben, geht es weiter, auf den nun folgenden Kilometern mit Aussichtspunkten, die ein eindrucksvolles Gebirgspanorama präsentieren: Im Zentrum das Kaisergebirge, nach Osten die Chiemgauer Alpen und – bei sehr guter Sicht – die Berchtesgadener Alpen und nach Westen die Wendelsteinregion sowie die Schlierseer- und Tegernseer Berge. Ein erster Prachtblick bietet sich auf der **Gersdorfer Höhe**. Man erreicht sie, indem man von Tegernau aus das Dorf Eschenlohe anfährt und dort am markanten Rechtsknick Richtung Ast auf dem Feldweg links ein kurzes Stück vorfährt. Unten liegt das Rosenheimer Becken in seiner ganzen Ausdehnung. Weiter radeln wir aber Richtung Ast, wo sich in der offenen und reizvollen Landschaft das nächste Traumpanorama zeigt, nun mit dem markanten Kirchturm von Steinkirchen als i-Tüpfelchen. Von Ast aus geht es dann stets abwärts über Pörsdorf und Obstädt nach Aßling.

*Tipp des Tages*

*Am Südrand des Dorfs Thal zwischen Niclasreuth und Hohenthann steht verborgen ein kostbarer Schatz: eine kleine romanische Kirche (um 1200) mit Figuren aus dem 16. Jh. und spätmittelalterlichen Wandmalereien. Der Schlüssel ist im Hof unterhalb der Kirche an der Dorfstraße zu erhalten.*

*Linke Seite: Fast 500 Jahre alt, einst die Klostertaverne, heute repräsentatives Rathaus von Ebersberg mit Netzgewölbe und gotischer Holzdecke*

Wir verlassen den Ort nach Westen, biegen Richtung Bahnhof ab und kommen nach lang gezogener Steigung mit schönen Rückblicken auf Aßling nach **Niclasreuth**, dem dritten prachtvollen Aussichtspunkt. Auch hier kann man die Gebirgssilhouette im Einzelnen studieren. Nun fahren wir hinunter nach **Thal**, biegen dort nach rechts Richtung Reitstall Hinterholzer ab und müssen bei schönen Rückblicken Richtung Chiemgau zunächst 500 Meter stärkere Steigung überwinden. Dann treffen wir in Hohenthann ein.

Gleich zu Beginn der Tour eine verlockende Einkehr: der Hotel-Gasthof Huber in Oberndorf mit seiner Aussichtsterrasse

**Abschnitt Hohenthann–Ebersberg.** Wir fahren nach Westen aus, können vor Bolkam wiederum die breite Alpenkette in ihrer ganzen Schönheit bewundern und sausen dann hinunter zum Weiler **Weng**. Von dort schwenken wir nach Norden ein, erreichen die Straße nach Glonn und fahren schräg gegenüber in den Weiler **Nordhof** ein, wo am nordöstlichen Rand ein Schotterweg in das Brucker Moos hinunterführt. Ein schöner Abschnitt dieser Tour, denn das Moos kann mit reizvoller Landschaft aufwarten und ermöglicht auch weite Ausblicke bis hinüber zur Alxinger

Kirche. So treffen wir nach längerem Anstieg in **Loitersdorf** ein, nutzen hier das schmale, durch bäuerliche Landschaft führende Asphaltsträßchen über Hainza, Hamberg und Hüttelkofen und erreichen schließlich **Alxing**. Vergessen Sie nicht, sich gelegentlich umzudrehen, im Süden glänzt wieder die Kette der Berge. Der vorletzte Abschnitt führt durch Bauernland über Pienzenau nach **Taglaching**, von dort zum Bahnhof Grafing und weiter über Nettelkofen zur Straße Grafing–B 304.

Schräg links gegenüber läuft ein schmales Asphaltsträßchen als komfortabler Radweg in den Wald, führt über Aßlkofen zur B 304 und drüben weiter zum Wirtshaus zur Gass am **Egglburger See**. Gut 200 Meter danach biegen wir rechts auf den Schotterweg Richtung Ebersberg ab. Er geht für ein kurzes Stück in einen Wiesenpfad über und führt an den Weihern entlang sowie am Strandbad vorbei zur Eberhard-Straße in **Ebersberg**. Dort geht es rechts und 100 Meter danach halblinks über Richardisweg sowie Sempt- und Sighartstraße ins Zentrum zurück.

Linke Seite oben: Der Egglburger See am Rande des Ebersberger Forstes, ein Paradies für Wasservögel, aber auch eine reizvolle Wanderregion

*Einkehr*

Oberndorf: Oberndorf: Gasthof Huber (T): Tel. 08092/86 70; Tegernau: Voglsinger (T): Tel. 08092/71 73; Ebersberg: Ebersberger Alm (T): Tel. 08092/29 11; Egglsee: Wirtshaus zur Gass (B): Tel. 08092/215 58

## Sehens- und Wissenswertes

**Ebersberg:** Ehemaliges Kloster (934 gegründet) und bedeutende Wallfahrt, heute Kreisstadt am Rand des Ebersberger Forstes. Sehenswert ist die Klosterkirche St. Sebastian von 1734 mit festlicher Barockausstattung (u. a. Holzfiguren aus der Werkstatt Ignaz Günthers). In der Sebastianskapelle wird die Goldbüste des hl. Sebastian aufbewahrt. Am Marienplatz das gotische Rathaus von 1529, ehemals Klostertaverne.

**Egglburger See:** Sein Umfang beträgt 2,5 Kilometer, seine größte Tiefe knapp 2 Meter. Er steht unter Naturschutz und ist Nistplatz von Wasservögeln, so zum Beispiel vieler Lachmöven. Wegen seiner reizvollen Lage auch ein beliebtes Wandergebiet.

# 4 »Altbaierischer« Charme um Tuntenhausen

| mittel | 41 km | 70 m | 4 Std. |

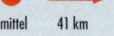

### Route
Ostermünchen – Tuntenhausen (km 2,7) – Ellmoosen (km 13) – Tattenhausen (km 20,7) – Friesing (km 26) – Rott am Inn (km 32) – Dettendorf (km 37,2) – Ostermünchen (km 41)

### Verkeh
Von Rott nach Dettendorf etwas mehr Verkehr, sonst überwiegend verkehrsarm bis ganz verkehrsfrei.

### Steigungen
Gesamtlänge 5,2 km, davon 1,8 km stärker ansteigend. Häufige aber meist leichte Anstiege, steiler nur vor Geharting und Rott.

### Wegezustand
Alle Straßen und Wege gut befahrbar, nur der Schotterweg nach Frauenöd mit gröberem Belag.

### Ausgangspunkt
Bahnhof Ostermünchen

### Anfahrt
Auto: Staatsstraße 2079 über Glonn bis Hohenthann, dann Staatsstraße 2089 bis Beyharting, dort links Staatsstraße 2358. Ca. 48 km, Fahrzeit ca. 1 Std.; Bahn: Mehrmals täglich München–Ostermünchen (direkt) und zurück. Fahrzeit ca. 40 Min. Fahrradmitnahme möglich.

### Freibäder
Tuntenhausen; Rott am Inn Nord

### Tourist-Info
Tuntenhausen, Tel. 0 80 67/ 90 70-0, www.tuntenhausen.de
Rott am Inn, Tel. 0 80 39/ 90 68-0, www.rottinn.de

Wenn man Altbayern nicht nur rein geografisch sieht, sondern auch als Ausdruck bäuerlich geprägter Landschaft, unverfälschter Lebensart und traditionsbewusster Volksfrömmigkeit, dann ist die Tuntenhausener Gegend ein Musterbeispiel. Gegenpol ist die prächtige Abteikirche in Rott. Dazwischen bieten sich hinreißende Ausblicke mit Gebirgskulisse.

## Streckenbeschreibung

**Abschnitt Ostermünchen–Jakobsberg.** Vom Bahnhof radelt man an den Schienen entlang Richtung Ortsmitte und unterquert dann die Bahn Richtung Berg. 300 Meter danach geht rechts ein Asphaltsträßchen ab (Schild Fußweg Tuntenhausen), das uns in reizvoller Landschaft nach **Tuntenhausen** bringt – im Blick die Alpenkette wie auch die Doppeltürme der Tuntenhausener Kirche. Nach Besichtigung der Kirche verlassen wir den Wallfahrtsort wieder, und zwar auf der Hilpertinger Straße. Wenn wir 2 Kilometer in die weite Wiesenlandschaft hinausgeradelt sind, geht es rechts nach **Emling**, von dort rechts weiter durch Wald und

> **»Das stimmungsvolle bäuerliche Land um Tuntenhausen ist nie überlaufen und bietet eine oft betörende Alpensicht. Radeln dort macht Spaß, trotz mancher Steigung!«**
>
> **Hanne Lorenz, Ottobrunn**

Wiesen zur Straße Tuntenhausen–Bad Aibling und dann nach kurzem Links-/Rechtsschwenk hinunter nach **Schmidhausen**. Im Dorf links fortsetzend sind wir einen Kilometer danach im hochgelegenen **Jakobsberg**, von jeher bekannt für sein prachtvolles Alpenpanorama, aus dem vor allem das Kaisergebirge herausragt.

**Abschnitt Jakobsberg–Tattenhausen.** Wir fahren weiter und kommen nach Fischbach. Dort geht links ein Sträßchen weg, das uns

auf den nächsten 3 Kilometern echtes Genussradeln beschert. Dazu tragen parkartige Landschaft und betörende Gebirgssicht ebenso bei wie der Umstand, dass Autos oder Steigungen ausbleiben. In **Holzhausen** geht es gleich am Ortsrand rechts weiter bei unverändert attraktiven Rahmenbedingungen. 2 Kilometer danach empfiehlt sich ein kurzer Rechtsschlenker über **Heimatsberg**, dessen Aussicht fast noch eine Steigerung darstellt. Dann fahren wir hinunter zur Hauptstraße, überqueren sie und kommen nach **Ellmoosen**. Wenn das Dorf links durchquert ist, stößt man wenig später auf die Straße Bad Aibling–Rosenheim und setzt drüben bis **Thann** fort. Nun folgt das Finale dieser Etappe. Wir folgen am Ortsrand der halblinks abgehenden Straße Richtung Ostermünchen und biegen 700 Meter nach **Ester** rechts Richtung Tattenhausen ab. Auf dem Weg über Buchrain, Mühlbach und Thonbichl nach **Tattenhausen** zeigt sich wiederum eine anmutige Landschaft und vor allem eine hinreißende Alpensicht, besonders vor Thonbichl.

Die markanten Doppeltürme der Wallfahrtskirche Tuntenhausen vor der Bergkette mit Kampenwand und Hochgern

**Tipp des Tages**

Radeln Sie zwischen Jakobsberg und Heimatsberg ganz bewusst und mit wachen Sinnen: Diese Strecke gehört zu den schönsten in Südbayern. Parkartige Wiesenlandschaft, hinreißende Alpensicht bis ins Karwendelgebirge und weit und breit weder Autos noch ernsthafte Steigungen.

Abschnitt Tattenhausen–Rott am Inn. Die Route führt weiter nach Nordosten über Kirchsteig bis **Heimlng**, wo wir links einschwenken Richtung Haidach. Vor uns liegt eine kurze Waldfahrt, bevor

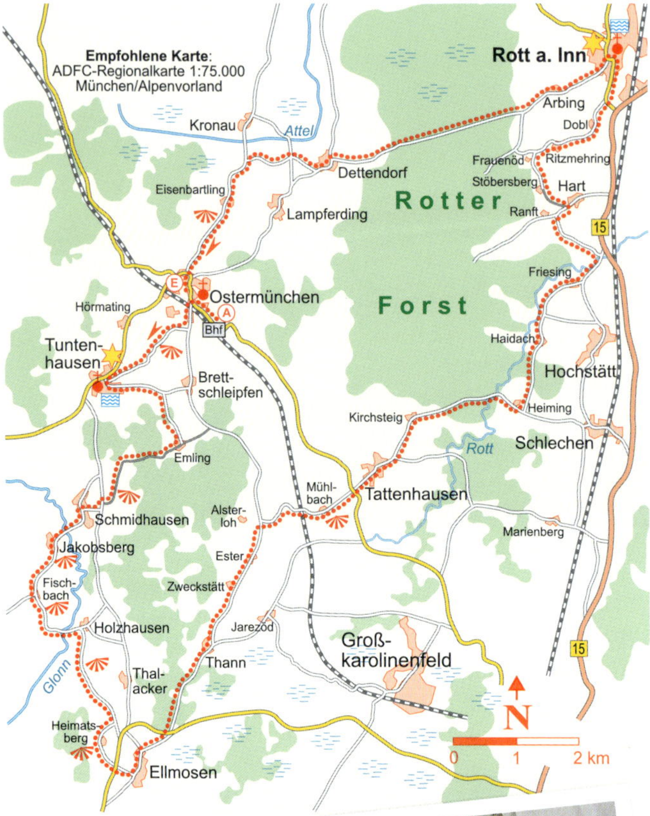

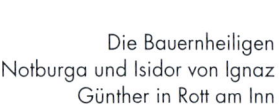

Die Bauernheiligen
Notburga und Isidor von Ignaz
Günther in Rott am Inn

sich ab Berg die Landschaft wieder öffnet und weite Ausblicke bis zu den Bergen gestattet. Wir stoßen auf die von Schlechen kommende Straße und biegen links auf den Radweg ab. Direkt nach der Rottbrücke, also kurz vor der B 15, weist ein Schild nach links Richtung **Geharting/Ranft**. Nach dem Aufstieg bewegen wir uns in reizvoller, abgelegener Bauernlandschaft, wiederum mit guter Alpensicht. An der Querstraße hinter Ranft geht es zunächst 300 Meter rechts hinunter, dann aber wieder rund 400 Meter links hinauf über Stöbersberg nach **Frauenöd**. Diese Schotterstrecke ist ein bisschen ruppig, aber noch einigermaßen zu fahren. Kurz nach Frauenöd stoßen wir dann auf

eine quer verlaufende Asphaltstraße, an der wir rechts abbiegen und nunmehr Rott am Inn ansteuern. Man erreicht den Ort über Ritzmehring und Dobl und nach abschließendem Anstieg.

Thronende Muttergottes von 1548 auf dem Hochaltar der Wallfahrtskirche Tuntenhausen, seit Jahrhunderten Ziel unzähliger Wallfahrer

**Abschnitt Rott am Inn–Ostermünchen.** Wir verlassen Rott Richtung Ostermünchen, nutzen für 2 Kilometer den Radweg und müssen dann mit der blanken Straße vorliebnehmen, die allerdings nur schwach bis mäßig befahren ist. Es folgt eine längere Waldfahrt, dann durchqueren wir **Dettendorf** und biegen danach rechts Richtung Eisenbartling ab. Nach Einmündung in die von Kronau kommende Straße geht es links hinauf nach **Eisenbartling** und nach dem Dorf mit prächtiger Alpensicht nach Ostermünchen zurück.

*Einkehr*

Tuntenhausen: Gasthof Schmid (T): Tel. 08067/262; Rott am Inn: Gasthof Stechel (B): Tel. 08039/12 25; weitere Gasthäuser in Tattenhausen und Dettendorf

## Sehens- und Wissenswertes

**Ostermünchen:** Pfarrkirche von 1504 mit reich ausgestatteten Altären aus dem 17. Jh.

**Tuntenhausen:** Wallfahrtskirche Mariä Himmelfahrt, seit rund 500 Jahren Wallfahrt und damit eine der bedeutendsten Altbayerns. 1630 Neubau der Kirche im Stil der Renaissance. Im Innern gefallen unter anderem der stattliche Hochaltar mit der thronenden Muttergottes (um 1548) und die figurenreiche Kanzel. Zu sehen außerdem eine Reihe qualitätsvoller Schnitzwerke und viele Votivgaben.

**Rott am Inn:** Ehemaliges Benediktinerkloster, um 1085 gegründet. Abteikirche 1763 von Johann Michael Fischer neu erbaut. Glanzvoller Rokoko-Innenraum, der zu den nobelsten Sakralräumen Bayerns gehört. Neben Stuck, Fresken und reich geschmückten Altären begründen vor allem die Figuren von Ignaz Günther den Ruhm der Kirche, so die Statuen Heinrichs II. und Kunigunde am Hochaltar sowie volkstümliche Plastiken an den Seitenaltären wie die Bauernheiligen Isidor und Notburga sowie Kardinal Petrus Damiani, über dem ein Putto mit Kardinalshut schwebt.

Kardinal Damian von Ignaz Günther in der Abteikirche Rott am Inn

# 5 Vom Bierdorf Aying zum Steinsee

mittel

33 km

110 m

3.15 Std.

### Route
Aying – Kaltenbrunn (km 3) – Münster (km 6,2) – Schlacht (km 10,3) – Steinsee (km13,1) – Glonn (km 18,2) – Kaps (km 24,1) – Großhelfendorf (km 28,2) – Aying (km 32,7)

### Verkehr
In Glonn lebhaft, sonst auf ganzer Strecke nur wenig Verkehr, oft auch verkehrsfrei.

### Steigungen
Gesamtlänge knapp 4 km, davon gut die Hälfte stärker. Hauptanstiege hinter Aying und beiderseits Spielberg, sonst nur kurze Steigungen.

### Wegezustand
Schotterstücke am Steinsee, vor Spielberg und nach Kaps, stellenweise Grobbelag.

### Ausgangspunkt
Bahnhof Aying (S 7)

### Anfahrt
Auto: A 8 bis AS Hofolding, dann Staatsstraße 2070 bis Aying. Ca. 30 km, Fahrzeit 30 Min.; Bahn: S 7 München bis Aying und zurück in regelmäßigen Abständen; Fahrzeit ca. 40 Min.; Fahrradmitnahme möglich.

### Freibäder
Steinsee: Glonn (Südrand)

### Tourist-Info
Aying: Tel. 0 80 95/90 95-0, www.aying.de;
Glonn: Tel. 0 80 93/90 97-0, www.markt-glonn.de

Die schönen Biergärten in Aying bleiben zunächst tabu! Erst radeln wir in bäuerlicher Gegend zum beliebten Steinsee, baden dort ausgiebig und besuchen vielleicht noch die Wallfahrtskirche Maria Altenburg. Dann geht es über Glonn zurück bis Aying. Nach diesem ausgefüllten Tag schmecken Bier und Brotzeit noch einmal so gut.

## Streckenbeschreibung

Abschnitt Aying–Steinsee. Vom Bahnhof aus radeln wir an den Schienen entlang nach Süden zum Schreinerweg und weiter zur Peißer Straße, wo wir nach einem Rechts-/Linksschwenk auf der Kaltenbrunner Straße das Dorf verlassen. Mit weiten Ausblicken geht es die Anhöhe hinauf und an der später folgenden Querstraße links ab nach **Kaltenbrunn**. Dort bleiben wir – abweichend vom Radschild Mangfall – geradeaus, bis uns ein Schild nach links Richtung Graß lenkt. In diesem Weiler erneut ein Schild, und zwar Richtung Münster. Es ist ein schönes Sträßchen, auf dem wir nun radeln, leicht abfallend, verkehrsfrei und durch

Ein beliebtes Strandbad für die ganze Familie: der idyllisch gelegene Steinsee bei Moosach

freundliches Bauernland führend. An der nächsten Querstraße schwenken wir links ab und landen wenig später in **Münster**. Die Kirche lassen wir links liegen, biegen am Haflhof, wo man gepflegt einkehren kann, links ab und gelangen nach eineinhalb Kilometern an die Einfahrt zur Kirche Kreuz. Es geht direkt an der Kirche vorbei, bald darauf über die Straße Glonn–Egmating und durch bäuerliche Gemarkung mit weiten Ausblicken hinüber nach **Schlacht**. Das Dorf durchquerend folgen wir am Ende der Straße Richtung Steinsee und stoßen nach der Gaststätte Reiterhof auf die Straße Niederpframmern–Moosach, wo rechts die Zufahrt zum Steinsee abgeht.

**Abstecher zur Wallfahrtskirche St. Maria Altenburg.** Wenn man nicht den Parkplatz ansteuert,

Bei dieser malerischen Ortsansicht in den Farben des Frühlings möchte man am liebsten gleich in Aying bleiben.

## Einkehr

Aying: Brauereigasthof (G): Tel. 08095/906 50; Liebhards Bräustüberl (B): Tel. 08095/13 45; Münster: Haflhof (B): Tel. 08093/53 36; Steinsee: Gaststätte Steinsee (T/B): Tel. 08093/788

sondern auf der Straße bleibt, zweigt nach 150 Metern links ein Waldweg ab, der bei einigen kurzen Steigungen nach knapp 1,5 Kilometern direkt zur Wallfahrtskirche führt. Zurück sind die Steigungen etwas kräftiger, aber auch nicht wesentlich länger. Mit diesem Abstecher haben Sie also rund 3 Kilometer Strecke und einige Hundert Meter Steigungen zusätzlich zu bewältigen, was aber die Wallfahrtskirche allemal wert ist (siehe »Wissenswertes« auf der nächsten Seite).

**Abschnitt Steinsee–Aying.** Nach einem Bad im warmen Moorwasser des Steinsees geht es auf dem Waldweg am Badeingang in Ostrichtung weiter. Es folgen drei Weggabelungen, an denen man erst links, dann rechts und schließlich wieder links fährt. So tritt man nach gut zwei Kilometern aus dem Wald, sieht sich einem prachtvollen Bergpanorama gegenüber und radelt hinunter in den Weiler **Doblberg**. Mit anhaltend schöner Alpensicht geht es durch das Dorf Adling und hinunter ins Zentrum von **Glonn**.

An der Durchgangsstraße biegen wir rechts und an der Kirche links auf den Klosterweg ab. An dessen Ende folgt eine kurze Fußgängerpassage, danach halten wir uns rechts und nach 100 Metern links auf die Reisenthalstraße. Am Kupferbach entlang geht es jetzt durch ein anmutiges Tal bis zu einem Straßenkreuz in **Reisenthal**, wo man drüben geradeaus fortsetzt, und zwar auf einem mehr oder minder gepflegten Schotterweg, der nach einem Rechtsknick nach Spielberg hochführt und in eine Asphaltstraße übergeht. Bis **Kaps** nochmals ein kräftiger Anstieg, dann folgen wir dem nach Westen abgehenden Feldweg. Konsequent Westkurs haltend (also nirgends abbiegen!) durchquert man eine besonders reizvolle Tallandschaft mit schönen Ausblicken und stößt nach knapp 2 Kilometern auf eine Asphaltstraße. Dort geht es links vor zur Straße Helfendorf–Unterlaus und rechts hinein nach **Kleinhelfendorf**. Nach dem Besuch der dortigen Kirchen radeln wir nach Großhelfendorf, steuern den S-Bahnhof an und folgen nun den Gleisen nach Norden. Bald darauf erreichen wir bei weiten Aus-

*Tipp des Tages*

Wenn Sie in Aying zu Beginn in die Kaltenbrunner Straße abbiegen, halten Sie kurz an: Der zweigeschossige Hof mit umlaufender Laube in der Schäfflerstr. 12 stammt aus dem 18. Jh. und zählt mit Blockbau-Obergeschoss und reichem Blumenschmuck zu den malerischsten Bauernhäusern in Aying und Umgebung.

Rechts: Der Biergarten von Liebhards Bräustüberl in Aying, als Brauereischänke mit Bier-spezialitäten frisch von der Quelle

34

blicken den S-Bahnhof **Peiß**, kommen zur Rosenheimer Landstraße am Westausgang des Dorfes und kehren auf der dort abgehenden Peißer Straße nach Aying zurück.

## Sehens- und Wissenswertes

**Aying:** Wegen seines süffigen Bieres und seiner behaglichen
Biergärten weithin bekanntes Dorf, das aber auch eine schöne
Kirche von 1632 und ein Heimatmu-
seum (auf unbestimmte Zeit geschlossen) besitzt.

**Wallfahrtskirche Maria Altenburg:** Um
1400 entstanden, vom 16. bis 18. Jh. blü-
hende Wallfahrt, 1710 barock erneuert.
Im Innern sind u. a. reicher Stuck und
ein dekorativer Hochaltar mit Gnadenbild zu bewundern.

**Steinsee:** Markenzeichen sind beste Was-
serqualität und familiäre Atmosphäre.

St. Emmeram in Kleinhelfendorf – eine Landkirche mit überraschend schönem Innenraum

An heißen Sommerwochenenden aber
starker Andrang!

**Kleinhelfendorf:** Die Pfarrkirche St. Emmeram von 1669 ist eine der reizvollsten
barocken Landkirchen Oberbayerns. In
der nahe gelegenen Marterkapelle eine
Marterszene mit lebensgroßen Figuren.

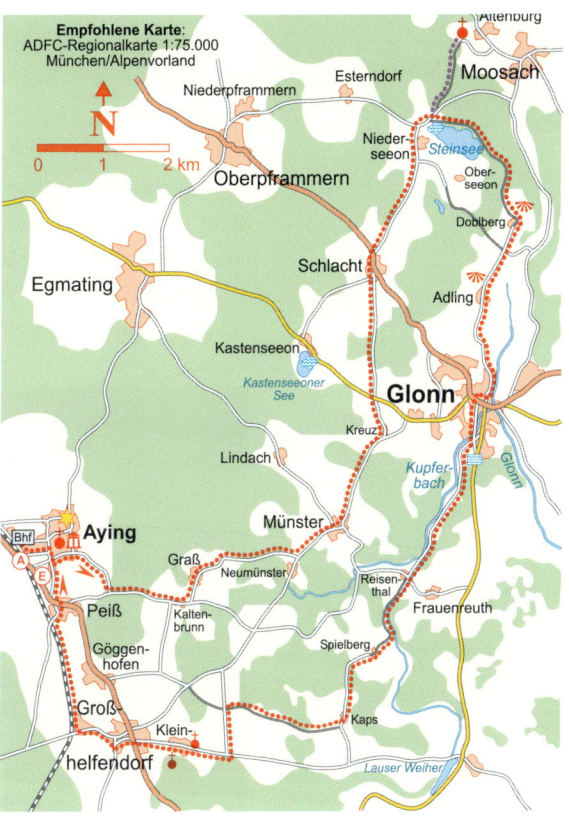

# 6 Badeausflug zum Deininger Weiher

leicht · 25 km · 99 m · 2.30 Std.

### Route
Kugleralm – Oberbiberg
(km 8,5) – Jettenhausen
(km 10,5) – Holzhausen
(km 12,5) – Deininger Weiher
(km 13,8) – Großdinghar-
ting (km 16,2) – Kugleralm
(km 24,5)

### Verkehr
Auf ganzer Strecke nur wenig
Verkehr, einzelne Abschnitte so
gut wie verkehrsfrei.

### Steigungen
Steigungsarmer Kurs. Wenige
kurze und flache Höcker,
aber markante Steigungen
bei Ebertshausen (650 m) und
Kleindingharting (500 m). Höhenunterschied: ca. 99 Hm.

### Wegezustand
Ca. 5 km geschotterte, aber
gut fahrbare Wege, alle übrigen Straßen asphaltiert.

### Ausgangspunkt
Biergarten Kugleralm

### Anfahrt
Auto: Von München A 955 bis
Ausfahrt Oberhaching, dann
Kreisstraße M 11 Richtung
Grünwald, nach ca. 2 km
Schild »Kugleralm« (ca. 15 km,
30 Min.). Bahn: Regelmäßige
Verbindung S 3 von München
bis Furth (Fahrzeit ca. 25 Min.,
Restweg zur Kugleralm 1,5 km)

### Freibäder
Deininger Weiher

### Tourist-Info
Kugleralm: Tel. 089/
613 90 12-0, www.kugleralm.
de; Waldhaus Deininger Weiher: Tel. 08170/ 99 87 00,
www.waldhaus-deiningerwei-
her.de

Geprägt von bäuerlichen Fluren und stillen Waldpassagen liefert die Landschaft dieser Tour wenig Spektakuläres. Dafür aber glänzen die Stationen der Rundfahrt:
der große Biergarten der Kugleralm, die Keltenschanzen
in Holzhausen, der beliebte Deininger Weiher und die
wunderbare Aussicht von der Ludwigshöhe in Kleindingharting.

## Streckenbeschreibung

**Abschnitt Kugleralm – Oberbiberg.** Der Start erfolgt an der Kugleralm, einem der bekanntesten Ausflugslokale im Münchner
Umland, wo einst die Radlermaß erfunden wurde (s. Kasten).
Die ersten knapp 4 Kilometer braucht man kaum Orientierungs-
sinn, denn es geht immer direkt an der Bahnlinie entlang nach
Süden, mal auf der Straße, mal auf einem Radweg.
Nachdem der Bahnhof **Deisenhofen** passiert und eine erste Steigung bewältigt ist, überquert man bei Km 3,1 die Staatsstraße
2368 und fährt ca. 500 Meter geradeaus weiter, bis rechts die Alt-
kirchener Straße abzweigt, der wir nun folgen. Die geschotterte
Waldstraße durch den **Deisenhofener Forst** steigt kontinuierlich
leicht an, ohne besondere Anstrengung. Genießen lässt sich diese
Fahrt durch den stillen und einsamen Mischwald vor allem an
heißen Tagen im Sommer. Wir bleiben konsequent auf dieser

Straße bis zu einem Wasserbehälter und biegen 300 Meter danach bei Km 6,4 rechts ab. Ein weißes Blatt an einem Baum mit einem Gedicht über den Wald signalisiert uns, dass wir richtig sind. Das Waldsträßchen steigt weiter ganz leicht an und bringt uns schließlich nach **Oberbiberg** an die Durchgangsstraße (Km 8,5).

Die Kugleralm mit großem Biergarten zählt zu den beliebtesten Ausflugsgaststätten im südlichen Vorland Münchens.

**Abschnitt Oberbiberg – Deininger Weiher.** Genau gegenüber radeln wir zwischen Kirche und Kandlerwirt wieder aus dem Ort, und zwar Richtung Jettenhausen. Jetzt öffnet sich die Landschaft und gewährt Ausblicke auf die bäuerliche Gemarkung und bei guter Sicht bis hinüber zur Alpenkette. Vor Jettenhausen durchfährt man wieder ein Waldstück, um dann in **Jettenhausen** bei Km 10,5 Kurs auf **Ebertshausen** zu nehmen. Vor, in und nach diesem Dorf gilt es die erste markante Steigung von rund 600 Meter zu überwinden.

Ihr folgt dann eine genussvolle Abfahrt nach **Holzhausen**, wo ein Gang zu den Keltenschanzen empfehlenswert ist, um danach die letzten 1,2 Kilometer bis zum **Deininger Weiher** (Km 13,8) anzugehen. Mit einem Sprung ins Moorwasser sammeln wir neue Kräfte für die Rückfahrt.

*Geburt der Radlermaß*

An einem heißen Sommertag 1922 soll dem Wirt der Kugleralm das Bier zur Neige gegangen sein. Kurzerhand nahm er süße Limonade und streckte damit das Bier – es war die Geburtsstunde der Radlermaß. Sie wurde zum absoluten Renner und ist es bis heute geblieben. Prost!

Linke Seite: Föhnstimmung auf der Ludwigshöhe oberhalb von Kleindingharting. Die Aussicht reicht bis zur Alpenkette.

**Abschnitt Deininger Weiher – Kugleralm.** Ab dem Deininger Weiher steht sogleich die zweite Hauptsteigung des Tages an: rund 500 Meter hinauf nach **Kleindingharting**. Das Dorf sollte man nicht links liegen lassen, denn oberhalb der Ortsmitte erreichen wir die **Ludwigshöhe**, einen der schönsten Aussichtspunkte im Landkreis München.

Dann aber zieht es uns »heimwärts«, und zwar auf einer vorwiegend leicht abfallenden Straße mit nur wenigen kurzen Gegenanstiegen. Wir erreichen **Großdingharting** und fahren auf der Deisenhofener Straße Richtung **Ödenpullach** aus dem Ort. Wir passieren den Weiler bei Km 18,9 und bleiben bis Km 22 auf dieser Straße, um dann an einer markanten Rechtskurve geradeaus auf dem Radweg bis zur Straße Deisenhofen–Grünwald zu radeln. Auf dem dortigen Radweg gelangt man rechts nach knapp 400 Meter zurück zur Kugleralm (Km 24,3).

## Sehens- und Wissenswertes

**Keltenschanzen in Holzhausen:** Im südlichen Vorland von München gibt es eine Reihe von Keltenschanzen – rechteckige Areale,

Hier ist die Zeit stehen geblieben – das jedenfalls vermittelt das Schild in Jettenhausen.

die meist von Wällen und Gräben umgeben sind und aus dem 2. und 1. Jh. v. Chr. stammen. Unklar ist noch ihre Funktion: Möglicherweise waren es Verteidigungsanlagen oder Opferstätten oder auch nur Versammlungsplätze. In Holzhausen gibt es zwei Keltenschanzen, beide am Südende des Dorfs gelegen. Erwarten sollte man freilich keine Sensationen, denn es sind nur noch einige Erdaufschüttungen zu erkennen, die zwar optisch wenig bieten, aber den Hauch der Geschichte spüren lassen.

**Deininger Weiher:** Der nur 1,80 Meter tiefe und deshalb warme Moorsee ist ein beliebtes Ausflugsziel, das durch das Waldhaus, einer Gaststätte direkt am Ufer des Weihers mit ausgedehnter Terrasse, noch an Anziehungskraft gewinnt.

**Ludwigshöhe:** Der Aussichtspunkt direkt oberhalb von Kleindingharting ist mit einer Höhe von 690 Metern die höchste Stelle dieser Region. Benannt wurde sie nach König Ludwig, der einst plante, auf der Ludwigshöhe eine Sommerresidenz zu erbauen. Warum, das erkennt man sofort, wenn man die wunderbare Aussicht von der Höhe auf sich wirken lässt: unten das Dorf Deining, nach dem der Weiher benannt ist, im Mittelgrund das Höhengelände zwischen Isartal und Dietramszeller Land und dahinter die lang gezogene Kette der Bayerischen Alpen von den Ammergauer Bergen bis hinüber zu den Chiemgauer Alpen.

Oben: Das einladende Waldhaus mit großer Terrasse am Ufer des Deininger Weihers

Ganz oben: Blick über den Deininger Weiher zu den Bergen – der rege Badebetrieb hat noch nicht begonnen.

# 7 Über die Isarhänge nach Wolfratshausen

| leicht | 31 km | 155 m | 3.15 Std. |

**Route**

Kloster Schäftlarn – Hohenschäftlarn (km 2,4) – Icking (km 6,4) – Walchstadt (km 11,8) – Wolfratshausen (km 14,8) – Puppling (km 22) – Aumühle (km 27,5) – Kloster Schäftlarn (km 31)

**Verkehr**

Verkehrsreicher nur die Auffahrt Hohenschäftlarn sowie die Ein- und Ausfahrt Wolfratshausen.

**Steigungen**

Länge 3,3 km, davon zwei Drittel stärker ansteigend. Hauptanstieg nach Hohenschäftlarn (1,8 km), sonst nur wenige kurze Steigungen.

**Wegezustand**

Nur wenige durchwegs gut befahrbare Schotterabschnitte, sonst alle Straßen/Wege mit Asphaltbelag.

**Ausgangspunkt**

Kloster Schäftlarn bzw. Bahnhof Hohenschäftlarn

**Anfahrt**

Auto: B 11 über Pullach–Baierbrunn bis Hohenschäftlarn, dann links zum Kloster. Ca. 23 km, Fahrzeit 30 Min.; Bahn: S 7 München–Hohenschäftlarn und zurück in regelmäßigen Abständen. Fahrzeit 30 Min. Fahrradmitnahme möglich.

**Tourist-Info**

Schäftlarn: Tel. 0 81 78/ 93 03-0, www.schaeftlarn.de; Wolfratshausen: Tel. 0 81 71/214-0, www.wolfratshausen.de

Das Isartal und seine Anhöhen auf der Westseite sind der Schauplatz dieser Tour. Über Icking und Walchstadt geht es zunächst bis Wolfratshausen und nach Besuch des Märchenwaldes durch die landschaftlich reizvolle Pupplinger Au wieder zurück. Große Mühen hat man nicht zu erwarten, stattdessen gemütliches Radeln und schöne Ausblicke.

## Streckenbeschreibung

**Abschnitt Kloster Schäftlarn–Gelting.** Wenn Sie mit dem Auto anfahren, startet die Tour am Kloster Schäftlarn, weil der Anstieg nach Hohenschäftlarn mit frischen Kräften besser zu bewältigen ist. Bei Anfahrt mit der S-Bahn aber geht es am Bahnhof Hohenschäftlarn los.

Wir radeln also knapp 2 Kilometer hoch zum Bahnhof **Hohenschäftlarn** und dort auf der Starnberger Straße zur Zechstraße, die uns nun durch gepflegtes Wohngebiet mit stattlichen Villen hinausführt. An der Lechnerstraße biegen wir rechts und nach kurzer Steigung links in die Zeller Straße ab. Sie führt durch

den Ortsteil **Zell**, wiederum an schmucken Anwesen vorbei, heißt später Zeller Weg und mündet am Ende mit Alpensicht in der Ebenhauser Straße. Auf ihr bleiben wir für gut 500 Meter, durchqueren **Irschenhausen** und schwenken dann links in die Ulrichstraße ab. Sie durchläuft nun ansehnliche Wohnbezirke von **Icking**, geht geradlinig in die Ludwig-Dürr-Straße über und trifft am Ende auf die Walchstadter Straße. Wir fahren rechts hoch, erfreuen uns an schönen Ausblicken auf Land und Berge und gelangen über **Walchstadt** und Attenhausen nach **Dorfen**. Bei der Einfahrt bietet sich eine schöne Aussicht auf das Isartal und die Alpen. Von Dorfen geht es in rasanter Fahrt über die B 11 hinunter nach **Wolfratshausen**. 400 Meter nach der letzten Haarnadelkurve folgen wir links der Weidacher Hauptstraße und direkt nach der Loisachbrücke dem Uferweg. Mit Ausblicken auf die Kirche geht es zur großen Loisachbrücke im Zentrum. Wir überqueren sie, biegen danach links auf den Uferweg und fahren rund 2,5 Kilometer durch bis zum ersten Steg über die Loisach. Über ihn kommen wir links

Eine Schwanenfamilie patroulliert auf der Loisach vor der Kulisse des Wolfratshausener Ortszentrums.

## Tipp des Tages

Bekanntlich ist Wolfratshausen ja Flößerstadt. 700 Jahre prägte diese Zunft die Stadt und lebt heute noch fort in den beliebten Vergnügungsfloßfahrten zwischen Wolfratshausen und München. Wer mehr über die Zunft der Flößer erfahren möchte, wird im Heimatmuseum Wolfratshausen bestens informiert.

Linke Seite: Klosteranlage Schäftlarn, 1594 neu erbaut anstelle abgebrannter spätgotischer Gebäude. Die Kirche wurde 1712 neu errichtet.

zur Wolfratshauser Straße in **Gelting**. Da der Landgasthof Zum alten Wirt nur noch Hotel ist, müssen wir uns die Einkehr aufheben, bis wir zum Aujäger in der Pupplinger Au kommen. Zur Weiterfahrt nach Beuerberg siehe letzter Abschnitt.

**Abschnitt Gelting–Hohenschäftlarn.** Auf der Wolfratshauser Straße fahren wir in Nordrichtung zur Brücke über den Loisach-Isar-Kanal und biegen davor auf den Unterfeldweg ab. Er bringt uns mit weiter Aussicht an die B 11. Ist sie unterquert, radelt

## »Man sieht nur, was man weiß.«

### Johann Wolfgang von Goethe

man 200 Meter danach links über den Kanal und folgt der Margeritenstraße, bis rechts die Kräuterstraße abgeht. Auf ihr kommt man am **Märchenwald** vorbei – eine willkommene Abwechslung, wenn man Kinder dabei hat – und fährt am Ende der Straße dem Radweg nach über den Eichenweg zur verkehrsreichen Äußeren Sauerlacher Straße. Dort nutzen wir auf der Gegenseite den Radweg stadtauswärts, überqueren die Isar und biegen kurz danach links Richtung **Pupplinger Au** ab. Am Gasthaus Aujäger mit seinem schönen Biergarten vorbei, bleiben wir an der nächsten Gabelung links und radeln nun zunächst durch Auwald, später mit freier Sicht auf Isar und Werkkanal nach Norden. Liegt das Gasthaus **Aumühle** hinter uns, kommen wir zur Isarbrücke beim Bruckenfischer und erreichen wenig später wieder das **Kloster Schäftlarn**. Sollten Sie vom Bahnhof Hohenschäftlarn aus gestartet sein, müssen Sie jetzt noch die 2 Kilometer lange Steigung nach Hohenschäftlarn angehen, was nach relativ kurzer Tour aber auch keine unlösbare Aufgabe ist.

**Zusatzabschnitt Gelting–Beuerberg.** Wenn Ihnen 31 Kilometer zu wenig sind, können Sie ab Gelting

noch einen Abstecher nach Süden bis Beuerberg machen, was zusätzliche 17 Kilometer
einbringt. Die Fahrt lohnt sich in mehrfacher
Hinsicht. Zunächst geht es am Westufer des
Loisach-Isar-Kanals auf einem beschaulichen
Radweg mit wunderbaren Ausblicken und sat-
ter Auenflora nach Süden. Wir bleiben konsequent am Kanal, auch nach der dritten Brücke
bei **Baierlach**, wo nur noch ein zweispuriger,
gut befahrbarer Wiesenweg zur Verfügung
steht. Er trifft beim Weiler **Bruckner** auf eine

Freizeitgestaltung im Isartal:
Während die Radler dem
Klosterbräustüberl zustreben,
treiben die Boote auf dem Isarkanal führerlos dahin.

Brücke, wo wir rechts über die Herrnhauser Straße nach **Beuerberg** gelangen. Wenn Sie die geistigen Genüsse im Kloster
oder die leiblichen im traditionsreichen Wirtshaus Zur Mühle
ausgekostet haben, geht es zunächst auf gleichem Wege zurück
zur Loisachbrücke beim Bruckner, dann auf markantem Anstieg
hoch nach **Oberherrnhausen** und schließlich über Unterherrn-
hausen mit stellenweise weiten Ausblicken nach **Gelting** zurück.

## Sehens- und Wissenswertes

**Kloster Schäftlarn:** 762 gegründete Benediktinerabtei, deren Klosterkirche als eine der bedeutendsten Spätbarockschöpfungen
in Bayern gilt. Erbaut wurde sie 1757 von Johann Michael
Fischer, dem führenden Kirchenarchitek-
ten der späten Barockzeit. Im vornehm und
höfisch wirkenden Innenraum bestechen vor
allem die Deckengemälde und Stukkaturen
von Johann Baptist Zimmermann sowie die
Altäre und die Kanzel aus der Hand von
Johann Baptist Straub.

**Wolfratshausen:** Im Zentrum der Stadt sehenswerte Bürgerhäuser und Pfarrkirche **St. Andreas**
mit ansprechender Ausstattung. **Heimatmuseum** (Do 14–17, So 14–18 Uhr) mit Exponaten
zur lokalen Geschichte. Im **Märchenpark** (tgl.
9–18 Uhr) über 20 Märchendarstellungen und
viele Fahrgeschäfte.

**Pupplinger Au:** Auenwald mit Alpenflora nördlich von Wolfratshausen, steht unter Landschafts- und Naturschutz, Vogelschutz-
zone. Gilt als eine der letzten Wild- und Flusslandschaften im
Alpenvorland. Beliebtes Naherholungsziel mit Wanderwegen.

*Einkehr*

Kloster Schäftlarn: Klosterbräustüberl
(T): Tel. 08178/36 94;
Wolfratshausen: Humpelbräu:
Tel. 08171/48 32 90; Pupplinger Au:
Aujäger (B): Tel. 08171/785 56;
Aumühle (G): Tel. 08178/43 51

# 8 Rund um den Starnberger See

mittel

50 km

40 m

4.45 Std.

### Route
Starnberg – Possenhofen
(km 5) – Tutzing (km 11,9) –
Bernried (km 17,8) – Seeshaupt (km 24,1) – Ammerland
(km 35,5) – Berg (km 44,5) –
Starnberg (km 50)

### Verkehr
In den Orten und von Starnberg bis Possenhofen verstärkt,
sonst nur kurz Berührung mit
mehr Verkehr.

### Steigungen
Gesamtlänge ca. 3,5 km, da-
von 1,4 km stärker ansteigend.
Etwas längerer Anstieg bis
Höhenried, sonst kurze und
leichte Steigungen.

### Wegezustand
Überwiegend Asphaltbelag,
Schotterwege bis auf wenige
Stellen gepflegt und gut be-
fahrbar.

### Ausgangspunkt
Bahnhof Starnberg (S 6)

### Anfahrt
Auto: A 95 und weiter auf
A 952 bis Autobahnende
Starnberg. Ca. 26 km, Fahr-
zeit 25 Min. Bahn: S 6 Mün-
chen bis Starnberg und zurück
in regelmäßigen Abständen.
Fahrzeit ca. 35 Min.
Fahrradmitnahme möglich.

### Freibäder
Viele Strandbäder rund um
den See

### Tourist-Info
Starnberg Fünfseenland:
Tel. 0 81 51/9 06 00,
www.sta5.de; Starnberg:
Tel. 0 81 51/9 06 00,
www.starnberg.de

Im Vergleich zum ländlichen Ammersee ist der Starnberger See der glanzvollere und bei Ausflüglern der beliebtere! Wir umradeln ihn gegen den Uhrzeigersinn, kommen an malerischen Jachthäfen, Uferpromenaden und einladenden Gasthöfen und Strandbädern vorbei und werden verwöhnt mit schönen Ausblicken über den See bis hin zu den Alpen.

## Streckenbeschreibung

**Abschnitt Starnberg–Tutzing.** Wir radeln ab dem S-Bahnhof die Seepromenade und den Unteren Seeweg vor und münden bald darauf in die Staatsstraße 2063. Sie beschert uns leider 2,5 Kilometer starken Verkehr, bevor wir am Erholungsgelände Possenhofen links auf den Uferweg schwenken. Da im Folgenden nicht jeder Meter beschrieben werden kann, hier diese Empfehlung: Bleiben Sie stets in direkter Ufernähe, schieben Sie aber dort, wo Fußgängerwege beschildert sind. Sie werden sehen, dieses Teilstück von **Possenhofen** nach Tutzing ist die wohl schönste Strecke am ganzen See und sollte wegen der prächtigen Ausblicke über den See bis zur Alpenkette von Nord nach Süd geradelt werden. Man passiert verträumte Jachthäfen, das ehemalige

Sissi-Schloss, Strandbäder und Restaurants mit Aussichtsterrassen. So auch das **Forsthaus am See**, wo man direkt danach rechts, nach 100 Metern links und nach der Schranke (100 m) wieder links abbiegt. Weiter geht es durch den Feldafinger Uferpark, immer in Ufernähe, an der **Roseninsel** und einem Altenheim vorbei, und vor Tutzing (Km 11) durch den Bagneres-de-Bigorre-Park mit Tutzinger Biergarten und Härings Wirtschaft. Später, in Tutzing, bringt uns die Schlossstraße hoch an die Hauptstraße.

Oben: Schlosshotel Berg mit großer Terrasse und Aussicht über den See – ein idealer Ort, um die Radtour noch einmal Revue passieren zu lassen.

Linke Seite: Uferweg an der Wirtschaft zum Häring in Tutzing mit prächtigem Ausblick über den See bis zu den Alpen

**Abschnitt Tutzing–Seeshaupt.** Auf dieser Straße geht es nach Süden hinaus und am Ortsende links auf den Georg-Roth-Weg, später Lindenallee. An ihrem Ende folgen wir links der Erlenstraße und gut 100 Meter weiter dem rechts abgehenden Höhenrieder Weg (schmaler Kiesweg). Er leitet uns zur großen Bernrieder Straße, wo wir links auf dem Radweg hochgeführt werden zur Kuranstalt **Höhenried**. Von dort steuern wir Bernried und ab Ortsmitte links die Schiffsanlegestelle an. Jetzt folgt wiederum eine besonders schöne Uferstrecke, nämlich durch den Bernrieder Park. Alter Baumbe-

*Einkehr*

Starnberg: Undosa (G/T): Tel. 08151/ 99 89 30; Feldafing: Forsthaus am See (T): Tel. 08157/999 93 39; Tutzing: Wirtschaft zum Häring (T/B):Tel. 08158/ 12 16; Seeshaupt: Gasthof Seeseiten (G/T): Tel. 08801/742; Ambach: Buch-scharner (T): Tel. 08801/24 01; Berg: Hotel Schloss Berg (T): Tel. 08151/96 30

**Alternativroute Possenhofen**: Statt verkehrsreicher St.2063 kann man ab Starnberg auch folgende ruhige (lila) Route bis Possenhofen wählen: Bahnhof-, Possenhofener- und Wilhelms-höhenstraße (Richtung Possenhofen); nach Queren der Bahn Moritz-von-Schwind-Weg und weiter durch den Possenhofener Wald (Schild Schlosspark) zur St. 2063. Dort gegenüber in das Erholungsgelände und weiter gem. Text.

stand, ein verkehrsfreies Asphaltsträßchen und herrliche Blicke auf See und Berge bestimmen das Bild. Zweimal mündet man in einen anderen Weg, passiert schlossartige Anwesen und stößt nach längerer Waldfahrt auf die Straße Bernried–Seeshaupt, wo wir – links fortsetzend – am Café Seeseiten vorbei nach **Seeshaupt** kommen.

**Abschnitt Seeshaupt–Starnberg.** Nun wenden wir uns dem Ostufer zu, auch gut zu radeln, insgesamt aber nicht

## Brauchtum

Weithin bekannt sind die alle 5 Jahre stattfindene Fischerhochzeit in Tutzing (nächste im Juli 2021) sowie das Luitpolder Fischerstechen in Starnberg, ebenfalls alle 5 Jahre (nächstes im Juli 2022).

so aussichts- und abwechslungsreich, dafür aber mit prächtigen Villen. Ca. 700 Meter nach dem Zentrum von Seeshaupt beginnt links ein Fuß-/ Radweg, der an der Fischerrosl vorbeiführt und ohne Verkehrsberührung in das Erholungsgelände **Ambach** mündet. Nach dem Badegelände halten wir uns links und radeln nun immer an dem oft dicht bewachsenen Ufer entlang. So kommen wir durch Ambach, Seeheim, Ammerland und **Leoni** und erreichen nach langer und fast eintönig werdender Fahrt den Schlosspark von **Berg**, wo wir Votivkapelle und Seekreuz passieren. Einen Kilometer

46

Blick von Berg aus über den See auf Starnberg mit alter Pfarrkirche und Schloss

nach dem Hotel Schloss Berg geht links ein Uferweg ab, führt über zwei Treppen hinunter an das Seeufer und durchläuft anschließend das ausgedehnte Gelände des Strandbades **Percha**. Über den Schiffbauerweg, dann einem Radweg an der Autobahn entlang und schließlich über Strandbadstraße und Nepomukweg gelangen wir an der Bahn entlang wieder zur Strandpromenade in **Starnberg**.

## Sehens- und Wissenswertes

**Starnberger See:** Länge ca. 20 Kilometer, bis 4,6 Kilometer breit. Umfang knapp 50 Kilometer, Fläche 56 Quadratkilometer. Die tiefste Stelle misst 127 Meter. Zweitgrößter See Bayerns und beliebtester im Großraum München. Zahlreiche Badeplätze und Wassersportanlagen.

**Starnberg:** Seit 1912 Stadt mit sehenswerter Kirche (u. a. Fresken und Stuck) und Heimatmuseum (Di–So 10–17 Uhr).

**Tutzing:** Über 1200 Jahre alt mit Schloss und sehenswerten Kirchen.

**Bernried:** Einer der ältesten Orte am See, 1983 ausgezeichnet als »schönstes Dorf in Bayern«. Hochwertige Ausstattung in den zwei Kirchen.

**Berg:** Schloss (nicht zugänglich) und Park, dort die Votivkapelle zum Gedenken an König Ludwig II., unterhalb ein Seekreuz an der Stelle, wo der König ertrunken sein soll.

### Tipp des Tages

Lohnend ist auch ein Besuch des Buchheim-Museums (Di–So 10–18 Uhr) in Bernried. Es zeigt die weltberühmte Expressionisten-Sammlung des Schriftstellers Lothar Günter Buchheim, aber auch volks- und völkerkundliche Bestände sowie regelmäßige Sonderausstellungen.

# 9 Im Fünfseenland bis Kloster Andechs

mittel | 41 km | 170 m | 4.15 Std.

## Route
Weßling – Wörthsee (km 5,3) – Bachern (km 9,1) – Hechendorf (km 14,1) – Herrsching (km 18,3) – Andechs (km 23,8) – Unering (km 32,7) – Weßling (km 41)

## Verkehr
Lebhaft in den Orten und 300 m auf der Staatsstraße 2070 am Wörthsee. Sonst verkehrsarm.

## Steigungen
Gesamtlänge 5,8 km, davon 2,3 km stärker ansteigend. Meist kurze, aber häufige Steigungen, nur der Kientalanstieg ist länger (1,6 km).

## Wegezustand
Grobschotter um Schlagenhofen und im Krontal, sonst alle Straßen und Wege gut befahrbar.

## Ausgangspunkt
Bahnhof Weßling (S 8)

## Anfahrt
Auto: A 96 bis AS Oberpfaffenhofen, dann Staatsstraße 2068 bis Weßling. Ca. 28 km, Fahrzeit ca. 25 Min. Bahn: S 8 München–Weßling und zurück in regelmäßigen Abständen. Fahrzeit ca. 35 Min. Fahrradmitnahme möglich.

## Freibäder
Weßling, Steinebach, Bachern, Hechendorf, Herrsching

## Tourist-Info
Fünfseenland: Tel. 08151/ 90 600, www.sta5.de

Das Fünfseenland zwischen Starnberger- und Ammersee ist Freizeitregion Nr. 1 im Münchner Umland. Unsere Fahrt berührt vier Seen, läuft das Topziel Kloster Andechs an und hält auch für Kunstfreunde Leckerbissen bereit. Doch dieses Erlebnis gibt es nicht umsonst: Gut 40 Streckenkilometer und fast sechs Kilometer Steigungen sind zu bezwingen.

## Streckenbeschreibung

**Abschnitt Weßling–Herrsching.** Den anmutigen Weßlinger See heben wir uns für den Schluss auf, und so fahren wir vom Bahnhof zur Hauptstraße, wo wir nach 200 Metern rechts in die Grünsinker Straße abbiegen. Etwas stärker befahren, bringt sie uns an die Einfahrt zum Weßlinger **Golfplatz**, den wir trotz reizvoller Landschaft zügig nach Süden durchqueren, weil man von verirrten Golfbällen getroffen werden kann. 1,5 Kilometer nach den Clubgebäuden stoßen wir auf eine Wegegabelung, nehmen die rechte Abzweigung und erreichen durch die Außenbezirke

### Einkehr
Weßling: Seehof (G): Tel. 08153/ 93 50; Wörthsee: Raabe am See (T): Tel. 08153/ 70 73; Herrsching: Andechser Hof (B): Tel. 08152/968 10; Gasthaus Seehof (G): Tel. 08152/93 50; Andechs: Bräustüberl (T): Tel. 08152/37 62 61

von **Wörthsee** die Etterschlager Straße. Schräg links gegenüber leitet uns schließlich die Maistraße direkt zum Seeufer. Wenn Sie die schöne Aussicht über den See und auf die Berge genossen haben, geht es rechts weiter, zunächst auf der Wörthseestraße, dann nach rund 500 Metern links in die Vordere Seestraße, an der ein schönes Strandbad liegt. Endpunkt ist die Bacherner Straße, wo wir links in bäuerlicher Gegend nach **Bachern** radeln, uns dort in der Ortsmitte wieder links halten (Richtung Herrsching)

und nach dem Dorf auf die Staatsstraße 2070 stoßen. Wir biegen links und schon nach gut 300 Metern wieder rechts in den Wald ab. Ein Schottersträßchen bringt uns nach **Schlagenhofen**.
Wir durchqueren das kleine Dorf nach Süden, biegen vor dem letzten Haus links in den Schlichtweg ab und gelangen durch Wald und Ackerland nach **Hechendorf** an die Straße Richtung Herrsching. Die Schlagenhofener Straße gegenüber führt zur Hauptstraße, dort rechts und über Bachleich zum Ufer des Pilsensees. Wenn Sie gern baden möchten, fahren Sie links 500 Meter zurück zu einem schönen Strandbad. Sonst aber geht es rechts weiter, gut 3 Kilometer an der Bahn entlang zur Rieder Straße in **Herrsching**. Die gegenüber abgehende Ladestraße führt uns direkt zum Bahnhof, hinter dem der Kurpark liegt.

Blick vom Ostufer des Weßlinger Sees auf eines der schönsten Ortsbilder im Umkreis Münchens: Weßling und seine Kirche

Das Strandbad Hechendorf bietet nicht nur Ausblick auf das Schloss Seefeld, sondern bei klarem Wetter auch auf die Alpenkette.

**Abschnitt Herrsching–Andechs–Weßling.**
Über See- und Mühlfeldstraße kommt man zur Luitpoldstraße, an deren Ende rechts die Kientalstraße abgeht. Sie bringt uns durch das romantische Tal des Kienbachs nach Andechs. 4 Kilometer und anhaltend leichte bis mittlere Steigungen sind zu bewältigen. Am Ende steuern wir die Andechser Straße an, die hinausläuft zum großen Parkplatz des **Klosters Andechs.**

Wenn Sie die geistigen und/oder leiblichen Genüsse ausgekostet haben, fahren Sie vor der Minigolfanlage links auf das Asphaltsträßchen und hinaus in die offene bäuerliche Landschaft. Nach einem Kilometer geht der Asphaltweg in einen Feldweg über, der 2,5 Kilometer weiter in die Straße nach **Frieding** einmündet. Kurz danach erreichen wir dieses Dorf, setzen unsere Fahrt nach rechts fort und kommen in ländlicher Gemarkung nach **Drößling**. Dort halten wir uns erneut rechts und steuern **Unering** an. Um nun den etwas eintönigen Landstraßen zu entkommen, biegen wir in Unering links auf die Oberaltinger Straße, befahren sie 1,5 Kilometer und biegen direkt vor dem Firmen-

## Tipp des Tages

Am Fuß des Klosterbergs in Andechs lohnt ein Gang auf dem Landeskulturellen Lehrpfad. Er ist rund 3 km lang und enthält 7 Stationen, u. a. mit folgenden Themen: Geschichte von Andechs, die Bedeutung des Waldes, einheimische Landwirtschaft und Pflege der Kulturlandschaft.

Empfohlene Karte:
ADFC-Regionalkarte 1:75.000
Bayerische Seen

gelände von ESPE rechts in den Wald ab. Orientierungspunkt sind zwei Gattertore nach 50 Metern. Vor uns liegt das **Krontal** mit einem Wildpark. Der Weg führt, mit Radschildern markiert, geradewegs durch Wald und über eine größere Lichtung und trifft nach

3 Kilometern auf den Weg von Hochstadt nach Delling. Wir folgen ihm nach links, rund 1300 Meter, dann werden wir rechts von einer wunderschönen Allee mächtiger alter Eschen über **Ettenhofen** nach Weßling geleitet. Ob Sie sich dem reizvollen See zuwenden oder gleich zum Bahnhof fahren, bleibt ganz allein Ihnen überlassen.

### Sehens- und Wissenswertes

An der Tourenroute liegen der Weßlinger See (Umfang 1,8 km, bis 12 m tief), der Wörthsee (Umfang 9,8 km, bis 34 m tief), der Pilsensee (Umfang 6,5 km, bis 17 m tief) und der Ammersee (Umfang ca. 43 km, bis 81 m tief). Bedeutende **Kirchen** stehen in Unering (J. M. Fischer) und **Andechs**.

## »Die Entwicklung der Andechser Wallfahrt kann als Schulbeispiel für die Entwicklung der abendländischen Wallfahrt überhaupt gesehen werden.«

**Dr. Romual Bauerreis, Theologe und Forscher**

Links: Die ehemalige Villa Scheuermann in Herrsching – jetzt Kurparkschlösschen – ist ein zweistöckiger Walmdachbau mit markantem rundem Eckturm.

Andechs ist ein berühmtes Benediktinerkloster und älteste Wallfahrt Bayerns. Die Klosterkirche wurde 1755 barockisiert und zählt zu den schönsten Rokokokirchen in Südbayern, in der Stuck, Fresken und der Hochaltar herausragen. Im Obergeschoss befindet sich die Heilige Kapelle mit dem Reliquienschatz. Eine Einkehr im gemütlichen Bräustüberl oder auf der Klosterterrasse ist möglich.

Eine der meistbesuchten Sehenswürdigkeiten im Alpenvorland: Kloster Andechs, auf einer Bergkuppe gelegen, mit der berühmten Klosterkirche im Zentrum

# 10 An den Ufern des Ammersees

| mittel | 47 km | 80 m | 4.30 Std. |

### Route
Herrsching – Vorderfischen (km 8,6) – Raisting (km 13,4) – Dießen (km 17) – Utting (km 26,1) – Stegen (km 34,5) – Breitbrunn (km 39,8) – Herrsching (km 47)

### Verkehr
Stärker an der Ostseite des Sees (85 % Radweg) und mäßig zwischen Raisting und Dießen.

### Steigungen
Gesamtlänge ca. 3 km, davon 1,2 km stärker ansteigend. Hauptanstieg nach Ellwang hoch (800 m), sonst meist nur kurze Steigungen.

### Wegezustand
Alle Wege und Straßen gut befahrbar. Grobschotter nur auf der Strecke Stegen–Breitbrunn.

### Ausgangspunkt
Bahnhof Herrsching (S 8)

### Anfahrt
Auto: A 96 bis AS Oberpfaffenhofen, dann Staatsstraße 2068 bis Herrsching. Ca. 40 km, Fahrzeit 45 Min. Bahn: S 8 München–Herrsching und zurück in regelmäßigen Abständen. Fahrzeit ca. 50 Min. Fahrradmitnahme möglich.

### Freibäder
Strandbäder in allen größeren Uferorten

### Tourist-Info
Herrsching: Tel. 0 81 51/ 90 60 40, www.herrsching.de; Dießen: Tel. 0 88 07/10 48, www.diessen.net

Wir starten in Herrsching und umrunden den großen See im Uhrzeigersinn. Es ist eine Fahrt durch ländlich gebliebene Uferzonen. Ihre Höhepunkte sind die Seepromenaden in den größeren Orten mit Kontakt zum Wasser und reizvollen Ausblicken. Krönung ist das Marienmünster in Dießen, eine der glanzvollsten Kirchen Bayerns.

## Streckenbeschreibung

Tourenhinweis: Wenn auch der Ammersee in ein Oberbayerisches Radlbuch gehört, ist seine Umrundung nicht überall ein Genuss: viel Verkehr an der Ostseite (meist Radweg) und Umgehung der stark befahrenen Staatsstraße 2056 im Süden. Am Westufer tritt der Verkehr zurück, aber auch hier kommen wir nur in den größeren Uferorten direkt ans Wasser. Auf der Ostseite gilt es wieder der verkehrsreichen Staatsstraße 2067 auszuweichen. Dennoch ist es für den Oberbayernradler ein »Muss«, den See in seine »Sammlung« aufzunehmen.

**Abschnitt Herrsching–Dießen.** Wir radeln also ab Bahnhof über See- und Summerstraße zur Mühlfelder Straße und biegen nach 500 Metern rechts Richtung Vorderfischen ab. Die nächsten 7 Kilometer verlaufen nun meist auf Radweg entlang der verkehrsreichen Staatsstraße 2068 und bieten kaum Kontakt zum See. In **Vorderfischen** geht es rechts ab und an der Ammerbrücke unten durch auf einen Weg nach Süden, immer den Radschildern Dießen nach. So fahren wir durch reizvolle Mooslandschaft mit prächtigem Alpenpanorama an die Raistinger Straße nahe einer Bahnunterführung. Hier ist ein Abstecher zur Erdfunkstelle südlich von Raisting zu überlegen. Nach rechts aber gelangen wir zur Staatsstraße 2056, nutzen den Radweg und erreichen über die Jägerstraße die Uferpromenade in **Dießen**.

*Sinfonie in Weißgold: der prunkvolle Innenraum des Marienmünsters in Dießen am Ammersee*

### Tipp des Tages

Eine Sinfonie in Weiß und Gold präsentiert der Innenraum des Marienmünsters in Dießen. Er zählt ohne Zweifel zu den schönsten Kirchenräumen Bayerns. Sein Besuch ist quasi Pflicht, auch wenn man sich nicht viel aus sakraler Kunst und Prachtentfaltung macht.

**Abschnitt Dießen–Stegen.** Nach einem Rundgang in Dießen geht es auf der Seestraße an Ufer und Bahnlinie entlang weiter, jetzt stets dem Radschild Nr. 9 nach. Wir passieren St. Alban und

*Linke Seite: Stimmungsvolle Kulisse im Seglerhafen des Segelclubs Herrsching nahe dem Schloss Mühlfeld*

Riederau, dann auf schmalem Weg das Seeholz und landen schließlich in **Utting**, wo im Ort ein Radschild Richtung Schondorf weist. Dieser Weg führt an der Alten Villa mit ihrem schönen Biergarten vorbei und mündet am Ende in die Seestraße in **Schondorf**. Unterwegs gibt es auch einige einladende Strandbäder. Wir setzen unsere Fahrt fort, münden später in die Kaaganger Straße und folgen ihr nach Norden bis zu einem Kreisverkehr an der Staatsstraße 2070. Dort geht es rechts auf dem Radweg nach Osten weiter, über die Ammerbrücke hinweg und hinein nach **Stegen**. Auf der Seeterrasse des Gasthofs Schreyegg legen wir eine Pause ein.

Abschnitt Stegen–Herrsching. Vom Schreyegg ausgehend, radeln wir 200 Meter auf der Landsberger Straße weiter, biegen dann rechts auf den Bräuhausweg und wiederum ein kurzes Stück danach auf den Uferweg ab. Ihn nutzen wir, bis links die Bergstraße hochführt. Oben folgt man der Schornstraße bis zur Hauptstraße in **Buch**, auf der wir rechts in den Ort bis zur Kirche fahren, um dann über die Breit-

**Empfohlene Karte:**
ADFC-Regionalkarte 1:75.000
Bayerische Seen

brunner Straße Kurs auf Breitbrunn zu nehmen. Nach eineinhalb Kilometern Waldfahrt stoßen wir auf die große Münchner Straße in **Breitbrunn**, setzen drüben auf dem Friedhofweg fort und folgen nun den Radschildern, bis links die Straße Richtung **Ellwang** abgeht. Es folgt ein längerer Anstieg mit Rückblick auf den Ammersee, dann erreichen wir Ellwang und können uns jetzt auf eine genussvolle Abfahrt einstellen. Zunächst geht es noch einen Kilometer durch Bauernland bis Rausch, dann aber lassen wir mit schönen Ausblicken das Radl sausen und stoßen unten auf die Hechendorfer- und kurz danach auf die Rieder Straße, um dort am Ufer entlang nach **Herrsching** zurückzukehren.

Oben: Große Liegewiesen, schattige Plätzchen und ein breiter Strand sind Markenzeichen des Strandbades in St. Alban.

Linke Seite: Brotzeit mit See- und Alpenblick, das wird auf der Terrasse des Gasthofs Schreyegg in Stegen geboten.

## Sehens- und Wissenswertes

**Der Ammersee** ist knapp 16 Kilometer lang und bis 5,5 Kilometer breit, erreicht somit eine Fläche von über 46 Quadratkilometer und einen Umfang von 43 km. Seine größte Tiefe beträgt 81 Meter. An seinen Ufern stehen kunstgeschichtlich bedeutende **Kirchen**, so in Schondorf, Eching und Inning, vor allem aber in Dießen.

**Das Marienmünster**, erbaut 1739 vom bekannten Baumeister des Barock Johann Michael Fischer (1692–1766), gehört zu den schönsten bayerischen Rokokokirchen: ein strahlend festlicher Raum mit prächtiger Altaranlage, leuchtenden Fresken (Bergmüller) und vorzüglichen Schnitzwerken (Straub, Schmädl, Günther).

### Einkehr

Herrsching: Gasthaus Seehof (G): Tel. 08152/ 93 50; Dießen: Unterbräu (B): Tel. 08807/84 37; Schondorf: Seepost (B): Tel. 09192/93 37 53; Stegen: Schreyegg (T): Tel. 08143/99 25 37

# 11 Per Rad zu den Rittern nach Kaltenberg

leicht · 23 km · 51 m · 2.30 Std.

### Route
Türkenfeld – Kloster St. Ottilien (km 3,5) – Schloss Kaltenberg (km 10) – Hausen (km 13) – Eismerszell (km 16) – Türkenfeld (km 23,2).

### Verkehr
Nur in Orten und an der Staatsstraße 2054 etwas auflebend, sonst wenig Verkehr oder ganz verkehrsfrei.

### Steigungen
Unterwegs immer wieder fast unmerkliches Auf und Ab, stärkere Anstiege (gesamt ca. 2,5 km) in Kaltenberg, vor Hausen und um Hohenzell.

### Wegezustand
Gut 6 km Schotterpisten, teils etwas holprig, sonst nur Asphaltstraßen.

### Ausgangspunkt
S-Bahnhof in Türkenfeld (S 4)

### Anfahrt
Auto: Von München A 96 bis Anschlussstelle Greifenberg, von dort 5 km nach Norden bis Türkenfeld, Nähe S-Bahnhof Parkplätze (ca. 45 km, Fahrzeit 45 Min.). Bahn: S 4 München–Türkenfeld und zurück in regelmäßigen Abständen (Fahrzeit ca. 1 Std.; Fahrradmitnahme: ja).

### Tourist-Info
Kaltenberg: Bräustüberl, Tel. 08193/933 32 80, Ritterturnier-Tickets: Tel. 01806/11 33 11, www.ritterturnier.de; St. Ottilien: Vermittlung: Tel. 08193/710, www.erzabtei.de

**Im Mittelpunkt** steht heute das Ritterturnier in Kaltenberg. Dementsprechend wird die Radtour kurz gehalten und berührt neben Kaltenberg nur noch das Kloster St. Ottilien als weiteren Höhepunkt. Im Übrigen verläuft sie durch beschauliches und einsames bäuerliches Land mit verkehrsarmen Straßen und Ausblicken in die nähere Umgebung.

## Streckenbeschreibung

**Abschnitt Türkenfeld – Kaltenberg.** Am S-Bahnhof in Türkenfeld muss man durch eine Unterführung auf die Südseite (Ammerseestraße), dort nach Westen abbiegen und gleich danach der Sankt-Ottilien-Straße nach links folgen. Sollte die Unterquerung der Bahn mit dem Fahrrad zu beschwerlich sein, kann man die Gleise auch auf der Brücke 400 Meter östlich überqueren und auf der Ammerseestraße zurückradeln.

Die Sankt-Ottilien-Straße selbst ist ein radfreundliches Sträßchen, das durch Wiesen, Wald und Felder hinüberführt zum

Klostergebäude und mächtige Kirche St. Ottilien inmitten anmutiger Parklandschaft

**Kloster St. Ottilien** (s. Sehenswertes und Tippkasten).

Von dort geht es strikt nach Norden und links zum S-Bahnhof in **Geltendorf**, dann auf die Bahnhofstraße und nach gut 400 Meter links dem geschotterten Heuweg nach. Er führt erst durch Wald, dann über eine Querstraße und weiter diesseits der Gleise zu zwei Bahnübergängen. Am zweiten steuern wir die Ortsmitte von **Kaltenberg** und auf der steilen Prinz-Albrecht-Straße das Schloss an. Parken Sie Ihr Rad mit Abstand, denn während der Ritterspiele herrscht rund um die Burg Highlife. Der Radtacho zeigt hier Km 10.

Abschnitt Kaltenberg – Türkenfeld.
So spannend das Turnier auch sein mag, irgendwann steht die Rückfahrt an. Wir radeln den Berg wieder hinunter, überqueren links den Bahnübergang und nehmen Kurs auf **Hausen**. Man durchquert nun ländliche Gemarkung und genießt Stille und Ausblicke. Nachdem Hausen hinter uns liegt, erreichen wir **Eismerszell**. Autos sind uns bis hierher kaum begegnet, dafür einige Steigungen. An der Durchgangsstraße im Ort biegen wir entgegen dem Radschild rechts ab, stoßen wenig später auf die verkehrsreiche Staatsstraße 2054 und müssen sie nach links für ca. 400 Meter befahren. Dann geht es nach rechts und nach 150 Meter nochmals rechts ab auf den Schotterweg Richtung **Hohenzell**.

Beiderseits dieses Weilers stellen sich nun wieder einige stärkere Steigungen in den Weg, die abschnittsweise von reizvollen Ausblicken versüßt werden. Bei Austritt aus dem Wald (Km 21) öffnet sich ein schöner Blick auf Türkenfeld, der bei guter Sicht

**Einkehr**

Türkenfeld: Hartl zum Unterwirt (T/B): Tel. 08193/99 95 17;
Kaltenberg: Ritterschwemme (T): Tel. 08193/75 75

Oben: Schloss Kaltenberg ist verwaist, wenn die Ritterspiele vorbei sind.

Oben: Farbenprächtig auf-
gemachte Ritter begrüßen
zum Auftakt der Ritterspiele
die Zuschauer.

Unten:Der Aufmarsch der Gladia-
toren in der vollbesetzten Arena

bis zur Alpenkette reicht. Nach genussvoller Abfahrt und Durch-
querung der Ortsmitte landen wir schließlich wieder am S-Bahnhof. Sollten Sie in Kaltenberg Hunger und Durst noch nicht ge-
stillt haben, ist der Unterwirt in Türkenfeld mit seinem schönen
Biergarten eine heiße Empfehlung.

## Sehens- und Wissenswertes

**Kloster St. Ottilien:** Oberbayerische Erzabtei der Missionsbene-
diktiner. Ein Teil der Mönche verrichtet in Übersee Missions-

**»Das Kaltenberger
Ritterturnier ist al-
les zugleich: Show,
Open-Air-Festival,
lebendiges Mit-
telalter und für
Kinder der einzige
Spielplatz, auf dem
sie einen Ritter-
schlag erhalten.«**

**Homepage Ritterturnier.de**

Das Duell des ruchlosen
Schwarzen Ritters mit dem
edlen Bayerischen

arbeit. Das Leben der Mönche läuft strukturiert und nach bewährten Ordensregeln ab. Sie treffen sich mehrmals am Tag zum gemeinsamen Chorgebet.

Ritterspiele Kaltenberg: Schloss Kaltenberg zwischen Fürstenfeldbruck und Landsberg spiegelt den neugotischen Umbau ab 1845 wider, reicht aber in seinen Ursprüngen bis ins 13. Jh. zurück. Besitzer des Schlosses ist Luitpold Prinz von Bayern, Urenkel des letzten bayerischen Königs. Er war es auch, der die Ritterspiele 1979 initiiert hat. Sie haben sich bis heute zum größten Ritterspektakel der Neuzeit entwickelt. 1000 Akteure begeistern alljährlich im Juli über 100 000 Besucher. Im Zentrum die Turnierarena, in der spektakuläre Reit- und Kampfszenen stattfinden, so auch das berühmte Ritterduell. Bevölkert wird das Areal von einer bunten Gesellschaft aus stolzen Reitern, edlen Burgfräulein und einem Heer an Knappen, Gauklern und Tänzern. An Buden und in der Ritterschwemme kann man Hunger und Durst stillen.

## Tipp des Tages

Wer einen Gegenpol zum Trubel der Ritterspiele sucht, kann das Museum des Missionsklosters St. Ottilien aufsuchen. Es besitzt Sammlungen von präparierten Tieren aus Übersee sowie eine völkerkundliche Abteilung mit Kultobjekten, Waffen, Kleidung und Musikinstrumenten aus Afrika und Asien (geöffnet tgl. 10–17 Uhr).

# 12 Kulturtrip ins Dachauer Hinterland

| mittel | 30 km | 63 m | 3 Std. |

### Route
Indersdorf – Hirtlbach (km 5,3) – Eichhofen (km 7,7) – Stumpfenbach (km 13,1) – Altomünster (km 15,0) – Kleinberghofen (km 19,7) – Erdweg (km 23,2) – Indersdorf (km 30).

### Verkehr
Auf ganzer Strecke nur schwacher Verkehr, Rückweg überwiegend verkehrsfrei.

### Steigungen
Bis Altomünster steigungsintensiv mit ca. 5 km stärkeren Anstiegen. Rückfahrt leicht abfallend mit nur einem kurzen Gegenanstieg.

### Wegezustand
Überwiegend asphaltierte Straßen, gut befahrbarer Schotter auf rund 7 km.

### Ausgangspunkt
S-Bahnhof in Markt Indersdorf (S 2)

### Anfahrt
Auto: Von München auf B 304 und St 2047 über Dachau bis Markt Indersdorf (ca. 35 km, Fahrzeit 1:15 Std). Bahn: Regelmäßige Verbindung mit S2 von München nach Markt Indersdorf (Fahrzeit 46 Min.; Fahrradmitnahme möglich).

### Tourist-Info
Markt Indersdorf: Tel. 08136/934-0, www.markt-indersdorf.de; Altomünster: Tel. 08254/99 97-0, www.altomuenster.de

Das besondere Merkmal dieser Tour sind drei kunstgeschichtlich herausragende Kirchen in Markt Indersdorf, Altomünster und auf dem Petersberg. Dagegen sind es schlichte bäuerliche Fluren und bei klarem Wetter weite Ausblicke bis zu den Alpen, aber auch kräftezehrende Steigungen, die die Landschaft dieser Gegend prägen.

## Streckenbeschreibung

**Abschnitt Markt Indersdorf – Altomünster.** Vom Bahnhof in Markt Indersdorf geht es auf Arnbacher und Dachauer Straße zum Marktplatz und dort auf der Wöhrer Straße aus dem Ort hinaus. Die Klosterkirche Indersdorf werden wir am Ende der Tour besuchen.

Auf dem Weg nach Hirtlbach stellt sich vor dem Weiler **Wöhr** gleich eine markante Steigung in den Weg, kurz danach passiert man den ersten Aussichtspunkt. Der nächste kräftezehrende Anstieg folgt sogleich, nämlich hinauf nach **Hirtlbach**. Am Ende dieses Dorfs geht es dann rechts in leichtem Auf und Ab und z. T. auf einem Schotterweg nach **Eichhofen** hinüber, wo wir am Südrand des Dorfs links abbiegen.

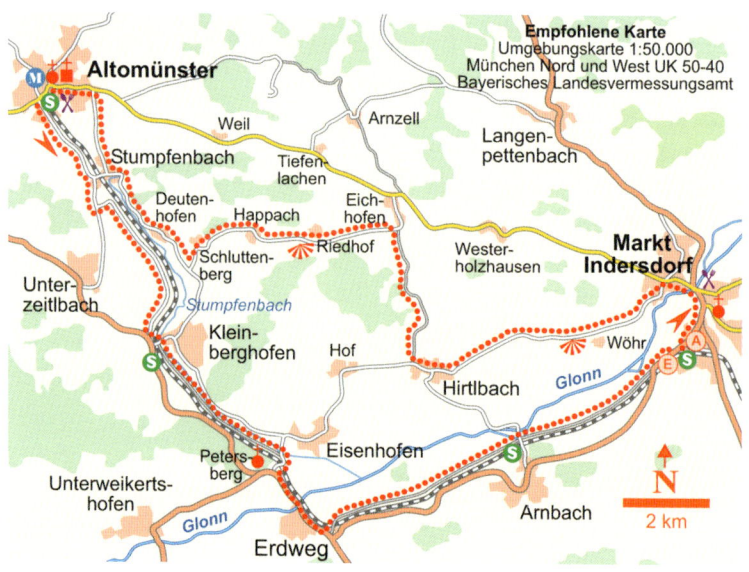

Bäuerliche Gemarkung bei Markt Indersdorf und doch eine reizvolle Radlgegend

Bei spürbaren Steigungen, die mit weiten Ausblicken bis zu den Bergen versüßt werden, durchfährt man die Weiler Ried-hof, Happach und **Schluttenberg** und gelangt in genussvoller Abfahrt hinunter ins Tal des Stumpfenbachs. Wir biegen rechts ab und erreichen über Deutenhofen den Vorort **Stumpfenbach**. Dort bringt uns der Kapellenweg an den Tennisplätzen vorbei hinauf nach **Altomünster**, dessen hoch aufragender Kirchturm schon von Weitem zu sehen war. Am Marktplatz in Altomünster steht der Radltacho bei Km 15,0.

Abschnitt Altomünster – Markt Indersdorf. In Altomünster gibt es einiges zu besichtigen (s. Sehens- und Wissenswertes), aber es gibt auch stattliche Brauereigasthöfe, wo man sich von den Strapazen des Hinwegs erholen kann. Und hier die gute Nachricht: Der Rückweg über Erdweg nach Markt Indersdorf ist so gut wie steigungsfrei und beschert uns »Genussradeln«. Vom Markt-

*Einkehr*

Markt Indersdorf: Gasthof Funk (B): Tel. 08136/12 00;
Altomünster: Maierbräu (T): Tel. 08254/12 79; Kapplerbräu (B): Tel. 08254/777

platz geht es die Bahnhofstraße hinunter und unten links ab auf den Radweg der Stumpfenbacher Straße. Rasch erreicht man den Bahnübergang in **Stumpfenbach**, biegt direkt davor rechts auf die Leitlbacher Straße Richtung Unterzeitlbach ab und hat nun einen kurzen Gegenanstieg zu absolvieren. Knapp 200 Meter dahinter ist eine kleine Kreuzung, wo man links zur Bahnlinie gelangt.
Die weitere Route bis Indersdorf führt nun konsequent an den Schienen entlang und bietet stellenweise schöne Ausblicke zunächst auf die Auen des Stumpfenbachs, später auf die der

## Tipp des Tages

Sie möchten erfahren, was es mit dem Birgit-
tenorden in Altomünster auf sich hat? Dann
besuchen Sie das Museum Altomünster neben
der Kirche, das sich vor allem der Geschichte
des Ordens und seiner Gründerin, der hl. Bir-
gitta von Schweden, widmet (geöffnet Do–Sa
13–16, So 13–17 Uhr).

Glonn. Erste Zwischenstation nach ca. 2,5 Kilometer ist der Bahnübergang **Kleinberghofen**. Dort wechselt man die Seite und steuert nun an der Bahn entlang **Eisenhofen** an, wo sich die günstige Gelegenheit ergibt, in wenigen Minuten zu Fuß auf den **Petersberg** zu gehen und die romanische Kirche zu besichtigen. Weiter geht es auf Radwegen durch **Erdweg** und am Ortsende wieder über die Gleise. Bis Markt Indersdorf entlang der Schienen sind es jetzt noch gut 6 Kilometer.

### Sehens- und Wissenswertes

**Markt Indersdorf:** Der Stolz des Markts ist die **Klosterkirche** des ehemaligen Augustiner-Chorherrenstifts. Es handelt sich um eine romanische Pfeilerbasilika (1128), die im 17./18. Jh. in prachtvoller Weise barockisiert wurde. Aus der von namhaften Künstlern geschaffenen Ausstattung sind vor allem der Stuck (Franz Xaver Feichtmayr d. Ä.), die Fresken (u. a. Matthäus Gün-

Das malerisch postierte Kirchlein auf dem Petersberg reicht mit seinen Ursprüngen bis ins 11. Jh. zurück.

ther) und die prächtige Altaranlage zu nennen, aber auch Bild- und Schnitzwerke von hoher Qualität.

Altomünster: Der Ort wurde 1391 zum Markt erhoben. Er war mehr als 500 Jahre lang Sitz des einzigen Birgittenklosters in Deutschland, das nun auf Weisung aus Rom aufgelöst worden ist. Zentraler Bau der Klosteranlage ist die Klosterkirche St. Alto, die kein Geringerer als der berühmte Architekt der Barock-Ära, Johann Michael Fischer, bis 1773 neu erbaut hat. Achten sollte man bei einem Besuch vor allem auf die Deckengemälde, begleitet von Wessobrunner Stuck (Jakob Rauch), u. a. mit Rocaille-Kartuschen und Blumengirlanden, aber auch auf die Altargruppe im Pfarrchor sowie auf kunstvolle Plastiken und diverse Grabdenkmäler. Eine architektonische Rarität hat Fischer geschaffen, indem er die Hanglage der Kirche durch Abstufung des Bodens ausglich.

Petersberg: In nur 5 Minuten gelangt man auf einem Fußweg von Eisenhofen auf den Petersberg. Dieser Gang lohnt sich, denn oben steht eine der ältesten Kirchen im Umkreis von München: die romanische Wallfahrtskirche St. Peter aus dem Jahr 1104. Stimmungsvoll präsentiert sich das karge Innere mit z. T. noch romanischen Wandmalereien sowie einer Muttergottesfigur.

## »Dies ist der schönste Kirchturm in meinem Königreich!«

**König Ludwig I. über Altomünster**

Links: Diese anmutige Schnitzfigur der Muttergottes (16. Jh.) schmückt die Südwand von St. Peter.

Der Kirchturm in Altomünster beherrscht die Ortsmitte und zieht mit Zwiebelhaube und Laterne die Blicke auf sich.

# 13 Durch das Erdinger Moos nach Freising

mittel   49 km   35 m   4.30 Std.

## Route
Erding – Langengeisling (km 3,7) – Eitting (km 9) – Eittinger Moos (km 16,5) – Freising (km 25) – Flughafen-Besucherpark (km 33) – Oberding (km 41,8) – Erding (km 49).

## Verkehr
Verkehrsschwerpunkte sind Erding, Freising und der Flughafen. Sonst nur geringer bis mäßiger Verkehr.

## Steigungen
Gesamtlänge ca. 0,9 km, davon die Hälfte stärker ansteigend. Nur vereinzelt kurze Steigungen.

## Wegezustand
Größtenteils Asphaltstraßen und Wege. Schotterwege an der Isar und Nähe Flughafen gut befahrbar.

## Ausgangspunkt
S-Bahnhof Erding (S 2)

## Anfahrt
Auto: A 9/B 471/B 388 über Ismaning und Moosinning Ca. 42 km, Fahrzeit 50 Min. Bahn: S 2 München–Erding und zurück in regelmäßigen Abständen. Fahrzeit ca. 50 Min., Fahrradmitnahme möglich.

## Freibäder
Erdinger Therme mit Außenbecken, Kronthaler Weiher, Stoibermühlsee bei Freising, Freising Lerchenfeld

## Tourist-Info
Erding: Tel. 0 81 22/ 55 84 88, www.erding.de; Freising: Tel. 0 81 61/ 54 44 111, www.freising.de

Bei dieser Tour ist Abwechslung Trumpf. Man erlebt zwei kulturträchtige Kreisstädte, eine stille Fahrt durch Moosland, Genussradeln an der Isar und nicht zuletzt die faszinierende Atmosphäre eines großen Flughafens. 49 Kilometer sind zwar ziemlich lang, aber bei nur wenigen Steigungen und gemächlicher Fahrweise zu bewältigen.

## Streckenbeschreibung

**Abschnitt Erding–Freising.** Schilder Richtung Zentrum führen uns vom Bahnhof zunächst zum Schrannenplatz. Wenn wir dort das schöne Ortsbild bewundert haben, geht es die Lange Zeile hinunter, links in die Freisinger Straße und nach Queren des Fehlbachs rechts in die F.-X.-Stahl-Straße. Nun radeln wir am Fehlbach entlang nach Norden hinaus, kommen am Kronthaler Weiher (Strandbad) und einem weniger ansehnlichen Kieswerk vorbei und erreichen bald danach **Langengeisling**.

Ein Radschild Richtung Eichenkofen zeigt uns den weiteren Weg. Das stille Sträßchen läuft an der Sempt und deren Auen entlang und bietet weite Ausblicke auf das bäuerliche Land. An der Durchgangsstraße in **Eichenkofen** biegen wir links ab. Später überqueren wir eine Straße und kommen nach **Eitting**. Es geht nach Norden durch das Dorf, über den Isarkanal hinweg und an der nächsten Querstraße schräg links gegenüber weiter Richtung Gaden. Zwei Kilometer radeln wir in stiller Gegend, dann zweigt links eine Straße ab und bringt uns in ländlicher Gemarkung nach **Eittinger Moos**. Kurz vor dem Mooswirt radeln wir rechts nach Riegerau und dort links weiter, bis uns nach 1,5 Kilometern ein Schild Richtung Marzling lenkt. Wir kommen an die Isar. Auf dem Nordufer geht es mit reizvollen Flussbildern nach **Freising** und an der Luitpoldbrücke über Isarstraße und G.-v.-Nagel-Straße ins Zentrum der Stadt.

**Abschnitt Freising–Besucherpark Flughafen.** Die Rückroute beginnt an der Unteren Hauptstraße, läuft über die Heiliggeistgasse unter der B 11 hindurch zur Korbinianbrücke und danach auf der Ismaninger Straße hinaus. Weiter draußen knickt sie

nach Westen ab, kurz danach läuft links ein Sträßchen (Radschild Flughafen) schnurgerade nach Süden bis an den Rand des Flughafengeländes. Dort biegen wir rechts ab, 600 Meter danach links auf den Schotterweg ab und treffen so auf die Freisinger Allee, die sich als Nordallee fortsetzt und in das Herz des **Flughafens** führt. Nach zwei Kilometern erreichen wir unser Zwischenziel, der Besucherpark des Flughafens mit dem Aussichtshügel.

**Abschnitt Besucherpark–Erding.** Die Fahrt mit dem Rad durch den Münchner Flughafen ist etwas Besonderes, vor allem, wenn man die Welt des Fliegens mag. Doch über die Faszination hinaus wird diese Fahrt auch von Lärm und Hektik geprägt: überall Schnellstraßen, Terminals, Wartungshallen, startende Jets und brausender Autoverkehr. Da muss man einen kühlen Kopf bewahren, um in der richtigen Spur zu bleiben.

Verlassen wir also den Besucherpark wieder und setzen die Tour an der Halle mit den drei Runddächern an der Nordseite des Besucherhügels fort, und zwar nach Osten (Radschilder »Schwaig« und »Oderding«). Gleich darauf passiert man einen Fußgängertunnel und wird hochgeleitet auf den Radweg an der autobahnähnlichen Straße durch den Flughafen. Der Radweg führt konsequent an dieser Straße entlang, unterquert mehrfach Zubringerstraßen und geht am Ende in ein Sträßchen nach Schwaig über. Lärm und Verkehr sind plötzlich passé, es herrscht nur noch Beschaulichkeit. Man erreicht **Schwaig**, durchquert nun bei wieder auflebendem Verkehr das Dorf auf der Hauptstraße und folgt am Ende den Radschildern Richtung Oberding/Erding. Die folgende Etappe bis Erding bietet viel Genuss: verkehrsfreie

Treffpunkt am späten Nachmittag: der Schrannenplatz in Erding mit Rathaus und Landshuter Torturm

*Tipp des Tages*

Nach 50 km Radtour und anstrengenden Besichtigungen sind die Glieder müde und die Muskeln verspannt. Da hilft die Therme in Erding: Karibik-Feeling unter Palmen und 40 °C warmes Thermalwasser, Massagedüsen, Sprudelliegen, Nackenduschen und Bodensprudler – Sie werden staunen, wie schnell Sie wieder fit sind. Nach einem Imbiss im »Caribbean's Restaurant« geht's mit der S-Bahn nach München zurück.

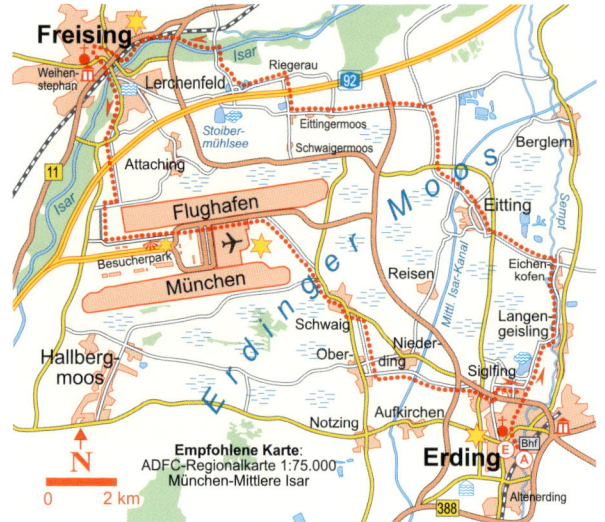

Attraktion im Besucherpark des Flughafens: Legendäre Flugzeug-Oldies, die auch innen besichtigt werden können.

Oben rechts: So schön wie hier in der Gegend um Hallbergmoos kann sich das Erdinger Moos präsentieren, wenn man zur richtigen Zeit und bei optimalem Wetter radelt.

Asphaltsträßchen, reizvolle Mooslandschaft und weite Ausblicke bis zu den Bergen. In **Oberding** wird die Tassilostraße überquert und 300 Meter danach strikter Ostkurs eingeschlagen (Radschild »Erding«). In der Folge streift man das Dorf **Niederding**, überquert noch einmal den Mittleren Isarkanal, und schließlich mündet unsere Straße in die Anton-Bruckner-Straße am Ortsrand von **Erding**. Ein kurzes Stück fährt man an der Straße entlang, dann geht es links auf der Dorfstraße nach Siglding, wenig später auf Breslauer und Gemeinschaftsstraße nach Osten bis zum Fehlbach und dort nach rechts auf bekannter Strecke ins Zentrum von Erding zurück.

## Sehens- und Wissenswertes

Erdinger Moos: Größte geschlossene Moorfläche Südbayerns, gut 250 Quadratkilometer groß. Schließt an die Münchner Schotterebene an und wird landschaftlich geprägt von Grünland, Äckern sowie verstreuten Hecken und Baumzeilen. Im Nordteil liegt der Münchner Großflughafen mit zwei Start- und Landebahnen.

Erding: 1228 zur Stadt erhoben, altbayerische Herzogstadt und über 100 Jahre Glockengießerstadt, 1648 fast völlig niedergebrannt, heute Kreisstadt. Zur Besichtigung empfehlen sich u. a. die **Pfarrkirche St. Johann**, eine gotische Hallenkirche mit wert-

66

vollen Ausstattungsstücken, das **Museum Erding** (Di–So 13–17 Uhr) mit sakralen und historischen Beständen und das **Bauernhausmuseum** des Landkreises Erding (Sa/So/Fei 10–17 Uhr) u. a. mit einem Getreidekasten von 1581. Malerisches **Ortsbild** am Schrannenplatz mit Frauenkirche, Rathaus (ehemaliges Adelspalais) und dem Landshuter Tor, einer der schönsten Tortürme Südbayerns.

Außerhalb des Zentrums sind vor allem die Wallfahrtskirche Hl. Blut und die prächtig gestaltete Kirche in Altenerding nennenswert, aber auch die **Erdinger Therme**, die sich als Wellnessbad rasch zum Anziehungspunkt Nr. 1 der Region entwickelt hat.

Freising: Rund 1300 Jahre alt, damit älteste Stadt zwischen Bozen und Regensburg, also auch älter als München (1158 gegründet). Freising war Herzogspfalz, dann Bischofssitz und galt im frühen Mittelalter als »der wichtigste und zentrale Ort« im Raum zwischen Augsburg, Salzburg und Regensburg. 996 wurde ihm das Marktrecht verliehen. Mit Gründung Münchens nahm die Bedeutung Freisings allmählich ab. Nach der Säkularisation 1802/03 war die einstige fürstbischöfliche Residenzstadt schließlich nur noch eine »kleine Landstadt«, der Bischofssitz wechselte 1821 nach München.

Die wichtigsten Sehenswürdigkeiten der heutigen Kreisstadt sind der romanische **Dom** mit Barockschmuck der Asam-Brüder und der Krypta mit der berühmten Bestiensäule. Auch auf dem Domberg das **Diözesanmuseum** (bis auf Weiteres geschlossen), gilt als größte kirchliche Sammlung in Deutschland. Die Klosterkirche **Neustift** zeigt einen prachtvollen Rokokoraum (J. B. Zimmermann und I. Günther), das **Stadtmuseum** (derzeit Neuorganisation) bietet mit seinen Beständen Einblick in die Ortsgeschichte. Empfehlenswert ist ein Abstecher nach **Weihenstephan** mit seinem »grünen« Lehr- und Forschungszentrum, zu dem vor allem auch die älteste noch betriebene Brauerei der Welt und das bekannte Bräustüberl gehören.

Flughafen München: Inbetriebnahme am 17. Mai 1992, heute auf Rang sieben in Europa und Rang zwei in Deutschland. 2018 fast 415 000 Flugbewegungen und fast 46 Millionen Passagiere. Im Besucherpark u. a. ein Aussichtshügel und legendäre Flugzeuge, so eine Ju 52 (1937) und eine Super Constellation (1955).

»Mutter von der Stiegen«, wunderschöne Skulptur von 1480 im Freisinger Dom

*Einkehr*

Erding: Gaststätte Weißbräu (T): Tel. 08122/88 00 10;
Freising: Weißbräu Huber (B): Tel. 08161/54 86 86;
Weihenstephan: Bräustüberl (B): Tel. 08161/130 04

# 14 Verträumter Isengau – Geheimtipp für Radler

mittel  |  32 km  |  160 m  |  3.15 Std.

### Route
Dorfen – Spirkersberg (km 3,3) – St. Wolfgang (km 6,4) – Lappachtal (km 11,5) – Isen (km 14,6) – Penzing (km 17) – Lengdorf (km 22,5) – Oberdorfen (km 29,5) – Dorfen (km 32)

### Verkehr
Lebhaft in den größeren Orten, sonst verläuft die Route durchweg abseits von störendem Verkehr.

### Steigungen
Gesamtlänge ca. 3,5 km, gut 2 km stärker ansteigend. Hauptanstiege hoch nach Eck und hinter St. Wolfgang. Sonst viele kürzere Steigungen.

### Wegezustand
Asphalt bis auf Anstieg nach Eck und Waldfahrt St. Wolfgang–Isen, beide Strecken ausreichend intakt.

### Ausgangspunkt
Bahnhof Dorfen

### Anfahrt
Auto: auf A 94 bis Ausfahrt Dorfen. Ca. 55 km, Fahrzeit knapp 1 Std. Bahn: Mehrmals täglich München bis Dorfen (direkt) und zurück (Bayerische Eisenbahngesellschaft). Fahrzeit ca. 45 Min. Fahrradmitnahme möglich.

### Freibäder
Dorfen nahe Volksfestplatz; Isen an der Isener Einkehr

### Tourist-Info
Dorfen: Tel. 0 80 81/41 10 www.dorfen.de; Isen: Tel. 0 80 83/53 01-0, www.isen.de

Landschaftlich reizvoll mit reichen Kunstschätzen und dennoch vom großen Ausflugstrom (noch) verschmäht, das ist die altbayerische Kulturregion Isengau. Sie ist für Radler auf der Suche nach Beschaulichkeit aber wirklich ein Geheimtipp, denn es lässt sich dort in angenehmer Weise radeln, wie die Fahrt durch das anmutige Isental nach Dorfen beweist.

## Streckenbeschreibung
**Abschnitt Dorfen–St. Wolfgang.** Wenn man vom Bahnhof vor zur Haager Straße und gegenüber Am Bahndamm weiterfährt, gelangt man an einen Schotterweg, der links Richtung Eck hochführt. 800 Meter meist stärkere Steigung müssen bezwungen werden, bevor man an eine Asphaltstraße und rechts zum Weiler **Eck** gelangt. Sowohl beim Aufsteig und vor allem in Eck bieten sich schöne Aussichten auf Dorfen und das Isental. In Eck folgen wir dem Schild Richtung **Spirkersberg**, passieren zunächst die neue A 94 und erfreuen uns dann wieder an der Aussicht auf das typische Hügelland des Isengaus. Genussvoll rollen wir zur B 15 hinunter und nutzen deren Radweg nach Süden, der uns zwar mit entsprechender Geräuschentwicklung der Bundesstraße, da-

für aber auf direktem Wege in 1,5 Kilometer nach St. Wolfgang bringt (s. Sehens- und Wissenswertes).

**Abschnitt St. Wolfgang – Isen.** Neben Kirchenschätzen und seinem weithin bekannten Gasthof Schex (s. Tipp des Tages) ist das Dorf auch mit einer liebenswerten Legende verbunden: Ihr zufolge kam der hl. Wolfgang in den Ort, erkannte das Elend und die Trinkwassernot der Bevölkerung und schlug betend mit seinem Bischofsstab auf die Erde, worauf eine heilkräftige Quelle entsprang. Sie fließt heute noch in der Brunnenkapelle der Dorfkirche.

Wir machen uns wieder auf den Weg und erklimmen auf der Raiffeisenstraße eine markante Steigung von 500 Meter hoch zum **Giglberg**. Vorbei am Feldhuber-Anwesen stößt man auf eine Querstraße und folgt ihr nach rechts Richtung **Lappach**. Nach diesem Dorf nimmt uns dann ein Radweg auf, führt meist abfallend an den Weilern Weinhub und Semmelhub vorbei und stößt schließlich auf eine große Kreuzung im **Lappachtal**. Dort wenden wir uns zweimal nach links (Schild) und radeln nun am Bach Lappach entlang ca. 2 Kilometer nach Süden, vorbei am Anwesen Angerl bis zur Wegekreuzung, unmittelbar unterhalb des Weilers **Kopfsöd**.

Nun biegen wir rechts ab und nehmen Kurs auf Isen. Der Weg führt im Auf und Ab durch den Sollacher Forst, passiert gegen Ende Zieglstadl und bringt uns schließlich nach Isen. Kurz nach der Brücke über den Schinderbach am Ortsrand folgt man rechts der Ziegelstätterstraße, um dann in die Bischof-Josef-Straße rechts abzubiegen und so das Zentrum zu erreichen.

*Linke Seite: Aussichtspunkt Eck: Blick auf das Isental mit Dorfen, dahinter die sanfte Hügellandschaft des Isengaus*

## Tipp des Tages

Wenn Sie Heilquelle und Kunstwerke in der Kirche St. Wolfgang inspiriert haben, empfiehlt sich die Einkehr im altbayerischen Gasthaus Zum Schex. Es wird von der bayerischen Staatsregierung fortwährend als eines der besten Gasthäuser in ganz Bayern ausgezeichnet und besticht durch regionale Küche und ein hervorragendes Preis-Leistungs-Verhältnis.

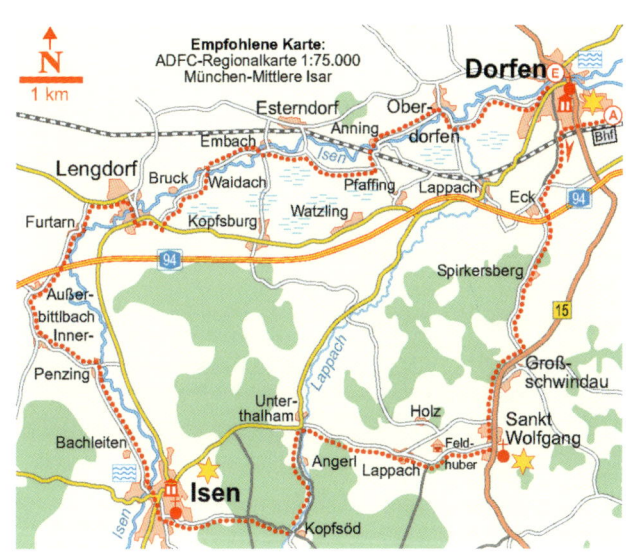

Schmerzhafte Muttergottes von Johann Baptist Straub in der Kirche St. Wolfgang

**Abschnitt Isen–Dorfen.** Auf der Straße Am Gries verlassen wir den Ort wieder und kommen bei leichtem Auf und Ab und mit Blick auf das Isental an die Querstraße in **Penzing**. Dort halten wir uns links, passieren in ländlicher Gegend Inner- und Außerbittlbach sowie die neue A 94 und Furtan und landen schließlich in **Lengdorf** am Isen. Wir fahren durch bis zur Kirche, biegen links Richtung Watzling und 400 Meter danach noch einmal links nach Bruck und Waidach ab. Was nun folgt, zählt zu den schönsten Radstrecken des Isengaus. Es ist ein verkehrsarmes Asphaltsträßchen mit kurzen Schotterstücken, das knapp 9 Kilometer am Isen entlangläuft, ohne jede Steigung und mit weiten Ausblicken auf das Isental und seine Hänge: Genussradeln pur! Wir kommen zunächst an Bruck, **Waidach** und Lang-

> **»Die Strecke von Lengdorf nach Dorfen durch parkartiges Wiesenland entlang des Isen ist einer der reizvollsten Radwege zwischen Erding und Mühldorf am Inn.«**
>
> **Helga Scheider, Taufkirchen/München**

### Die A 94 im Isengau

Allen Protesten und Widerständen zum Trotz wurde die Autobahn A 94 am 1. Oktober 2019 für den Verkehr freigegeben. Es ändert sich zwar nichts an der Einschätzung, dass die A 94 die landschaftliche Idylle des Isengaus beeinträchtigt, für die Radtour durch das Isental selbst spielt sie aber so gut wie keine Rolle. Nur zweimal quert die Route die A 94, nämlich südlich von Dorfen und nach Außerbittlbach, sonst aber ist von der A 94 so gut wie nichts zu sehen oder zu hören. Die Radtour 14 durch den Isengau bleibt also eine der schönsten Routen dieses Buches.

prenning vorbei, lassen in Embach die Brücke links liegen und stoßen 700 Meter weiter auf ein Asphaltsträßchen, wo wir rechts fortsetzen. Dann folgt ein Wegedreieck, wo es links über den Isen nach Anning hineinund danach weiter bis **Oberdorfen** geht. Der Isen wird hier erneut überquert, um gut 300 Metern wei-

ter dem links wegführenden Sträßchen zu folgen, das uns an die Isener Straße in **Dorfen** bringt. Zum Zentrum nach links ist es dann nur noch ein Katzensprung.

Radeln in verträumter Gegend: der Isentalweg von Lengdorf nach Dorfen

Linke Seite rechts: Malerische Fassadenzeile in der Dorfener Altstadt

## Sehens- und Wissenswertes

Dorfen: Im Landschaftsschutzgebiet Isental gelegene Stadt. Sie erhielt 1954 das Stadtrecht und war früher einmal (1450, 1679–1745) bedeutender Marienwallfahrtsort. Es lohnt sich, einen Spaziergang durch die historische Altstadt in Kreuzform mit schmucken Fassaden und alten Stadttoren zu machen. Sehenswürdigkeit Nr. 1 ist die Wallfahrtskirche St. Maria (Mitte 15. Jh.) und darin der Hochaltar der Gebrüder Asam von 1749 mit Gnadenbild.

St. Wolfgang: Kunsthistorisch bedeutende Kirche (1477). Sehenswert sind vor allem die Altaranlage von 1680 im Hauptraum, die Schnitzmadonna (1777) von Johann Baptist Straub am Kreuzaltar sowie die zart stuckierte Brunnenkapelle und gegenüber der Kirche das altbaierische Gasthaus Zum Schex.

Isen: Die Pfeilerbasilika St. Zeno aus dem 15. Jh., ein Abbild des Freisinger Doms, enthält kostbare Ausstattungsstücke. Über die Ortsgeschichte informiert das Heimatmuseum im Alten Rathaus (2. Wochenende im Monat, Sa 14–16, So 10–12 Uhr).

*Einkehr*

Dorfen: Wailtl Bräu (T): Tel. 08081/956 92 61; St. Wolfgang: Zum Schex (G): Tel. 08085/205; Isen: Gasthof Klement (B): Tel. 08083/211

# 15 Schmucke Ortsbilder in der Mühldorfer Region

leicht  30 km  90 m  3 Std.

### Route

Mühldorf – Ebing (km 8,0) – Pürten (km 12,2) – Kraiburg (km 14,7) – Frauendorf (km 20,3) – Hammer (km 26,7) – Mühldorf-Bhf. (km 30,0).

### Verkehr

Wege meist verkehrsarm; auflebender Verkehr nur in Orten und an wenigen Passagen von Staatsstraßen.

### Steigungen

Hinfahrt bis Kraiburg nur zwei Anstiege vor Ecksberg und Pürten. Zurück besonders ab Kraiburg und Frauendorf steigungsbetonter (ges. ca. 2 km).

### Wegezustand

Ca. 4 km Kieswege, sonst nur Asphaltstraßen

### Ausgangspunkt

Bahnhof in Mühldorf am Inn

### Anfahrt

Auto: Von München A 94, bis Mühldorf Nord und Staatsstraße 2092 bis Mühldorf (ca. 90 km, Fahrzeit 1:30 Std.). Bahn: Regelmäßige Verbindung von München über Dorfen nach Mühldorf am Inn (Fahrzeit ca. 1:10 Std.; Fahrradmitnahme möglich).

### Einkehr

Mühldorf: Lodronhaus: Tel. 08631/16 44 77; Wasserschlössl (T/B): Tel. 08631/166 89 80

### Tourist-Info

Mühldorf am Inn: Tel. 08631/61 26 12, www.muehldorf.de; Kraiburg: Tel. 08638/98 38-0, www.markt-kraiburg.de

Mit dieser Tour verlassen wir das Münchner Umland und treten ein in die anmutige Großregion Inn-Salzachgau Rupertiwinkel, Berchtesgadener Land und Chiemgau. Wir radeln zunächst zwischen Mühldorf und Kraiburg in friedlichem Bauernland, wo zwei idyllische Ortsbilder hervorstechen, nämlich in Mühldorf und in Kraiburg.

## Streckenbeschreibung

Abschnitt Mühldorf – Kraiburg. Der erste Abschnitt ab Bahnhof verläuft gemäß Karte zur Münchner Straße. Dort geht es 400 Meter nach rechts und dann links auf der Talstraße hinunter ins Tal. Und schon liegt das geschäftige Mühldorf hinter uns. Am Mühlberg biegen wir links ab, überqueren die Staatsstraße 2550 (Brücke) und folgen danach der rechts wegführenden Erberstraße. Jetzt radeln wir auf der Route des Innradwegs, die bis

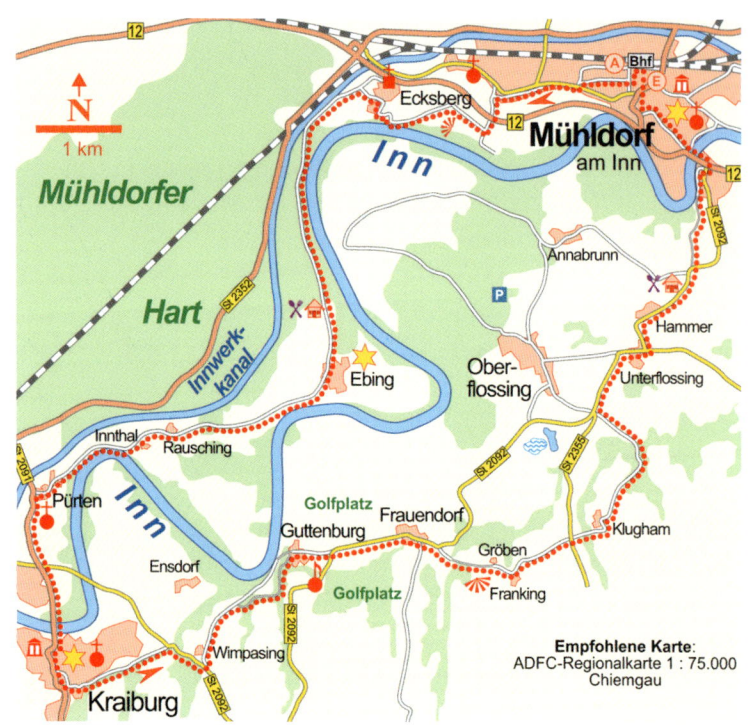

Solche malerischen Häuser (16.–19. Jh.) in Inn-Salzach-Bauweise säumen den Markt-platz in Kraiburg.

Pürten zweifelsfrei ausgeschildert ist. Mit Blick auf die Altmühl-dorfer Kirche rechts oben und die Klosterkirche Ecksberg vor uns auf der Höhe stehen wir nach ca. 1,3 Kilometer vor der er-sten markanten Steigung der Tour hoch bis **Ecksberg**.

Oben leiten uns die Radschilder zur ver-kehrsarmen Straße Richtung Ebing. Sie führt eine Zeit lang durch Au-enwald, passiert den Fußweg zum Fundort des **Urelefanten** (s. Wis-senswertes) sowie die Gaststätte **Ebinger Alm** (Terrasse; Do–So 10 bis 0 Uhr) und bringt uns über **Ebing**, Rausching und Innthal nach **Pürten** (s. Wissenswertes).

Nach Besichtigung der Madonna ge-langt man zur Staatsstraße 2091 und erreicht an ihr entlang – mal mit, mal ohne Radweg – das Inn-Städtchen **Krai-burg**. Dort legen wir nun eine Pause ein und erfreuen uns an dem reizvollen Ortsbild am Marktplatz (s. Sehens- und Wissenswertes).

## Tipp des Tages

Um 1433 fertigte ein unbekannter Meister von Seeon eine sitzende Figur aus Lindenholz, »Taufkirchener Madonna« genannt, die fortan als Schönheitsideal in der Darstellung der Mut-tergottes mit Kind galt. Bemerkenswert sind vor allem die elegante S-Haltung, der kunstvolle Faltenwurf des Gewandes und die zarten Gesichtszüge. Das Original der Figur steht im Bayerischen Nationalmuseum München, eine dem Original nahe Madonna etwa aus gleicher Zeit besitzt das Kreisheimatmuseum in Mühldorf am Inn.

Abschnitt Kraiburg – Mühldorf. Über Brunnengasse und Guttenburger Straße verlassen wir Kraiburg wieder und stellen uns bis Klugham auf rund 8 Kilometer steigungsreiche Strecke ein. Zunächst trifft man nach 1,5 Kilometer auf eine verkehrsreiche Querstraße, hat dort nach rechts auf dem Radweg den ersten 500-Meter-Buckel zu erklimmen und biegt dann oben nach links Richtung Georgenberg ab. Gut 700 Meter nach Wimpasing lenkt uns ein Schild hinunter in ein reizvolles Bachtal, in dem wir nach Queren einer kleinen Brücke hoch nach **Guttenburg** kommen.

Nun geht es in Ostrichtung, vorbei an einem Golfplatz, nach **Frauendorf,** und 200 Meter danach rechts ab nach Gröben. Hier beginnt eine zweite Steigungsetappe, teilweise auf einer Schotterpiste, zunächst hoch bis Franking (Ausblick nach Süden!) und nach genussvoller Abfahrt noch mal hinauf bis **Klugham.**

Nun haben wir das Gröbste hinter uns. Eine lange Abfahrt bringt uns an die Staatsstraße 2092, wo man zweimal rechts abbiegt, mit schönen Ausblicken in die Gemarkung nach Unterflossing und dann links nach Hammer gelangt. Gut 300 Meter nach dem Hammerwirt zweigt links ein Schottersträßchen ab, dessen Radschilder zur Staatsstraße 2550 leiten. Dort geht es links über den Inn, gleich danach rechts hinein auf den Stadtplatz in Mühldorf und nach Besichtigungen zurück zum Bahnhof (s. Karte).

## Sehens- und Wissenswertes

Mühldorf am Inn: Die 1000-jährige Inn-Stadt war lange Salzburger Enklave und kam erst 1802 zu Bayern. Zentrum der Stadt ist der lang gestreckte historische **Stadtplatz** zwischen Münchner und Altöttinger Tor. Er wird auf beiden Seiten gesäumt von geschlossenen Reihen malerischer Bürger- und Geschäftshäuser im Inn-Salzach-Stil (15.–17. Jh.). Wichtige Sehenswürdigkeiten sind u. a. das **Rathaus** (15. Jh.) mit prächtigem Sitzungssaal und Hexenkammerl, die Kirche **St. Nikolaus** und die **Frauenkirche** sowie das bekannte **Kreisheimatmuseum** (So bis Do 14–17 Uhr) im Lodronhaus. Neben diversen

**Mühldorf Stadtgebiet**

Rechte Seite oben: Die wunderschöne sitzende Figur der »Taufkirchener Madonna« (Informationen siehe Kasten Seite 73)

Rechte Seite unten: Das Nordende des Stadtplatzes in Mühldorf mit Inn-Salzach-Häusern und dem Turm des Münchner Tors

Sammlungen ist vor allem ein abgedunkelter Skulpturenraum sehenswert, in dem Lichtkegel auf kunstgeschichtlich bedeutsame Schnitzwerke, darunter die »Taufkirchener Madonna« (siehe Tippkasten), gerichtet sind.

Kraiburg: Schmuckstück des 772 erstmals genannten Inn-Städtchens ist der **Marktplatz**, umstanden von ansehnlichen Inn-Salzach-Häusern und von der **Marktkirche**. Besuchenswert ist auch das **Heimatmuseum** mit Sammlungen aus der Region (So 14– 17 Uhr).

Pürten: Sehenswert in der dortigen Kirche ist eine anmutige **Seeoner Madonna** im prunkvollen Barockaltar. Sie stammt von 1425, die Fassung um 1800.

Ebinger Urelefant: 1971 entdeckte ein Angler in der Nähe von **Ebing** das riesige Skelett eines Urelefanten, das heute in der Paläontologischen Sammlung in München zu sehen ist. Am Fundort selbst, der beschwerlich zu erreichen ist, steht nur noch eine Infotafel.

# 16 Streifzug durch den Nördlichen Chiemgau

mittel    37 km    152 m    4.30 Std.

**Route**
Schnaitsee – Holzhausen
(km 7,7) – Emertsham
(km 12,3) – Frühling (km 20,7)
– Sonnau (km 25,5) – Hainham
(km 31,9) – Weitsee (km 36,6)
– Schnaitsee (km 37,1).

**Verkehr**
Wenig Verkehr auf der Strecke,
ausgenommen in Orten und
bei drei Berührungen mit
Staats- oder Kreisstraßen.

**Steigungen**
Bis zur Höhe oberhalb von
Trostberg keine schweren
Steigungen, aber kräftezeh-
rendes Auf und Ab. Auf der
Rückfahrt einige moderate
Steigungen und Steilanstieg
nach Schnaitsee.

**Wegezustand**
Bis auf ca. 3 km gut befahrbarer Schotterweg, alle Straßen
und Wege asphaltiert.

**Ausgangspunkt**
Strandbad am Weitsee unterhalb von Schnaitsee

**Anfahrt**
Auto: Von München B 304
über Wasserburg nach
Schnaitsee (ca. 68 km; Fahr-
zeit 1:15 Std.). Bahn: Kein
Bahnanschluss

**Tourist-Info**
Schnaitsee: Tel. 08074/
91 91-16, www.schnaitsee.
de.; Trostberg: Tel. 08621/
801-130, www.trostberg-
tourismus.de

Faszinierende Ausblicke auf Alpenkette und Bauernland
zeichnen diese stille und beschauliche Tour aus. Ihr ab-
soluter Höhepunkt ist das Schnaitsee-Panorama auf dem
mit 653 Meter höchsten Punkt dieser Region. Geprägt
wird die Rundfahrt aber auch von zahlreichen Steigungen, vor allem in der ersten Hälfte. Die Rückfahrt verläuft dann zumeist auf dem reizvollen Alz-Inn-Radweg.

## Streckenbeschreibung

Abschnitt Schnaitsee – Frühling. Aus zwei Gründen starten wir
die Tour am Strandbad am Weitsee: Erstens steht dort mehr
Parkraum zur Verfügung, und zweitens kann man die einzige
ernsthafte Steigung der Tour von gut 1 Kilometer Länge hoch
nach Schnaitsee noch frisch und energisch angehen.
Im Zentrum stoßen wir auf die Trostberger Straße und radeln
sie nach Osten hinaus, um nach ca. 450 Meter der rechts hochführenden Fahrnbichl-
straße (Radschild) zu
folgen. Dieses schöne
und aussichtsreiche
Asphaltsträßchen, nur
zweimal unterbrochen
von kurzen Schotter-
strecken, verläuft nach
Querung einer Staats-
straße weiter über
**Pfeisenham** und **Of-**
**fenham** an eine Kreis-
straße, wo man links

(Radschild) zur Staatsstraße 2367 fährt. Dort biegen wir rechts ab
und setzen nach 1 Kilometer direkt vor der Magdalenenkirche
links (Radschild) unseren Weg in Richtung Holzhausen fort. Beachten Sie das sympathische Bauernland mit verstreuten Höfen,
Kirchtürmen, parkartigen Wiesen und weiten Ausblicken.
Nächste Stationen sind nun **Holzhausen**, nach einem Schwenk
nach Norden **Thurmbau** mit Bergsicht und **Reicherting**. Dann

Aussicht von der Höhe oberhalb von Schnaitsee mit Blick auf u. a. Chiemgauer und Berchtesgadener Alpen

stößt man in **Emertsham** auf die stark befahrene Staatsstraße 2091, folgt ihr auf gut 1 Kilometer nach Süden und biegt dann links Richtung Ruppling ab. Hier kehrt auf dem schönen Radsträßchen wieder Ruhe ein.

Nach **Ruppling** gelangt man über **Biburg** nach **Oberfeldkirchen** und radelt nach einem kurzen Rechts-links-Schwenk mit Alpensicht über **Gainharting** wieder zur Staatsstraße 2091. Schräg gegenüber bringt uns ein Sträßchen mit Bergblick vorbei an einem repräsentativen Hof in Viehhausen zum Dorf mit dem schönen Namen **Frühling**. Der Radltacho zeigt Km 21 – damit ist die erste Hälfte der Tour bewältigt.

Abschnitt Frühling – Schnaitsee. In Frühling mündet man in den Alz-Inn-Radweg, dessen nördliche Variante von Trostberg über Schnaitsee bis Wasserburg am Inn verläuft.

Linke Seite: Altbayerischer Humor, gesehen in Schnaittach bei Schnaitsee. Er kann vielleicht auch verbissenen Radlern ein Lächeln aufs Gesicht zaubern.

*Einkehr*

Schnaitsee: Schnaitseer Wirt (T):
Tel. 08074/215 01 50
Emertsham: Bes´nwirt (B):
Tel. 08622/796 40 16

Er zeichnet sich durch verkehrsarme Asphaltsträßchen, nur wenige moderate Steigungen und wunderbare Ausblicke auf Land und Berge aus. In der Folge passiert man die Weiler **Irling**, dann **Hasenbichl**, wo sich ein erster Fernblick auf den Fernsehturm Schnaitsee auftut, und nach einem Nordschwenk **Gauing** und **Rampertskirchen**. Dort steuert man links (Richtung Obing) den Weiler **Sonnau** an und kommt nach einer erneuten Rechts-links-Biegung über Stadl und Orthofen an eine Querstraße. Ein Radweg führt uns mit Aussicht links nach **Stockham**.

Jetzt geht's ins Finale: Bei anhaltend reizvollen Ausblicken und etwas kräftigeren Steigungen radeln wir am Ortsende von Stockham rechts über **Schleipfering** an einen Kreisverkehr und dort mit Nordkurs nach **Hainham**. Das hoch gelegene Schnaitsee mit Fernsehturm und Windrädern rückt immer näher. In Diepertsham nutzen wir rechts einen Schotterweg bis **Gattenham**, wo sich erstmals ein umfassendes Panorama der Alpenkette zeigt. Nach

**Tipp des Tages**

Sollten Sie sich einen warmen Tag für die Tour ausgesucht haben, trifft es sich gut, dass der Weitsee unterhalb von Schnaitsee ein Strandbad mit großen Liegewiesen und kleinem Kiosk besitzt, wo man sich Abkühlung verschaffen kann. 300 m nördlich von Kratzbichl zweigt rechts ein Weg ab, auf dem man nach ca. 400 m zum Strandbad kommt.

Querung der Staatsstraße 2360 landen wir in **Sandgrub**, wo ein Waldweg hinüber nach **Kratzbichl** und zurück zum Strandbad am Weitsee führt.

Rechts: Ausklingende Badesaison am Weitsee unterhalb von Schnaitsee – nach der Tour ein willkommener Ort der Erholung

## Sehens- und Wissenswertes

Gebirgspanorama am Fernsehturm Schnaitsee: Vor Antritt der Fahrt ist zu überlegen, ob man den Abstecher zum Fernsehturm (hin und zurück ca. 3 km) vor oder nach der Tour machen will. Hochfahren sollte man auf jeden Fall, denn die Aussicht auf Schnaitsee und das umgebende Land, vor allem auf die Alpenkette vom Großglockner über die Chiemgauer Berge bis zu den Berchtesgadener Alpen ist hinreißend. Von einem kleinen Aussichtsturm nahe dem Fernsehturm hat man auch eine Fernsicht nach Westen und Osten ins Schnaitseer Hinterland. Am Südrand von Schnaitsee ist die Aussicht immer noch imponierend.

Links: Wer möchte nicht in dieser reizvollen Landschaft im Schnaitacher Land radeln: bäuerlich geprägt und doch parkartig.

> **»Der Radweg Alz–Inn gewinnt seine Anmut dadurch, dass er nichts zu zeigen versucht, außer, dass es auch auf stillen Pfaden wundervoll ist.«**
>
> **Herbert Huber, Wasserburg am Inn**

# 17 Im »Herzen Bayerns« an Inn und Salzach

| mittel | 46 km | 70 m | 4.15 Std. |

### Route
Altötting-Emmerting (km 8,0) – Mehring (km 11,2) – Burghausen Mitte (km 17,0) – Staatsstraße 2108 (km 19,3) – Marktl (km 28,4) – EW Perach (km 34,0) – Neuötting (km 43,7) – Akltötting (km 46,2).

### Verkehr
In Alt- und Neuötting sowie in Burghausen stärker, sonst kaum Verkehr.

### Steigungen
Gesamtlänge ca. 800 m, davon 600 m etwas stärker ansteigend. Insgesamt sind es auf ganzer Strecke nur sieben kurze Anstiege.

### Wegezustand
Forst- und Uferwege geschottert, bis auf wenige kurze Abschnitte insgesamt gut befahrbar.

### Ausgangspunkt
Bahnhof Altötting

### Anfahrt
Auto: auf A 94 über Mühldorf bis Abfahrt Altötting. Ca. 100 km, Fahrzeit knapp 2 Std. Bahn: Mehrmals täglich München – Mühldorf (umsteigen) – Altötting und zurück. Fahrzeit ca. 1:45 Std., Fahrradmitnahme möglich.

### Freibäder
Altötting: Osterwies; Burghausen: Wöhrsee, Peracher See

### Tourist-Info
Altötting: Tel. 0 86 71/ 50 62-19 / 38, www.altoetting.de; Burghausen: Tel. 0 86 77/887-140 / 141, www.burghausen.de

Wir besuchen die Inn-Salzach-Region, aber auch die Heimat des emeritierten Papstes Benedikt XVI. Eckpunkte eines »magischen Dreiecks« sind Altötting als Marienwallfahrtsort Nr. 1 in Deutschland, Burghausen, die malerische Salzachstadt mit mächtiger Burganlage, und das Dorf Marktl am Inn, wo Papst Benedikt geboren wurde.

## Streckenbeschreibung

**Abschnitt Altötting–Burghausen.** Nach kurzem Abstecher zum Kapellplatz verlässt man Altötting auf dem Radweg der Burghauser Straße. Am Ortsende führt er auf einem Steg über die St 2107 in den Altöttinger Forst. Dort geht es rechts ab, nach 800 Metern an einer Mehrfachkreuzung halb links Richtung Emmerting und nach weiteren 800 Metern wieder rechts auf die **Alte Poststraße**. Damit beginnt eine stille Fahrt auf diesem von lichtem Laubwald gesäumten schönen Kiesweg, der schnurgerade nach Südosten verläuft. Unter-

wegs bleibt man an fünf Wegekreuzungen konsequent geradeaus. Auch Radschilder (»Forstrundweg«, »Innradweg«) zeigen die Richtung. Am Ende mündet die Alte Poststraße in die Obere Dorfstraße, die uns links zur Hauptstraße im Zentrum von **Emmerting** bringt. Dort wenden wir uns nach rechts, überqueren die Alz und schieben links hoch nach **Hohenwart**. Hier folgen wir dem Rechtsknick der Hohenwarter Straße, gelangen über Haydn- und Stöcklstraße zu einer kleinen Brücke über die St 2108 und gehen drüben auf Kurs **Mehring**. Dessen hoch aufragende

Kirche weist uns die Richtung. Wenig später durchqueren wir das Dorf und nutzen kurz nach der Kirche die Lengthaler Straße nach **Lengthal**. In diesem Weiler halten wir uns links, um dann gleich rechts (Radschild) nach Badhöring an die Mehringer Straße zu radeln. Bleiben Sie nun konsequent auf dieser Straße, bis Sie auf die Unghauser Straße in **Burghausen** stoßen. Von dort sind es nur wenige Schritte auf dem Friedensweg zum Burgeingang und rund 900 Meter hinunter zur Altstadt.

Der Kapellplatz in Altötting mit der Gnadenkapelle, der Stiftskirche (rechts) und der Magdalenenkirche (hinten)

Linke Seite: Das Zentrum des bedeutendsten deutschen Marienwallfahrtsortes: die Gnadenkapelle in Altötting

**Abschnitt Burghausen–Marktl.** Nach Besichtigung der Altstadt und der Burg geht es auf gleicher Strecke zurück nach Badhöring, nun aber nicht links nach Lengthal, sondern durch **Badhöring** zur Straße Burghausen–Altötting und gegenüber geradeaus in den **Holzfelder Forst** (Radsymbol). Diese stille, rund 7 Kilometer lange Waldetappe führt über den Alzkanal an eine Querstraße und da links 2,5 Kilometer weiter zu einer Wegespinne, wo wir halb rechts fortsetzen (Steinkreuz am Weg). In der Folge überquert man eine Asphaltstraße, lässt ein Wegedreieck links liegen und wird 700 Meter danach von einem Radschild zur **B 20** hinausgelenkt, an deren Radweg man über den Inn nach **Marktl** kommt.

*Einkehr*

Altötting: Hotel zur Post (T): Tel. 08671/50 40; Andechser im Schex (B): Tel. 08671/ 59 65; Hohenwart: Gasthof Schwarz (T): Tel. 08677/ 984 00; Burghausen: Gasthof Post (T): Tel. 08677/96 50; Bayerischer Hof (T): Tel. 08677/978 40

**Abschnitt Marktl–Altötting.** Nachdem wir dem päpstlichen Geburtsort unsere Referenz erwiesen haben, nehmen wir Kurs auf Altötting. Was bis Marktl eine lange und stille Waldfahrt war, wird nun zur ausgedehnten Uferfahrt am Inn, mit dem Unterschied, dass sich hier reizvolle Ausblicke auf den Fluss und das Tal bieten. Wir radeln also auf der Schulstraße aus Marktl hinaus und biegen nach gut 1 Kilometer direkt vor den Schienen auf den **Inn-Uferweg** ab (Radschild). Rund 13 Kilometer ist diese Etappe lang, auf der wir als Erstes am Elektrizitätswerk Perach vorbeikommen, wo uns ein Pfad am Werkseingang (Radschild) zum Uferweg zurückbringt. Dann passieren wir das schöne Strandbad des **Peracher Sees** und landen letztendlich an der Innbrücke in **Neuötting**. Der Weg ins Zentrum Neuötting und weiter nach Altötting ist ausgeschildert und kaum zu verfehlen.

## Tipp des Tages

Papst Benedikt XVI. ist zwar nicht mehr im Amt, interessant ist es trotzdem, das Mauthaus in Marktl am Inn zu besuchen, wo Joseph Ratzinger 1927 geboren wurde. Die Führung im Haus informiert über Herkunft und Werdegang und macht auch Station im Papst- und im Geburtszimmer. Zugänglich ist das Haus April–Okt. Di+Fr Ruhetage, Mo, Mi, Do 10–12,14–16.30 Uhr, Sa/So 10–16.30 Uhr.

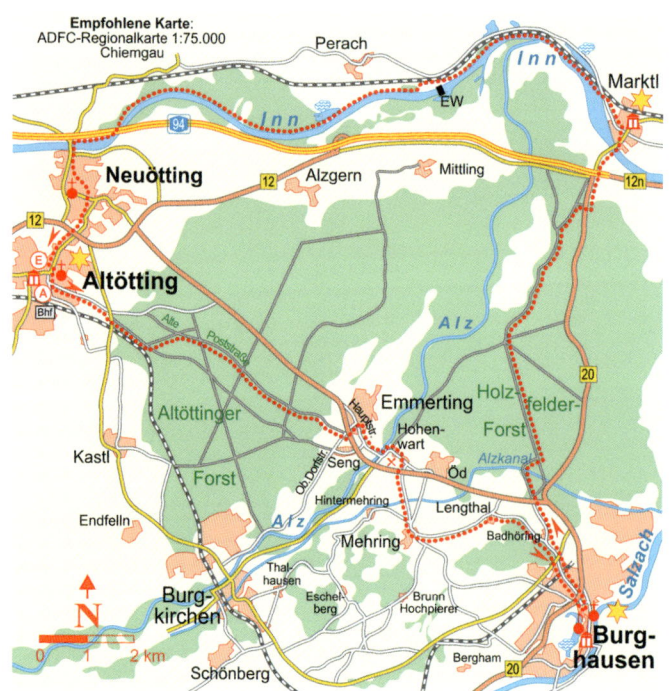

## Sehens- und Wissenswertes

Altötting: Seit 500 Jahren Marienwallfahrtsort und heute der bedeutendste in Deutschland. 1898 zur Stadt erhoben. Anziehungspunkte: **Gnadenkapelle** mit Taufkapelle (8. Jh.) und mystischem Innenraum, darin Gnadenbild der schwarzen Madonna (um 1300), lebensgroße Silberfiguren und Herzurnen der Wittelsbacher. **Stiftskirche** (1511 geweiht) mit beachtlicher Einrichtung. In der Schatzkammer erlesene Weihegaben, so das »Goldene Rössl«, ein Hauptwerk der Pariser Goldschmiedekunst (Mo–Fr 8–17, Sa 10–16, So 11–15 Uhr). Das Wallfahrts- und Heimatmuseum zeigt Gemälde, Votivgaben und Volkskunst (offen wie Schatzkammer). Ein Rundblickgemäl-de (Panorama) stellt den Kreuzgang Christi dar (tgl. 10–17 Uhr). Burghausen: Blütezeit im 15./16. Jh., ab 17. Jh. Niedergang. Mit Ansiedelung der Wacker-Werke (1915) neuer Aufschwung. Die **Altstadt** bildet ein einzigartiges Städtebauensemble: Über der Stadt die in sechs Höfen angelegte **Burg** (1255), die längste Europas, unten der Stadtplatz mit malerischen Fassaden im Inn-Salzach-Stil. Auf der anderen Seite der Wöhrsee mit Strandbad und Bootsverleih. In der Burg das Stadtmuseum (So Ruhetag, sonst 10–18 Uhr) mit 4000 Exponaten zu Kunst und Kultur sowie mit Sonderabteilungen.

Die **Staatlichen Sammlungen** (tgl. 9–18 Uhr) zeigen Mobiliar und Gemälde der Spätgotik. Sehenswert auch das Fotomuseum (Di–So 10–18 Uhr, Mo Ruhetag).

Marktl: Das ehemalige kurfürstliche **Mauthaus** (Öffnungszeiten rechts) von 1745 ist das Geburtshaus von Papst Benedikts XVI., die Kirche St. Oswald seine Taufkirche. Mit seiner Wahl rückte das Inn-Dorf schlagartig ins Rampenlicht. Neben dem Geburts-haus ist auch das **Heimatmuseum** (Besuch nur auf Anfrage, Tel. 08678/8104) mit lokalen Sammlungen zu besichtigen.

Das kurfürstliche Mauthaus in Marktl, in dem Papst Benedikt XVI. am 16. April 1927 zur Welt kam

Burghausen in herrlicher Perspektive mit Hauptburg und Altstadt im Inn-Salzach-Stil

# 18 Vom Waginger See bis Tittmoning

mittel · 50 km · 90 m · 4.45 Std.

### Route
Waging – Petting (km 8) – Kirchanschöring (km 13,5) – Fridolfing (km 19,5) – Tittmoning (km 29,5) – Harmoning (km 38,5) – Tettenhausen (km 46,2) – Waging Kirche (km 50,4)

### Verkehr
An verkehrsreicheren Abschnitten Radwege, sonst aber geringer Verkehr.

### Steigungen
Gesamtlänge knapp 3,5 km, davon 1,5 km stärker ansteigend. Drei Anstiege je um 300 m Länge, sonst nur kurze und leichte Steigungen.

### Wegezustand
Vor und nach Tittmoning und am Tachinger See Schotterwege, meist gut befahrbar, sonst nur Asphalt.

### Ausgangspunkt
Bahnhof Waging am See

### Anfahrt
Auto: A 8 bis AS Traunstein, dann B 306 bis Traunstein, dort Staatsstraße 2105. Ca. 125 km, Fahrzeit ca. 1:30 Std.
Bahn: Mehrmals täglich München–Traunstein (umsteigen)–Waging und zurück. Fahrzeit knapp 2 Std., Fahrradmitnahme möglich.

### Freibäder
Tachinger See: Nordspitze; Waginger See: Tettenhausen und Waginger Kurpark Fridolfing an der B 20

### Tourist-Info
Waging am See: www.waging-am-see.de; Tittmoning: www.tittmoning.de

Eine ziemlich lange Tour, die aber bei bedächtiger Fahrweise gut zu meistern ist. Erst geht es am Waginger See entlang, dann über Kirchanschöring und Fridolfing ins Salzachtal nach Tittmoning, um danach über ein aussichtsreiches Hügelgelände zurückzukehren. Höhepunkt der Tour ist die ehemals salzburgische Stadt Tittmoning.

## Streckenbeschreibung
**Abschnitt Waging–Kirchanschöring.** Wieder steuern wir zuerst das Zentrum an, am besten über Brückenweg (am Bahnhof mit Radschild), Postkeller- und Bahnhofstraße. Am Rathaus fahren wir die Salzburger Straße hinaus, unterqueren die große Umgehungsstraße und lassen uns vom Radschild Seeweg zur

Straße nach Petting und gleich darauf nach links auf die Kurhausstraße lenken. Gut 300 Meter weiter bringt uns rechts ein Pfad zum Radweg der Pettinger Straße. Über 5 Kilometer zieht er sich hin, keine sonderlich attraktive Strecke, aber gut zu

Am Marktplatz in Waging am See: wie ein großes Wohnzimmer mit behaglicher Atmosphäre

radeln und mit Aussicht auf den Waginger See. Dann geht es links nach **Petting**, das wir auf der Seestraße nordwärts durchqueren, um nach der Brücke (Götzinger Achen) Richtung Mandlberg abzubiegen. Hier umgibt uns stilles Bauernland, in dem wir später an einer Querstraße rechts nach **Reichersdorf** gelangen. Am Dorfende halten wir uns an der Gabelung links, stoßen nach dem Greiner-Hof auf die von Lampoding kommende Straße und sausen schließlich auf dem Radweg hinunter nach **Kirchanschöring**.

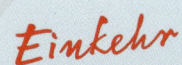

*Einkehr*

Waging: Wölkhammer (T/B): Tel. 08681/40 80; Unterwirt: Tel. 08681/693 30; Café Oswald (T): Tel. 08681/400 20; Tittmoning: Florianistube (T): Tel. 08683/10 32

Abschnitt Kirchanschöring–Tittmoning. 300 Meter nach der Kirche folgen wir links der Mühlenstraße, passieren die Bannmühle und den Weiler Breitwies und werden an der nächsten Straße durch ein Radschild rechts zur Straße nach Fridolfing dirigiert. Auf ihr erreicht man – nun mit Weitblick bis zu den Salzachhängen – bald darauf **Fridolfing**. Unser Ziel ist die Kirche in der Ortsmitte. Wieder aus dem Ort hinaus geht es auf Hadrian-, dann links auf Stefan-Glonner- und

Linke Seite: Der Waginger See, wärmster Badesee Oberbayerns, bei klarem Wetter mit Blick auf die Alpenkette

200 Meter danach halb rechts auf der Dietwiesstraße. Man kommt zur B 20, überquert sie und tritt jetzt ein in eine verträumte ländliche Gegend zwischen Salzach und B 20 mit weiten Ausblicken über das Tal. Die Radschilder weisen den Weg und ersparen das Kartenstudium. Die Route führt über Polsing, **Nilling** und dort rechts abschwenkend weiter über Seebach, Waldering und Wies zu Tennisplätzen, die wir rechts umfahren, um am Ende der Schotterstrecke links hinaufzuschieben zum Stadtplatz von **Tittmoning**.

**Abschnitt Tittmoning–Waging.** Wenn Sie sich in Tittmoning umgesehen und in einem der Restaurants gestärkt haben, steht die Rückfahrt an. Es geht zurück zum Südtor, danach rechts in die Traunsteiner Straße und nach 300 Metern links auf den Zwieselweg. Er mündet in einen Kiesweg, der leicht ansteigend nach 2 Kilometern auf eine Asphaltstraße stößt, wo wir rechts und 250 Meter danach wieder links Richtung Linerding abbiegen. Hier sollte man kurz innehalten, denn es zeigt sich ein wunderbares Alpenpanorama mit Berchtesgadener und Salzburger Bergen im Mittelpunkt. Dieses Bild ist umso mehr zu genießen, als die folgende Strecke leicht abfällt. Wir lassen uns weiter von den Radschildern lenken, passieren **Linerding** und Gramsam, dann nach kurzem Rechts-/Linksschwenk Holzhausen und Hof und nach erneuter Rechts-/Linksbiegung Niederstockham und **Harmoning**. Die Gegend ist nach wie vor bäuerlich geprägt und aussichtsreich bis zu den Bergen. Am Südrand von Harmoning halten wir uns rechts, an der nächsten Straße wieder, um wenig später dem Schild Richtung Törring zu folgen. An Wilgering vorbei radeln wir dann an der **Kirche Coloman** hinunter zur Straße nach Tengling und links zur Einfahrt vom Strandbad. Dort folgen wir dem Radschild **Seeuferweg Tettenhausen** (also nicht Seeweg), der vor dem Badeingang links abdreht und als Pfad, später als breite-

Empfohlene Karte:
ADFC-Regionalkarte 1:75.000
Chiemgau

rer Weg am Ufer des Tachinger Sees nach Tettenhausen führt. Unterwegs bietet sich nur stellenweise Zugang zum See, auch die Sicht ist durch Uferbewachsung öfter verstellt. In **Tettenhausen** geht es rechts hinunter und über die große Brücke (Radweg) zur Straße Tengling–Waging. Ihren Radweg nutzen wir in Südrichtung für ca. 700 Meter, dann hat man zwei Möglichkeiten bis Waging: entweder rechts die Seestraße hinauf, sie führt direkt zur Waginger Kirche, oder links unter der Staatsstraße hindurch und über Fisching und Strandbadallee zurück.

Pastellfarbene Bürger- und Geschäftshäuser im Inn-Salzach-Stil bestimmen das Bild am Stadtplatz in Tittmoning.

## Sehens- und Wissenswertes

**Waging am See:** Vorgeschichtliche Siedlung, 740 erstmals genannt und 1385 mit Marktrechten ausgestattet. Kam 1810 von Salzburg zu Bayern. Heute ein Luftkurort am wärmsten See Oberbayerns. Sehenswert sind die **St.-Martin-Kirche** (1611) mit reich verzierter Altaranlage und schöner Kanzel, die bunten alten Bürgerhäuser im historischen Ortskern und das **Bajuwarenmuseum** (Mo–Fr 8–17, Sa 9–17 Uhr). Der Volksstamm der Bajuwaren gilt als Vorgänger der Bayern.

**Tittmoning:** Schon sehr früh besiedelt, wurde die Stadt im 13. Jh. wehrhaft ausgebaut, brannte aber 1571 fast völlig nieder. 1998 heimste Tittmoning gleich drei städtebauliche Auszeichnungen ein, u. a. den »Deutschen Städtebaupreis 1998«. Malerisch das **Ortsbild** am Stadtplatz mit bunten Häusern (17./18. Jh.) im Inn-Salzach-Stil, so das Rathaus und das **Wägnersche Haus** (Nr. 39). Lohnend auch ein Besuch der beiden **Kirchen**. Über der Stadt thront die **Burg** von 1234 mit dem **Heimathaus** (Führung Mi–So 14 Uhr). Es zeigt u. a. Möbel, Grabkreuze und Schützenscheiben. Berühmt ist auch der am letzten Sonntag im April stattfindende Georgiritt, ein farbenprächtiges Reiterfest.

*Tipp des Tages*

Am Westrand von Fridolfing (Hadrianstr. 55) wird von der Gärtnerei Berthold die größte Seerosenzucht Europas betrieben. Im Frühjahr und im Sommer entfalten die zauberhaften Teichpflanzen ihre betörende Blütenpracht. Unter Tel. 0171/684 28 85 erfährt man Öffnungs- und Führungszeiten.

# 19 Ein erlebnisreicher Tag im Rupertiwinkel

leicht    32 km    110 m    3.15 Std.

### Route
Piding-Weißbach (km 3,5) – Bad Reichenhall (km 7) – Staufenbrücke (km 11,3) – Piding (km 14,0) – Anger (km 20,5) – Höglwörth (km 22,2) – Anger (km 24) – Piding (km 31,8).

### Verkehr
In Reichenhall lebhaft, sonst wenig Verkehr oder ganz verkehrsfrei.

### Steigungen
Gesamtlänge ca. 2,5 km, davon 500 m stärker ansteigend. Lang gezogener flacher Anstieg nach Anger, sonst nur kurze Steigungen.

### Wegezustand
Längere Schotterstrecken an der Saalach und vor Anger, alle ohne Probleme befahrbar.

### Ausgangspunkt
Bahnhof Piding

### Anfahrt
Auto: A 8 bis AS Bad Reichenhall, weiter auf B 20, nach 1 km rechts ins Dorf. Ca. 130 km, Fahrzeit rund 1:20 Std. Bahn: Mehrmals täglich München–Freilassing (umsteigen)–Piding und zurück. Fahrzeit ca. 2 Std., Fahrradmitnahme möglich.

### Freibäder
Höglwörther See, Reichenhall: Rupertusbad

### Tourist-Info
Anger: Tel. 0 86 56/98 89-0, www.anger.de; Bad Reichenhall: Tel. 0 86 51/71 51 10, www.bad-reichenhall.de

»Highlights« dieser Tour sind ein international bekanntes Heilbad, das schönste Dorf Bayerns in den Augen von König Ludwigs I. und ein ebenso traditionsreiches wie malerisch postiertes Kloster. Dazwischen genussvolles Radeln in einer Bilderbuchlandschaft mit faszinierenden Ausblicken auf die Salzburger und Berchtesgadener Bergwelt.

**Abschnitt Piding–Bad Reichenhall.** Das erste Zwischenziel unserer Tour, nämlich Weißbach auf der Südseite der Saalach, lässt sich erreichen, wenn man vom Bahnhof Piding auf der Ganghoferstraße nach Norden fährt, rechts auf den Marzoller Weg abbiegt und nach einem Linksschwenk an der Bahn nacheinander Gleise, Saalach und B 21 über- bzw. unterquert. Jenseits der B 21 fahren wir gemäß Radschild 200 Meter nach links zur Untersbergstraße in **Türk**, biegen dort rechts ab, halten uns nach 350 Meter links und nach weiteren 300 Meter nochmals links und gelangen so mit Gebirgsblicken an die Grenzlandstraße. Sie bringt uns rechts hinein nach **Weißbach**. Damit haben die vielen Richtungsänderungen ein Ende. Am Südrand des Dorfs weist hinter einer Brücke ein Radschild nach links, wo ein wunderschöner aussichtsreicher und fast geradliniger Weg beginnt und auf den Froschhamer Weg am Ortsrand von **Reichenhall** zuläuft. Radschilder bestätigen immer wieder, dass wir auf richtigem Kurs sind. Wenn wir auch weiter den Radschildern folgen, gelangen wir zur Salzburger Straße, die in die Fußgängerzone führt, wo wir als höfliche Radler unser Bike schieben!

**Abschnitt Bad Reichenhall–Piding.** Wenn Besichtigung, Bummel oder Einkehr absolviert sind, machen wir uns wieder auf den Weg. Ab Kaiserplatz geht es auf Liebig- und Kurfürstenstraße zur Saalach. Dort wartet an der Südseite ein ausgesprochen schöner, weil asphaltierter und verkehrsfreier Uferweg, der auch noch reizvolle Ausblicke bietet. Er leitet uns 3 Kilometer an der Saalach entlang zu einem Steg über den Fluss. Drüben geht es rechts auf der Straße weiter, bis nach 500 Metern ein Radschild rechts auf einen Radweg lenkt, der hinüberläuft nach **Pidingerau**. Ab der Stoißbergstraße am Nordrand des Dorfes folgen wir über mehrere Ecken den Radschildern und fahren dann auf der Berchtesgadener Straße Richtung Ortsmitte von **Piding**.

Abschnitt Piding–Höglwörth–Piding. Wieder sind es Radschilder (Richtung Anger), die uns noch vor dem Ortszentrum von Piding links abbiegen lassen, nach einigen Schwenks zur B 20 und nach deren Unterquerung auf einem Kiesweg nach Aufham führen. Reizvoll ist die Voralpenlandschaft, durch die man radelt und imposant die Bergkulisse, frei-

Rathausplatz in Bad Reichenhall mit freskengeschmücktem Altem Rathaus von 1848 und Wittelsbacher Brunnen

lich auch unüberhörbar der Geräuschpegel der Autobahn. In **Aufham** lenken uns die Radschilder durch den Ortsteil diesseits der Autobahn bis zur Straße an der Autobahnunterführung. Dort beginnt schräg rechts gegenüber ein leicht und permanent ansteigender Feldweg, der uns mit schöner Alpensicht nach **Anger** bringt. Wir schieben hoch in das Dorf und radeln über den Dorfplatz weiter nach Nordwesten Richtung Höglwörth (Radschilder). Endpunkt ist der behagliche Biergarten des Klosterwirts in **Höglwörth**.

Der Rückweg nach Piding ist bis Aufham identisch mit der Hinfahrt. In Aufham halten wir uns dann allerdings links und folgen der Jechlinger Straße, die mit wunderbaren Landschaftsbildern nach **Jechling** verläuft. Im Mittelpunkt der Riegel des Unterbergs, an dem rechts hinten die Gipfel der Berchtesgadener Alpen und links die Vorberge des Dachsteingebirges hervorspitzen.

In Jechling schwenken wir an der Brückenstraße links und an der Pidinger Straße gleich wieder rechts ein und erleben erneut Genussradeln in einer Traumgegend. Um nicht über die stark befahrene B 20 zu müssen, biegen wir nach knapp 2 Kilometern am Innebergweg links ab, fahren am Ende rechts vor zur B 20,

*Einkehr*

Höglwörth: Klosterwirt (B): Tel. 08656/ 255; Piding: Altwirt (B): Tel. 08651/ 47 89; Bad Reichenhall: Bürgerbräu (T): Tel. 08651/60 89; Schwabenbräu (B): Tel. 08651/ 969 50

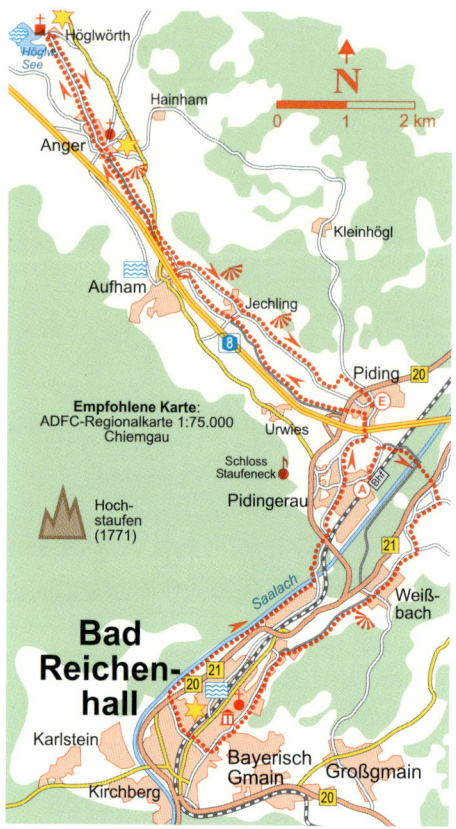

wo man sie unterqueren kann, und erreichen gleich darauf das Ortszentrum von **Piding**.

### Sehens- und Wissenswertes

Bad Reichenhall: Traditionsreicher Kurort am Fuße von Predigtstuhl (1613 m) und Hochstaufen (1771 m) und Salinenstadt von internationalem Ruf, seit 1900 »Bayerisches Staatsbad«. Wichtige Sehenwürdigkeiten der Stadt: Münster **St. Zeno** (12. Jh.), größte romanische Basilika Altbayerns mit romanischem Westportal und spätgotisch geprägtem Innenraum. Im Klostertrakt romanischer Kreuzgang. Die Pfarrkirche **St. Nikolaus** (12. Jh.) enthält Fresken und Kreuzwegbilder des Malers Moritz von Schwind. Als Industriedenkmal von europäischem Rang gilt die **Alte Saline** von 1834 mit dem Hauptbrunnhaus als Mittelpunkt. Zugehörig ein Salzmuseum (täglich 10–17 Uhr) mit Einblick in die Salzgewinnung früher und heute. Das **Stadtmuseum** (derzeit bauliche Sanierung) zeigt Objekte des bürgerlich-bäuerlichen

**»Sein schönstes Dorf!«**

König Ludwig I.
über das Dorf Anger

Lebens, sakrale Kunst, Waffen, Möbel, Hausrat u. a. aus Saalachtal und Stadt.

Architektonisches Kleinod am Alpenrand: Kloster Höglwörth, idyllisch auf einer Insel im Höglwörther See platziert

**Anger:** Schmuckes Dorf auf einem Höhenrücken in anmutiger Voralpenlandschaft. Stattlicher Dorfplatz mit Mariensäule, kunstgeschichtlich bedeutender Pfarrkirche (u. a. Rosenkranzmadonna von 1680) und ansehnlichen Häusern aus dem 18. Jh. Im Hintergrund der breite Riegel des Untersbergs.

**Kloster Höglwörth:** Ehemaliges Augustiner-Chorherrenstift, einst ein kultureller Mittelpunkt im Rupertiwinkel, in malerischer Lage am Höglwörther See. Sehenswert in der Stiftskirche (Neubau ab 1675) vor allem der elegante Stuck und die Fresken.

## Wissenswertes

Der Rupertiwinkel liegt im äußersten Südosten Oberbayerns und reicht im Norden bis Tittmoning, im Osten bis an die Salzach, im Süden bis Piding und im Westen bis Teisendorf. Er war ehemals im Besitz des Fürsterzbistums Salzburg und kam 1815 zu Bayern. Seine Markenzeichen sind pittoreske Hügellandschaft und großartige Ausblicke auf das Gebirge.

# 20 Radausflug nach Berchtesgaden

| mittel | 23 km | 210 m | 2.45 Std. |

### Route
Berchtesgaden – Oberschönau (km 3) – Ort Königssee (km 6,3) – Berchtesgaden (km 11,3) – Salzbergwerk (km 13,5) – Maria Gern (km 16,1) – Aschauer Weiher (km 18,9) – Bahnhof Berchtesgaden (km 22,7)

### Verkehr
Insgesamt eine verkehrsarme Route. Kürzere Abschnitte mit etwas mehr Verkehr in Oberschönau und bei Maria Gern.

### Steigungen
Gesamt ca 4,5 km, davon gut 3 km stärker ansteigend. Hauptanstiege Schönau (900 m), Zulehenweg (600 m) und Maria Gern (1800 m).

### Wegezustand
Überwiegend asphaltierte Straßen. Schotterwege am Zulehenweg, an der Ache und vor der Rostalm, bis auf wenige Stellen gut befahrbar.

### Ausgangspunkt
Bahnhof Berchtesgaden

### Anfahrt
Auto: A 8 bis AS Traunstein, dann B 306/B305 über Inzell und Schneitzlreuth. Ca. 150 km, Fahrzeit ca. 2 Std. Bahn: Mehrmals täglich München–Freilassing (umsteigen)–Berchtesgaden und zurück. Fahrzeit 2:30 bis 3:15 Std., Fahrradmitnahme möglich.

### Tourist-Info
Berchtesgaden: Tel. 0 86 52/656 50 70, www.berchtesgaden.de; Schönau/Königssee: Tel. 0 86 52/17 60, www.koenigssee.com

Landschaftlich ist Berchtesgaden eine Traumregion, zum Familienradeln aber nur bedingt geeignet – der extremen Steigungen wegen! Unsere Tour bleibt deshalb bis auf den Abstecher Vordergern weitgehend im Tal und berührt dennoch die wichtigsten Attraktionen der Marktgemeinde, nämlich den Königssee, das Salzbergwerk, Maria Gern und natürlich Berchtesgaden selbst.

## Streckenbeschreibung

**Abschnitt Berchtesgaden–Königssee.** Erstes Ziel ist der weltbekannte Königssee, den wir über die Hochebene der Schönau mit ihrem beeindruckenden Gebirgspanorama ansteuern. Dem Bahnhof gegenüber führt die Oberschönauer Straße fast einen Kilometer kräftig ansteigend hinauf, dann ist der Scheitelpunkt erreicht, hinter dem rechts der Hanottenweg abzweigt. Mit herrlichem Blick auf den Hohen Göll und den Hochkalter leitet er zum **Hotel Zechmeister** und zur Wahlstraße, an deren Ende wir auf der verkehrsreicheren Waldhauserstraße fortsetzen. Nachdem die Grünsteinstraße eingemündet ist, folgen wir gut 400 Meter weiter dem rechts abgehenden **Zulehenweg.** Leicht ansteigend führt er zu einem Wegekreuz, wo es geradeaus Am Grutschenberg hinuntergeht zur Straße An der Seeklause und zu einer Brücke über die Königsseer Ache, die hier dem Königssee entspringt. Wir überqueren den Steg und kommen in den Ort Königssee.

### Brauchtum

Unter den Brauchtumsfesten im Berchtesgadener Land ist der Almabtrieb im September und Oktober am bekanntesten. Als schönster Almabtrieb wiederum gilt der des Graflbauern von der Fischunkelalm am Obersee zum Königssee und das Übersetzen des Viehs mit Booten. Termin je nach Wetterlage (Info-Tel. 0 86 52/656 50 50).

**Abschnitt Königssee–Berchtesgaden.** An der Schiffsanlegestelle und in der Seestraße pulsiert das touristische Leben. Doch allem Trubel zum Trotz erweist man diesem geheimnisumwitterten See immer wieder seine Ehre, zum Beispiel mit einer Bootsfahrt nach St. Bartholomä oder einem Spaziergang zum Malerwinkel. Dann aber folgen wir der Seestraße durch den Ort und lassen das Gedränge hinter uns. Den Radschildern nach nutzen wir den an der Ache verlaufenden Radweg, der die Schornstraße unterquert und in eine Straße mündet. Kurz danach setzt sich der **Uferweg** fort, übrigens ein sehr schöner Weg neben der rauschenden Ache, denn er ist verkehrsfrei, schattig und gut gepflegt. Kurzzeitig entfernt er sich auch vom Ufer. An der Querstraße am Achenstüberl radeln wir schräg gegenüber Am Tradenlehen weiter, bleiben konsequent auf der Straße und folgen den Radschildern. Nächster Eckpunkt ist die **Gaststätte Waldstein**, die sich durch einen besonders schönen Biergarten auszeichnet. Wenn Sie ihn getestet haben, geht es zur Untersteiner Straße und gegenüber weiter. So landen wir schließlich in **Berchtesgaden** an dem großen Kreisverkehr gegenüber vom Bahnhof.

Malerisch gruppieren sich die Häuser des Dorfes Königssee um das Ufer, überragt vom Felsmassiv des Untersbergs.

*Einkehr*

Berchtesgaden: Goldener Bär (B): Tel. 08652/25 90; Café Forstner (T): Tel. 08652/647 46; Königssee: Hotel Königssee (T): Tel. 08652/65 80; Gasthof Alter Bahnhof (B): Tel. 08652/621 99; Vordergern: Gasthof Maria Gern (T): Tel. 08652/34 40

## »Herr, wen du lieb hast, den lässest du fallen in dieses Land.«

**Ludwig Ganghofer**

**Abschnitt Berchtesgaden–Maria Gern.** An diesem hektischen Platz vor dem Bahnhof schwenkt man rechts auf die zum Königssee verlaufende B 20, um gleich darauf links dem Hansererweg zu folgen. Auch diese Route ist mit Radschildern markiert. Nun bewegen wir uns am Südufer der Berchtesgadener Ache mit schönen Ausblicken auf den oben liegenden Ort, bis wir auf die Bergwerkstraße stoßen und – rechts abbiegend – zum **Salzbergwerk** kommen, ebenfalls eine der Top-Sehenswürdigkeiten Berchtesgadens (Führungen im Sommer alle 10–15 Min., Dauer mit An- und Auskleiden der Bergmannstracht ca. 1.30 Std.). Ob man nun in die Stollen einfährt oder nicht, fortgesetzt wird die Tour, indem man ab Bergwerk ca. 50 Meter zurückfährt, dort die Ache überquert und nach rund 150 Metern rechts durch die Unterführung der B 305 zur Salzburger Straße gelangt. Wir biegen links und nach gut 100 Metern rechts auf den Metzleitenweg ab, der in den Schablweg übergeht und bei kräftigen lang gezogenen Steigungen, aber auch mit herrlichen Ausblicken auf das Watzmann-Massiv hinaufführt zur Gerner Straße. Auf dieser etwas stärker befahrenen Straße radeln wir weiter aufwärts, noch einmal gut 600 Meter bei leichten bis mittleren Steigungen, dann erreichen wir die **Wallfahrtskirche Maria Gern**. Sie gilt als eines der bekanntesten Fotomotive im deutschen Alpenraum, eine wohlproportionierte kleine Kirche in einem landschaftlich anmutigen Hochtal. Die gewaltige Felsbarriere des Untersbergs bildet den spektakulären Hintergrund.

**Abschnitt Maria Gern–Berchtesgaden.** Was hinauf ziemlich mühsam war, wird jetzt zur genussvollen Abfahrt. Wir lassen das Radl sau-

Ein Landschaftsbild, das immer wieder begeistert: die anmutige Wallfahrtskirche Maria Gern vor dem mächtigen Untersberg

sen, passieren das **Café Etzerfelsen** mit seiner Aussichtsterrasse und treffen unten auf die Locksteinstraße. Links käme man nach rund 2 Kilometern nach Berchtesgaden, wir aber biegen rechts ab, müssen noch einmal eine Steigung hoch und gelangen mit prächtigen Ausblicken auf den Watzmann zum Strandbad **Aschauer Weiher**. Genau auf Höhe des Bades unterqueren wir die Staatsstraße und steuern auf einem schattigen und angenehm zu radelnden Waldweg die Rost-Alm an. Ist sie erreicht, geht es rechts vorbei auf der Rostwaldstraße zur Asphaltstraße Im Rostwald, die uns links hinunterbringt ins Zentrum von **Berchtesgaden**. Bei der Abfahrt bieten sich stellenweise schöne Ausblicke nach Norden auf den Untersberg. In Berchtesgaden stoßen wir zuerst auf den Schloss-

## Empfohlene Abstecher:

Bei längerem Verweilen in Berchtesgaden sind folgende Abstecher überlegenswert:

- Auffahrt zum Obersalzberg und Besuch der Dokumentation (NS-Thematik, Mo–So 9–17 Uhr)
- Auffahrt zum Jenner (1874 m) mit prächtiger Rundsicht und Tiefblick Königssee
- Auffahrt zum Kehlsteinhaus (1834 m) mit eindrucksvollem Panorama
- Fahrt zum Gasthaus Kugelmühle (Marktschellenberg) und Besichtigung der letzten Kugelmühle Deutschlands

platz, radeln das kurze Stück hinüber zum Marktplatz und kehren nach einer Runde durch den Ort zum Bahnhof zurück.

## Sehens- und Wissenswertes

Berchtesgaden: Der weltberühmte Alpenort ist umgeben von namhaften Gebirgsmassiven wie Hoher Göll (2523 m), Watzmann (2713 m), Hochkalter (2607 m) und Reiter Alm (2286 m). Sehenswert ist das ehemalige **Augustinerchorherrenstift** mit 900-jähriger Geschichte. Im historischen Ortskern sind u. a. die **Stifts- und Franziskanerkirche** sowie der Marktbrunnen und bemalte Bürgerhäuser beachtenswert. Sehenswert sind auch das **Schlossmuseum** u. a. mit Kreuzgang sowie Gemälden, Skulpturen, Waffen, Porzellan und Möbeln (So–Fr 10–13, 14–17 Uhr) und das **Heimatmuseum** mit bäuerlichen Möbeln und Geräten sowie Holzspielzeug,

Die traditionsreiche Wallfahrtskirche in St. Bartholomä und die berüchtigte Watzmann-Ostwand sind es, die diesem Motiv seine große Faszination verleihen.

Holzgeräten und Beinschnitzereien (Di–So 10–17 Uhr). Eine der Hauptattraktionen Berchtesgadens ist das **Salzbergwerk**. Die Besichtigung ist täglich von 9 bis 17 Uhr möglich. Dort wird seit 1517 Sole abgebaut und zur Salzgewinnung an die Saline Bad Reichenhall weitergeleitet. Die Einfahrt in Bergmannstracht per Grubenbahn sowie der Rundgang – vorbei an Sinkwerk, Salzgrotte, Maschinen, Museum und Salzsee – sind ein unvergessliches Erlebnis für die ganze Familie.

Maria Gern: Gilt als schönste Kirche des Berchtesgadener Landes. 1709 erbaut, enthält sie neben anderen Ausstattungsobjekten vor allem schönen Stuck und einen ansehnlichen Hochaltar in Blau-Gold mit einem Gnadenbild in der Mitte.

Top-Panorama am Locksteinweg: das vieltürmige Zentrum Berchtesgadens vor den markanten Watzmanngipfeln

## Königssee

Knapp 8 km lang, bis zu 1000 m breit und fast 200 m tief. Fläche an die 5 qkm. Der See ist fjordartig eingebettet zwischen steilen bewaldeten Felshängen. Berühmt sind vor allem der Malerwinkel und St. Bartholomä mit der Wallfahrtskirche am Fuße der 2000 m hohen Watzmann-Ostwand.

# Entlang der Traun ins Ruhpoldinger Tal

| schwierig | 44 km | 210 m | 4.30 Std. |

## Route
Traunstein – Hochberg (km 4,1) – Heutau (km 9,2) – Hammer (km 12,3) – Oberhausen (km 18,6) – Zell (km 22,6) – Ruhpolding (km 28,8) – Eisenärzt (km 33,1) – Siegsdorf (km 37,6) – Traunstein (km 44)

## Verkehr
Schwerpunkte in Traunstein, Ruhpolding und Siegsdorf, sonst keine Berührung mit stärkerem Verkehr.

## Steigungen
Gesamtlänge ca. 5,3 km, davon 4,3 km stärker ansteigend. Hauptanstiege zum Hochberg, nach der Kessel-Alm und vor Vordermiesenbach.

## Wegezustand
Längere Schotterstrecken an der Traun und vor Zell, dort zum Teil holprig und mit Steilstelle.

## Ausgangspunkt
Bahnhof Traunstein

## Anfahrt
Auto: A 8 zur AS Traunstein, dann B 306 bis Traunstein. Ca. 110 km, Fahrzeit gut 1 Std. Bahn: Mehrmals täglich München–Traunstein (direkt) und zurück. Fahrzeit ca. 1:30 Std., Fahrradmitnahme möglich.

## Freibäder
Traunstein: Städt. Schwimm-bad; Ruhpolding: Vita Alpina; Siegsdorf: nördlich der A 8

## Tourist-Info
Traunstein: Tel. 08 61/655 00, www.traunstein.de; Ruhpolding: Tel. 0 86 63/88 06-0, www.ruhpolding.de

Heute radeln wir im Feriendreieck Traunstein-Inzell-Ruhpolding. Höhepunkte der Fahrt sind – nach steilem Anstieg – der Hochberg, dann die anmutigen Täler der Roten und Weißen Traun sowie die parkartige und aussichtsreiche Senke südlich Ruhpolding. Mit über 5 Kilometern Steigung zählt die Tour zu den schwereren dieses Buches.

## Streckenbeschreibung

Abschnitt Traunstein–Kessel-Alm. Erstes Zwischenziel ist das Städtische Freibad. Man erreicht es, indem man vom Bahnhofsplatz an den Gleisen entlang in Südrichtung fährt und nach ca. 900 Metern die Bahn und dann die Traun überquert. Am Freibad führt parallel zur B 306 eine Straße Richtung Hochberg weg, der wir folgen. Nun liegen rund 3 Kilometer Anstieg vor uns, fast zwei Drittel davon steiler. Die schönen Ausblicke zum Chiemsee und zurück auf Traunstein trösten da auch nur wenig, wohl aber der Gedanke, dass es drüben ja wieder hinuntergeht. Und in der Tat, nachdem wir uns im **Alpengasthof Hochberg** erholt haben,

radeln wir mit erhabener Aussicht auf Täler und Berge genuss-voll hinunter. Gut 2 Kilometer lassen wir das Radl laufen, dann geht es links ab Richtung Vogling, ein Stück an der lauten Autobahn entlang, schließlich unten durch und über eine Straße hinweg nach **Heutau**. Damit sind wir im Tal der Roten Traun, das sich landschaftlich als besonders reizvoll erweist. In Frauenstätt geht es über das Flüsschen und gleich rechts weiter. Der schöne Weg mit stimmungsvollen Flussbildern führt uns nach **Hammer**. Wir unterqueren die B 306, radeln 1 Kilometer danach an der Gabel links Richtung Inzell weiter und erfreuen uns erneut am Liebreiz der Tallandschaft. Bald münden wir in eine andere Straße und erreichen nach einem Anstieg den **Hof Wald**, übrigens mit prächtigem Blick auf Vorberge und Inzell. Direkt danach biegen wir rechts auf den Schotterweg ab. Er bringt uns im Wald hinüber zum Gschwendt-Hof und zur **Kessel-Alm**, wo man eine Verschnaufpause einlegen und seinen Durst löschen kann.

**Abschnitt Kessel-Alm–Ruhpolding.** Nächstes Ziel ist **Oberhausen**, wo man mit Blick auf den Froschsee nach Ruhpolding abbiegt und gleich eine weitere markante Steigung bewältigen muss. Nach dem Scheitelpunkt aber geht es leicht bis mäßig bergab, ein kurzes Stück zu Anfang ist sehr steil (loser Schotter), hier besser schieben! Unten landen wir an der Querstraße in **Zell**, wo wir uns zu einer Schleife durch die Senke südlich von Ruhpolding entschließen, weil sie landschaft-

Über dem parkartigen Hochtal südlich von Ruhpolding steht die schroffe und abweisende West-flanke des Rauschbergs.

Linke Seite: Stadtplatz in Traunstein mit dem historischen Jacklturm

*Tipp des Tages*

Hat man zwischen Ort und Fuchsau die Weiße Traun überquert, bietet sich die Gelegenheit, auf dem Radweg ca. 2,5 km gen Süden zum einzigartigen Holzknechtmuseum zu fahren. Dieses widmet sich der Geschichte der Waldarbeit und dem entbehrungsreichen Leben der Holzknechte. Wer es besucht hat, spürt hinterher, wie gut es uns heute geht. Tgl. außer Mo 10–17 Uhr.

Romanische Schnitzmadonna in der Kirche St. Georg in Ruhpolding, erst 1955 durch Zufall entdeckt

lich besonders ansprechend ist und faszinierende Ausblicke bietet. Wir setzen also schräg links gegenüber fort, überqueren gleich danach rechts eine kleine Brücke und radeln nun am Ruhpoldinger **Golfplatz** entlang. Nach 1 Kilometer überqueren wir links eine Brücke, kommen nach **Ort** und biegen rechts ab. Über die Weiße Traun und die Staatsstraße 2098 hinweg erreichen wir **Fuchsau**. Jetzt geht es mit Rauschbergblick weiter durch parkartige Wiesenlandschaft bis **Gstatt** und dort rechts ab Richtung Wasen, nun mit Blick auf den Hochstaufen. Gut 300 Meter nach Gstatt ein Schild, das links zur Ortsmitte Ruhpolding weist. Dieser Weg bringt uns denn auch – gegen Ende mit mehr Verkehr – nach **Ruhpolding**.

**Abschnitt Ruhpolding–Traunstein.** Über Wiesenstraße, Schwabenbauerweg und Am Bojernsteg verlassen wir Ruhpolding wieder und stoßen nach Queren von Weißer Traun und Traunkanal auf die Miesenbacher Straße. Wir wenden uns nach links und erreichen nach einem letzten

*Einkehr*

Traunstein: Schnitzlbaumer (T): Tel. 0861/98 66 50; Gasthof Hochberg (B): Tel. 0861/42 02; Hammer: Hörterer (B): Tel. 08662/66 70; Ruhpolding: Windbeutelgräfin (G): Tel. 08663/16 85; Siegsdorf: Alte Post (T): Tel. 08662/ 66 46 09 00

markanten Anstieg **Vordermiesenbach**, wo es am Ortsende halb links weitergeht (Radschild). Dieses Sträßchen ist schön zu radeln, führt dann über eine Steilstelle im Wald (200 m, absteigen!) und bringt uns nach einem Rechtsknick bis **Hörgering**. Auf Reiterhof- und Hörgeringer Straße geht es hinunter an die Straße Siegsdorf–Ruhpolding, schräg rechts gegenüber weiter über Weiße Traun und Bahn und dann rechts ab auf den Grubweg. Nach 150 Metern zweigt halb rechts der Waldweg ab, dem wir bis Siegsdorf folgen.

Über die Grenzen Ruhpoldings hinaus bekannt: das Bauernhauskaffee Windbeutelgräfin

Nun die Schlussetappe: An der Hauptstraße in **Siegsdorf** radelt man links über die Weiße Traun und danach rechts weiter. Gleich darauf zweigt rechts die Haunertinger- und dann die Sportfeldstraße ab, die ab dem Freibad in den **Traunweg** übergeht. Er leitet uns mit weiter Sicht nach Westen an der Traun entlang nach Norden und mündet nach gut 4 Kilometern in den Triftweg am Südrand von Traunstein, der später auf die große Salinenstraße trifft. Zum Stadtplatz ist es dann nicht mehr weit.

## Sehens- und Wissenswertes

**Traunstein:** Stadt seit 1375. Verheerende Brände haben große Teile der Altstadt vernichtet. Übrig geblieben sind Teile der Stadtmauer, der Brothausturm, das Löwentor sowie der Lindlbrunnen und einige spätmittelalterliche Häuser. Sehenswert sind außerdem die Kirche **St. Oswald** (15. bis 19. Jh.), die **Salinenkapelle** von 1631 in der Au und das **Heimathaus** (Di–Sa 10–15, So 10–16 Uhr) mit einem Stadt- und Spielzeugmuseum.

**Ruhpolding:** Namhafter Fremdenverkehrsort in attraktiver Lage am Alpenrand. Besondere Anziehungspunkte sind die Kirche **St. Georg** von 1757 mit der Ruhpoldinger Madonna (1220) als Herzstück und das **Heimatmuseum** (Di–Fr 10–12) mit reichen Sammlungen. In der näheren Umgebung weitere originelle Museen sowie der Freizeitpark Ruhpolding.

**Siegsdorf:** Es gibt ein sehenswertes **Naturkundemuseum** (täglich 10–18 Uhr) mit Funden aus der Eiszeit, u. a. ein Mammut und ein Höhlenlöwe.

### Brauchtum

Über Traunstein hinaus bekannt ist der Georgiritt, der alljährlich am Ostermontag stattfindet und zu den farbenprächtigsten Umritten Altbayerns zählt. Ziel des Umzugs ist Ettendorf, Höhepunkt des Festes ein historischer Schwertertanz.

# 22 In den anmutigen Filzen am Chiemsee

leicht  38 km  35 m  3.30 Std.

### Route
Übersee – Grassau (km 7,3) – Marquartstein (km 11) – Achenbrücke Staudach (km 14) – Klaus (km 19,8) – Bergen (km 24) – Schneereut (km 29,6) – Übersee (km 38)

### Verkehr
Stärker in größeren Orten sowie vor Avenhausen und südlich Winkl. Sonst verkehrsarm bis -frei.

### Steigungen
Gesamtlänge ca. 1,5 km, davon ca. 600 m stärker ansteigend. Längerer flacher Anstieg nach Schneereuth, sonst nur einzelne kurze Anstiege.

### Wegezustand
Mehrere meist kurze Schotterstrecken, in der Regel problemlos zu befahren, sonst nur Asphalt.

### Ausgangspunkt
Bahnhof Übersee

### Anfahrt
Auto: A 8 bis AS Übersee, dann nach Süden in den Ort. Ca. 95 km, Fahrzeit ca. 1 Std.
Bahn: Mehrmals täglich München–Übersee (direkt) und zurück. Fahrzeit ca. 1:30 Std., Fahrradmitnahme möglich.

### Freibäder
Grassau: Reifinger Weiher; Bergen: Nordrand

### Tourist-Info
Übersee: Tel. 0 86 42/295, www.uebersee.com; Grassau: Tel. 0 86 41/69 79 60, www.grassau.de

An der Südostecke des Chiemsees breiten sich Filze aus, die landschaftlich ungemein reizvoll sind und von vielen Stellen wunderbare Aussicht auf die Alpenkette gewähren. Die heutige Radltour durchquert einige davon, wobei nur wenige Steigungen zu überwinden sind. Somit steht einem genussvollen Radltag im Chiemgau nichts mehr im Wege.

## Streckenbeschreibung

Abschnitt Übersee–Marquartstein. Vom Bahnhof geht es nach Westen zur Dorfstraße und auf dieser bei etwas mehr Verkehr in Südrichtung aus dem Ort. Nach 2,5 Kilometern schwenken wir links zum Weiler **Gröben** ein und biegen nach 100 Metern rechts auf ein Asphaltsträßchen ab. In reizvoller Wiesenlandschaft folgt eine Querstraße, wo wir nach einem Rechts-/Links-schwenk über Au auf die Straße Grassau–Übersee treffen. Genau gegenüber läuft ein Feldweg zu einem Hof und in das Dorf **Grafing**. An seiner Nordwestecke geht etwas versteckt die Niederfeldstraße nach Grassau ab und beschert uns wieder 2 Kilome-

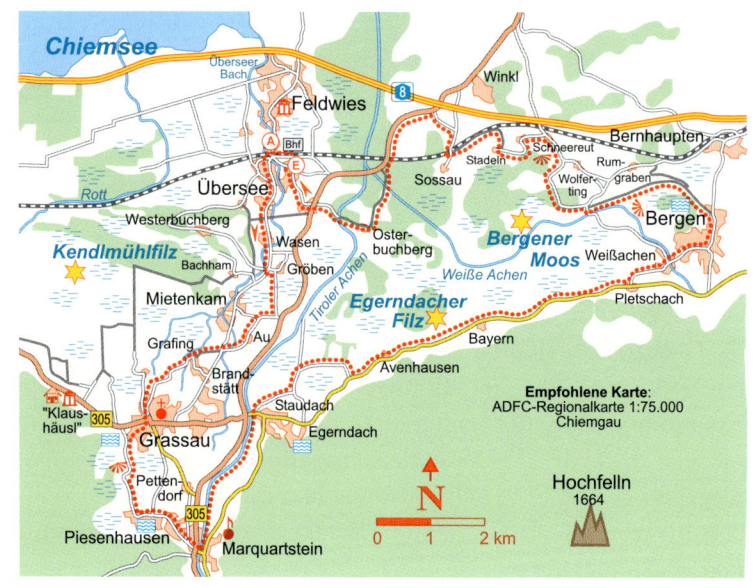

ter Genussradeln. In **Grassau** radeln wir vom Kirchplatz über Tischlergasse, Salinenweg und Oberdorf zum Fünfeichenweg und nehmen Kurs auf Marquartstein. Diese Strecke im Achental gehört zu den schönsten der Tour. Parkartige Wiesengegend und betörende Ausblicke auf die Bergkulisse mit ihren markanten Eckpunkten Hochplatte (rechts) und Hochgern (links). In **Piesenhausen** stößt man auf die Schlossstraße und gelangt nach links ins Zentrum von Marquartstein.

Parkartige Wiesenlandschaft im Achental mit Blick auf die Berge oberhalb von Marquartstein

**Abschnitt Marquartstein–Bergen.** In Marquartstein überqueren wir die Achenbrücke und fahren, die schönen Ausblicke genießend, auf dem Uferdamm nach Norden. Dann die große Straße Grassau–Bergen, wo schräg rechts gegenüber ein Asphalträßchen abgeht (Radschilder), dem wir folgen, hinein in die anmutige Landschaft des **Egerndacher Filzes**. Wenn man an der folgenden Querstraße bei Hub links und der nächsten Gabelung rechts fortsetzt, gelangt man wieder zur Straße nach Bergen. Jetzt

*Einkehr*

Übersee: Hinterwirt (G): Tel. 08642/228; Grassau: Zur Post (T): Tel. 08641/699 84 80; Sperrer (B): Tel. 08641/20 11; Marquartstein: Prinzregent (T): Tel. 08641/974 70

müssen wir rund 500 Meter auf der etwas belebteren Straße fahren, dann beginnt ein Radweg, der über **Avenhausen**, Klaus und Geißing bis **Pletschach** führt, wo links eine Zufahrtsstraße ins Zentrum von **Bergen** führt. Beachten Sie auf dieser Fahrt entlang

So schön kann Radeln sein: das Bergener Moos zwischen Schlagbach und Weißer Achen vor der Kulisse der Chiemgauer Berge

der Straße die schönen Ausblicke in das Filzgebiet bis hinüber zu den Hängen im Norden. Sie entschädigen etwas für die Störungen durch den Verkehr.

**Abschnitt Bergen–Übersee.** Wenn wir uns im behaglichen Biergarten des Postgasthofs gestärkt haben, radeln wir auf der Durchgangsstraße nach Norden und biegen nach 700 Metern links in den Schwimmbadweg ein. Der Name sagt es schon, man passiert ein Freibad – an heißen Tagen sehr willkommen – und befindet sich nach Querung der ersten Brücke auf dem Weg entlang des Schlagbachs. Er führt nach Westen hinaus und bietet erneut alles, was das Radlerherz erfreut: parkähnliche Gegend des Bergener Mooses, weite Ausblicke auf die Berge mit der gezackten Kampenwand, dazu verkehrsfreie und flache Wege. An

**Tipp des Tages**

Ab Grassau kann man einen Abstecher ins Naturschutzgebiet Kendlmühlfilz machen, eine Verlandungszone des Ur-Chiemsees und heute größtes Hochmoor Südostbayerns. Während im Frühsommer das Weiß der Wollgrasblüten erstrahlt, wird das Moor später durch Heidekraut in Violett getaucht. Hinaus geht es auf der Moosbacher Straße, nach 2 km links auf den Moosrundweg und zurück über einen Reithof und den Weiler Hindling. Dann wird die eigentliche Tour fortgesetzt.

der nächsten Querstraße geht es rechts und nach der Brücke links weiter. Man passiert **Schneereut** mit seiner eindrucksvollen Fernsicht, dann Fernbichl und biegt kurz vor dem folgenden Stadelnhof rechts ab. Oben geht es weiter an der Bahn entlang, an der nächsten Querstraße rechts und nach ca. 500 Metern links hinüber zur Straße Grassau–Grabenstätt. Nun müssen wir uns für ca. 1,5 Kilometer wieder mit stärkerem Verkehr arrangieren, biegen aber 300 Meter nach der Eisenbahnbrücke links Richtung Osterbuchberg ab, jetzt wieder in stille Gefilde mit attraktiver Landschaft und schönen Ausblicken. Nach knapp 1,5 Kilometern erreichen wir nach einem kurzen Anstieg den Westteil von **Osterbuchberg**, radeln dort nach Westen hinunter zum Achensteg und setzen drüben auf dem vom Damm weglaufenden Weg fort. Er führt über eine Straße hinweg und am Weiler Stegen vorbei mit einigen Richtungsänderungen nach Übersee zurück.

## Sehens- und Wissenswertes

**Übersee:** Im **Exter-Kunsthaus**, einem alten Bauernhaus (16. Jh.) im Ortsteil Feldwies, Blumenweg 5, werden im Atelier und Studierzimmer Werke des Malers Julius Exter gezeigt. In den anderen Räumen finden Wechselausstellungen statt (Öffnungszeiten unter Tel. 0 86 42 / 89 50-83).

**Grassau:** Im **Klaushäusl** etwas außerhalb des Ortes das Soleleitungsmuseum und das Museum Salz und Moor (Di–So 11 bis 17 Uhr, Mo geschlossen).

**Marquartstein:** Wenn Sie mit Kindern unterwegs sind, empfiehlt sich der kurzweilige **Märchen-Erlebnispark** (tgl. 9:30–18 Uhr), u.a. mit Sommerrodelbahn, Parkeisenbahn, Wasserspielgarten und Streichelzoo.

## Brauchtum

Traditionsreiche Veranstaltungen in dieser Region sind in Bergen das Patrozinium (Heiligenfest) auf dem Hochfelln am 6. August sowie in Grassau der Michaeli-Markt (Warenangebot und Tierhandel) in der 2. Septemberhälfte und der Leonhardiritt Ende Oktober jeden Jahres.

Der Gasthof Hinterwirt in Übersee entstand aus einem 400 Jahre alten Bauernhof und bietet heute eine behagliche Einkehr.

# 23 Eine Runde um das »Bayerische Meer«

mittel · 56 km · 20 m · 5 Std.

### Route
Prien – Schafwaschen (km 5,7) – Gstadt (km 14,3) – Seebruck (km 22,8) – Chieming (km 31) – Gaststätte Hirschauer Bucht (km 36) – Felden (km 50) – Prien (km 56)

### Verkehr
Direkte Berührung mit stärkerem Verkehr nur in Prien, Seebruck und Chieming. Sonst meist verkehrsfrei.

### Steigungen
Gesamtlänge gut 1 km, davon knapp die Hälfte stärker ansteigend. Alle Steigungen sind nur kurz.

### Wegezustand
Zum überwiegenden Teil Schotterwege, meist gut gepflegt und mit dem Rad problemlos zu befahren.

### Ausgangspunkt
Bahnhof Prien am Chiemsee

### Anfahrt
Auto: A 8 bis AS Bernau, dann Staatsstraße 2092 bis Prien. Ca. 88 km, Fahrzeit ca. 1 Std. Bahn: Mehrmals täglich München–Prien (direkt) und zurück. Fahrzeit ca. 1 Std., Fahrradmitnahme möglich.

### Frei-/Strandbäder
U. a. in Stock, Schafwaschen, Urfahrn, Weingarten, Gstadt, Gollenshausen, Seebruck, Arlaching, Chieming, Felden

### Tourist-Info
Chiemsee/Chiemgau: Tel. 08 61/909 59 00

---

Die Umrundung des Chiemsees gehört zu den klassischen Radtouren in Oberbayern. Zwar ist sie 56 Kilometer lang, enthält aber nur wenige Steigungen und kann deshalb auch von »Normalradlern« bewältigt werden. Ein Erlebnis ist die Tour allemal, denn die faszinierende Kombination aus Landschaft, Wasser und Berge zieht jeden in ihren Bann.

## Streckenbeschreibung

Tourenhinweis: Gefahren wird die offizielle Route, bezeichnet als »Uferweg« oder »Chiemsee-Uferweg«. Die Strecke ist nahezu komplett markiert, braucht also nicht ausführlich beschrieben zu werden. Bei dieser Tour ist wegen der hohen Uferbewachsung leider nur an wenigen Stellen direkter Kontakt zum See möglich. Im Übrigen hat sich die Route gegenüber früher in einigen Abschnitten positiv verändert (Verkehr u. ä.), weist aber auch heute noch Minuspunkte auf, so etwa die kilometerlange Fahrt an der lauten Autobahn entlang.

Abschnitt Prien–Seebruck. Vom Bahnhof aus radeln wir vor zur Seestraße, rechts unter der Bahn hindurch und hinaus Richtung Stock. Nach 500 Metern geht es links in die Straße Stauden und am Ende rechts auf die Carl-Braun-Straße. Sie führt direkt

---

### Wissenswertes: Der Chiemsee

Mit ca. 80 km² Fläche und einer Uferlänge von rund 60 km größter bayerischer See, misst seine tiefste Stelle 73 m. Die Ausdehnungen betragen: Ost-West ca. 14 km, Nord-Süd ca. 11 km. Der See hat 3 Inseln; die größte ist die Herreninsel mit Schloss Herrenchiemsee, dessen Prunkräume dem Schloss Versailles nachgebildet sind (offen tgl. 9–18 Uhr). Auf der Fraueninsel steht das Kloster Frauenchiemsee (782) mit romanischem Münster. Kleinste Insel ist die unbewohnte Krautinsel.

nach Stock, wo wir auf den **Uferweg** treffen. Links abbiegend folgt gleich ein Fußgängerweg (in manchen Karten Radweg!), danach richten wir uns konsequent nach den Schildern und erreichen über Stege hinweg und an Tennisplätzen vorbei die Gaststätte Seehof in **Schafwaschen**. Bei vereinzeltem Seeblick wird man über Radwege erneut auf den Uferweg geleitet, der uns nun mit anhaltender Bergsicht über die Halbinsel Sassau hinweg und um den

Landvorsprung Urfahrn herum nach **Gstadt** bringt. Das Seepanorama dort mit Fraueninsel und Chiemgauer Bergen zählt zu den reizvollsten am See. Weiter geht es auf Radwegen entlang und abseits der Hauptstraße über **Gollenshausen** und Lambach nach **Seebruck**. Etwa zwischen Kailbach und Gollenshausen werden malerische Jachthäfen sowie einladende Strandbäder und Gaststätten passiert. Ausblicke auf den See oder Kontakte zum Wasser bleiben aber relativ selten.

Unterwegs passiert man die Gaststätte Hirschauer Bucht mit ihren vorzüglichen Fischgerichten.

Ganz oben: Blick von Gollenshausen über den Chiemsee Richtung Gut Ising und Chieming

**Abschnitt Seebruck–Hirschauer Bucht.** Wir durchqueren Seebruck geradlinig und biegen direkt nach der Alzmündung links ab, landen erneut an der Hauptstraße und setzen drüben auf dem Radweg fort. Er endet nach gut 4 Kilometern, wo es links über Stöttham weiter nach **Chieming** geht. Dort an der Durchgangsstraße nutzen wir erneut einen Radweg, der anfangs mit schö-

Abendstimmung über dem Chiemgau und der Bergkette bei Felden

nen Seeblicken und Wasserkontakt direkt am Ufer entlangläuft, dann von der Straße weg und wieder zur Straße hinführt und uns schließlich zur **Gaststätte Hirschauer Bucht** bringt. Ihre schmackhaften Fischgerichte haben im weiten Umkreis einen hervorragenden Ruf.

Abschnitt Hirschauer Bucht–Prien. Nun geht es, später mit wunderbaren Alpenblicken, gut 3 Kilometer nach Süden, wo an einer Holzbrücke vor der Autobahn ein rund 10 Kilometer langer »Leidensweg« für den Chiemseeradler beginnt. Er führt an der **Autobahn** entlang, mal tiefer laufend, mal auf gleicher Höhe, mit dem Dröhnen der Autos und Laster. Hier gäbe es ab Feldwies eine Ausweichstrecke in den Chiemseefilzen, die etwas länger ist, aber 4 Kilometer Autobahn umgeht (siehe Karte). Endpunkt dieser Etappe ist **Felden**, wo es nach Unterquerung der Autobahn wieder ruhig wird. Der weitere Weg führt in einem großen Rechtsbogen an die Straße beim Strandbad **Schöllkopf** vorbei, wo wir erstmals vom Uferweg abweichen, stattdessen links einschwenken und – immer links haltend – an einen Bahnübergang gelangen. Davor zweigt rechts ein Asphaltweg ab, der uns an den Gleisen entlang mit herrlichen Rückblicken auf die Berge nach Prien zurückbringt.

> **»Als Kind verbrachte ich von Norddeutschland aus die Sommerferien am Chiemsee. Wenn ich heute – seit über 40 Jahren bei München wohnend – um das ›Bayerische Meer‹ radle, fühle ich mich immer noch wie im Urlaub!«**
>
> **Dr. Wilfrid Zeiher, Putzbrunn**

## Sehens- und Wissenswertes

Hauptort des Chiemsees ist **Prien**, dort sind die Kirche Mariä Himmelfahrt (1738, Stuck und Fresken von J. B. Zimmermann, großes Gemälde »Seeschlacht von Lepanto«) und das Heimatmuseum (Di–So 14–17 Uhr) sehenswert. Das gilt auch für die Kirchen in Gollenshausen (15. Jh.) und in Gstadt (15. Jh.). In **Seebruck** wartet ein Römermuseum auf Ihren Besuch (Mi–Fr 10–16, Sa/So 14–16 Uhr). Zu den Inseln des Chiemsees siehe Kasten.

### Einkehr

Prien: Café Luitpold am See (T): Tel. 08051/60 91 00; Gstadt: Café Inselblick (T): Tel. 08054/78 15; Lambach: Café Malerwinkel (T): Tel. 08667/888 00; Chieming: Chiemseer Wirtshaus (B): Tel. 08664/204 02 47; Gaststätte Hirschauer Bucht (T/B): Tel. 08661/528

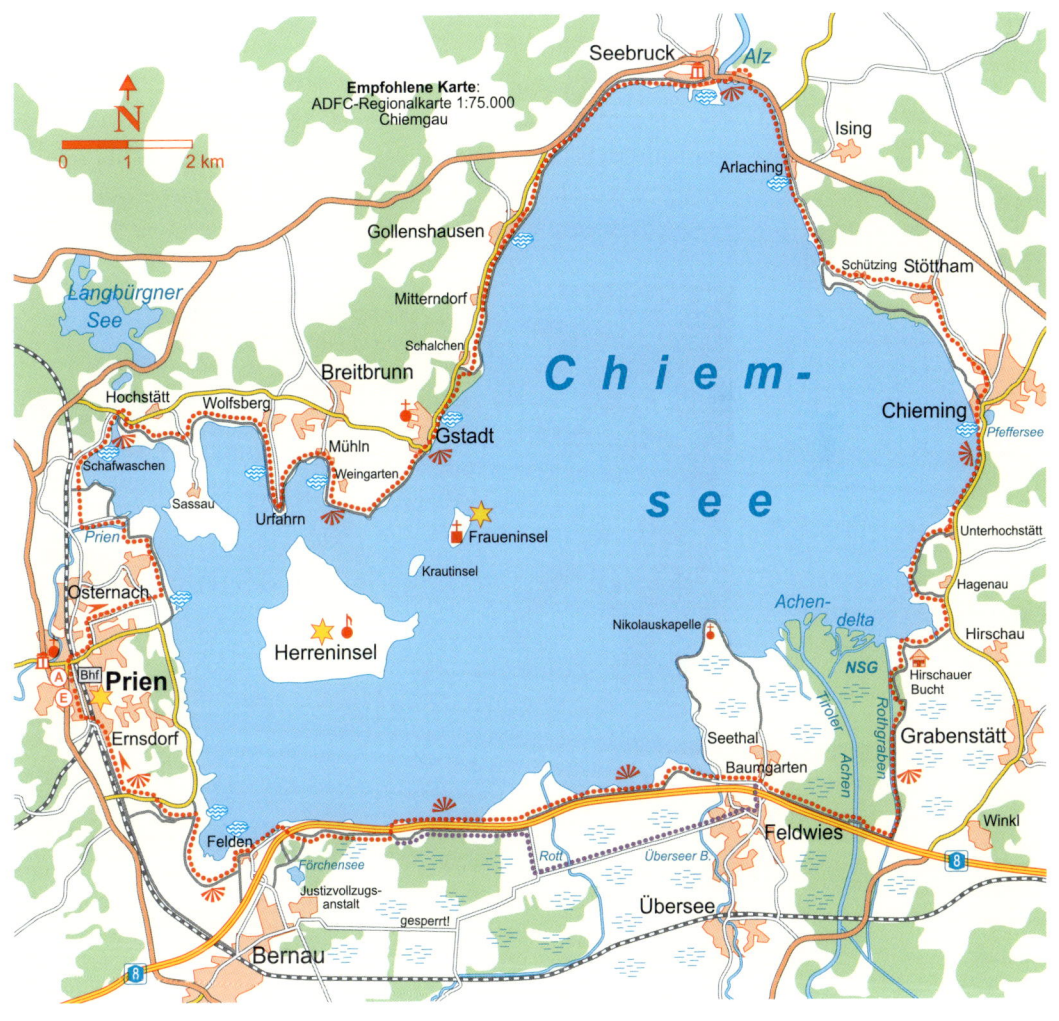

# 24 Kloster Seeon – ein lohnendes Radlziel

mittel    38 km    80 m    3.45 Std.

### Route
Bad Endorf – Rankham (km 3,4) – Eggstätt (km 9,2) – Seeon Mitte (km 18,6) – Oberbrunn (km 22,6) – Meisham (km 26,8) – Almertsham (km 33) – Bad Endorf (km 38).

### Verkehr
In Bad Endorf stark, zwischen Eggstätt und Seeon etwas auflebend, sonst wenig bis kein Verkehr.

### Steigungen
Gesamtlänge ca. 3,7 km, davon ca. 2,1 km stärker ansteigend. Hauptanstieg nach Stetten hoch, sonst einzelne mittellange Steigungen.

### Wegezustand
Größtenteils Asphalt, durch Eggstätter Seen Schotter, stellenweise etwas grob und holprig.

### Ausgangspunkt
Bahnhof Bad Endorf

### Anfahrt
Auto: A 8 bis AS Rosenheim, dann B 15 und Staatsstraße 2095 über Prutting. Ca. 85 km, Fahrzeit rund 1:15 Std.
Bahn: Mehrmals täglich München–Bad Endorf (direkt) und zurück. Fahrzeit ca. 1 Std., Fahrradmitnahme möglich.

### Freibäder
Endorf: Nordrand; Eggstätt: Hartsee, Eschenauer See, Seeoner See

### Tourist-Info
Bad Endorf: Tel. 0 80 53/ 30 08-50, www.bad-endorf.de
Seeon: Tel. 086 67/71 39, www.seeon-seebruck.de

Diese Tour enthält einen attraktiven Mix: Prächtige Ausblicke bis zum Gebirge, verträumte Seen und Weiher und das Ganze in anmutiger Moorgegend und mit jener Ruhe und Abgeschiedenheit, wie sie nur abseits des Touristenstroms zu finden sind. Wer sich zum Abstecher nach Altenmarkt entschließt, krönt seine Tour noch mit glanzvollen Kirchen.

## Streckenbeschreibung
Abschnitt Bad Endorf–Eggstätt. Ab dem Bahnhof geht es auf der Chiemseestraße nach Süden und vor dem Bahnübergang links die Hofhamer Straße hinauf, gut 700 Meter relativ steil, was den Kreislauf in Schwung bringt. Ist die Staatsstraße 2095 überquert, biegen wir links zum **Hof Stetten** ab und erreichen bei guter Aussicht wenig später **Oberrankham**. Versäumen Sie nicht,

rechts ein paar Hundert Meter in den Weiler reinzufahren, denn dort bietet sich eine hinreißende Aussicht auf Land und Berge!

Sonst aber geht es durch Unterrankham hinunter zur Straße Pelham – Hemhof, wo schräg rechts gegenüber der Rundweg durch die **Eggstätt-Hemhofer-Seenplatte** beginnt (diverse Radschilder). Man muss aufpassen, denn nicht immer sind Problemstellen gut markiert. Hier in Stichworten ein paar Orientierungshilfen: Nach 350 Meter treffen wir auf die erste Gabelung, dort links abbiegen; weitere Gabelung nach Km 1,35, wieder links; Wegeinmündung nach Km 1,85, hier rechts; Wegedreieck nach Km 2,25, dort links und an der gleich folgenden Gabelung wieder links. Bleiben Sie jetzt konsequent entlang des **Hartsees**, bis Sie das Strandbad **Eggstätt** erreichen. Dort führt rechter Hand ein Weg direkt zur Ortsmitte.

*Einkehr*

Bad Endorf: Café Winkler (T): Tel. 08053/ 20 96 30; Eggstätt: Unterwirt (T): Tel. 08056/337; Seeon: Alter Wirt: Tel. 08624/15 67; Klosterwirt (B): Tel. 08624/89 70

**Abschnitt Eggstätt–Seeon.** Wenn man sich an der Durchgangsstraße in Eggstätt rechts und an der Kirche links hält, stößt

Linke Seite: Stimmungsvoller Ausblick auf den Hartsee nahe Eggstätt

Malerisch spiegelt sich der Komplex des Klosters Seeon im Wasser des gleichnamigen Sees.

man auf die Straße nach Seeon und Altenmarkt. Ihr folgen wir. Sie ist mäßig befahren und führt durch ein ausgedehntes Moorgebiet, das freilich nur selten zu sehen ist, weil der Wald meist bis an die Straße reicht. Dann aber, 4 Kilometer nach Eggstätt, endet der Wald und gibt den Blick frei auf freundliches Bauernland mit Alpenpanorama. Wir fahren in **Pavolding** ein und werden dort von überlebensgroßen und lustigen Bronzefiguren begrüßt, die von Professor Kirchner stammen.

Nächstes Ziel ist **Roitham**, wo wir an der Kirche links hochschieben, nach 300 Meter bei prächtigem Alpenblick dem Rechtsknick folgen und nach Queren der Staatsstraße 2094 schräg gegenüber auf dem Feldweg über Baderpoint nach **Seeon** gelangen.

Freundlich heißt uns der lustige Bronzemann in Pavolding willkommen.

Abschnitt Seeon–Bad Endorf. In Seeon durchqueren wir das Dorf auf der Weinbergstraße und steuern das Kloster an, das man besichtigen und wo man einkehren kann. Dann machen wir uns auf den Rückweg. Dem Klosterparkplatz gegenüber geht eine Straße Richtung Pittenhart ab, die in bäuerlicher Landschaft und mit schönen Bergblicken nach **Oberbrunn** führt. Dort wählt man an der Gabelung die linke Abzweigung und passiert in der Folge die Weiler Eschenau und Niederham, um schließlich in **Meisham** zu landen. Dieser letzte Abschnitt ist besonders genussvoll, radeln wir doch durch gefällige Mooslandschaft mit anhaltender Alpensicht von den Berchtesgadener Alpen bis hinüber zum Mangfallgebirge.

112

An der großen Durchgangsstraße in Meisham biegen wir links und nach gut 200 Metern rechts nach **Bachham** ab. Dort wiederum folgen wir dem Schild nach **Aufham**, passieren diesen Weiler bei anhaltender Prachtsicht auf den Alpenkamm und kommen über Pickenbach zur Straße Höslwang–Hemhof, wo wir den Feldweg gegenüber nach Zunham nutzen. In **Zunham** halten wir uns links, an der nächsten Querstraße wieder links und biegen 300 Meter danach ein drittes Mal links, hier nach **Almertsham** ab. Die Schlussetappe läuft bei guter Alpensicht über Arxtham und **Teisenham**, enthält noch eine genussvolle Schlussabfahrt und bringt uns schließlich zum Bahnhof in **Bad Endorf** zurück.

Wenn uns dieses Bild von Höslwang begegnet, neigt sich die Tour ihrem Ende zu.

### Abstecher Seeon–Altenmarkt–Seeon.

Der Abstecher nach Altenmarkt ist sehr empfehlenswert, vor allem für Kunstfreunde. Zu bedenken ist allerdings, dass er die Länge der Tour um 19 auf insgesamt 56 Kilometer erhöht, während die zusätzlichen Steigungen (ca. 600 m) nicht mehr ins Gewicht fallen. Hinaus geht es in Seeon auf der Altenmarkter Straße und links ab in die Rabendener Straße. Bei lebhaftem Verkehr radelt man durch bäuerliches Gebiet und landet später in **Rabenden**. Der gotische Schnitzaltar

### Tipp des Tages

Sollten Sie die heutige Tour mit dem Abstecher nach Altenmarkt und damit rund 56 km geradelt sein, gibt es in Bad Endorf nur eins: ab ins schöne Jod-Thermal-Solebad mit zahlreichen Innen- und Außenbecken, Strömungskanal, Wassergymnastik, Whirlpool u. v. m. (Ströbinger Str. 18; geöffnet tgl. 9–22 Uhr).

Oben links: Schrein des Altars in Rabenden mit dem hl. Apostel Jakobus d. Ä., flankiert von Simon und Judas Thaddäus

Oben rechts: Überquerung der Alz per Fähre in Garsch: für den Fährmann Routine, für den Radler ein kleines Abenteuer!

*Tipp*

Um nicht vor »verschlossenen Türen« zu stehen, falls Sie in Garsch die Fähre nutzen möchten, sollten Sie unbedingt vorher im Gasthaus Roiter unter Tel. 08621/73 87 die aktuellen Fährzeiten erfragen.

in der Kirche gehört in Sachen Kirchenkunst zum Feinsten der ganzen Region. Hinter der Kirche bringt uns ein Feldweg, später Asphalttsträßchen, auf genussvoller Strecke durch stille freundliche Landschaft nach **Rupertsdorf**. Von dort geht es über Simmerreit zur Straße Seeon–Altenmarkt und links abbiegend nach Thalham. Wenn Sie 500 Meter nach Thalham am scharfen Linksknick der Straße rechts über die Alz radeln, ist die Einfahrt **Altenmarkt** wesentlich ruhiger und angenehmer. Wir nutzen drüben die Laufenauer Straße bis zur Hauptstraße, schieben 200 Meter rechts versetzt die Baumburger Straße hoch und bestaunen erst einmal einen der prachtvollsten Kirchenräume des Chiemgaus.

Nun geht es die Baumburger Straße wieder ein kurzes Stück hinunter, links durch den Parkplatz bis zum Friedhof und dann dem Schild **Garsch** nach. Vor uns liegt nicht nur eine stille Fahrt durch Bauernland, sondern auch ein kleines Abenteuer. Wir gelangen nämlich an die Stelle, wo man per Fähre die Alz überquert. Zuerst wird mit einer vorsintflutlichen Glocke der Fährmann – sprich Wirt des Gasthauses am Gegenufer – alarmiert. Nach längerer Wartezeit setzt sich endlich die Fähre in Bewegung, man trägt sein Rad eine steile Steintreppe hinunter und wird übergesetzt, das Ganze bei relativ reißender Strömung (Pächterwechsel, neuer Ruhetag noch nicht bekannt). Die Reststrecke nach Seeon verläuft zu-

nächst über **Wies**, dann auf einem Feldweg in weitem Rechtsbogen nach **Brandl** und schließlich an Höllthal und **Apperting**
vorbei zur Straße Truchtlaching–Seeon. Dort führt ein Radweg
nach Seeon zurück.

Hoch über der Alz thront
St. Margaretha zu Baumburg,
schon von außen ein stattlicher
Bau, innen aber ungleich
prächtiger und eindrucksvoller.

## Sehens- und Wissenswertes

**Eggstätt-Hemhofer Seenplatte:** Unter Naturschutz stehendes Seen-
gebiet mit rund 20 moorhaltigen Seen, die in der Eiszeit durch
Abschmelzen von Toteisblöcken entstanden sind. Landschaft-
licher Reiz durch wechselnde Farb- und Lichtstimmungen.

**Seeon:** Ehemaliges Benediktinerkloster (994) in malerischer Lage
am See, heute Kultur- und Bildungszentrum des Bezirks Oberbayern. Klosterkirche von 1433 mit romanischen Bauteilen, reichen
Gewölbe- und Wandmalereien (1579, Renaissance) sowie sehr
guten Barockfiguren und alten Grabsteinen. In der Burgkapelle
das Grabmal des Grafen Aribo (10. Jh.).

**Rabenden:** Attraktion des Dorfes ist der spätgotische Schnitzaltar (1510) in der Jakobuskirche. Der Bildhauer ist bis heute
unbekannt, hat aber ebenso einen festen Platz in der Kunst-
geschichte wie sein berühmter Altar in Rabenden.

**Altenmarkt:** Die ehemalige Klosterkirche St. Margaretha zu
Baumburg, 1156 geweiht und Mitte des 18. Jh. umgebaut, gilt als
»der größte und glänzendste einheitliche Rokokobau des ganzen
Chiemgaus«. Ihr festlicher Innenraum mit leuchtenden Fresken,
Wessobrunner Stuck und prächtigem Hochaltar ist besonders
sehenswert.

# 25 Zwischen Wasserburg und Amerang

mittel | 38 km | 110 m | 3.45 Std.

**Route**
Wasserburg – Kerschdorf (km 6,7) – Moosham (km 11,7) – Schonstett (km 15,5) – Amerang (km 20,8) – Evenhausen (km 26,8) – Eiselfing (km 34,4) – Wasserburg (km 38)

**Verkehr**
Bei Wasserburg stark, lebhaft in Amerang, sonst nur gering oder ganz verkehrsfrei.

**Steigungen**
Gesamtlänge ca. 3,6 km, davon 1,3 km stärker ansteigend. Vor Amerang längster Anstieg, sonst nur kürzere Steigungen.

**Wegezustand**
Vor Schonstett und beim Moosbauer Schotterwege, meist gut befahrbar, sonst nur Asphaltbelag.

**Ausgangspunkt**
Bahnhof Wasserburg

**Anfahrt**
Auto: B 304 über Ebersberg, ca. 55 km, Fahrzeit ca. 1 Std. Bahn: keine Bahnverbindung (mit Radtransport)

**Freibäder**
Wasserburg: Badria (Erlebnisbad); Schonstett: Badeplatz am Badeweiher

**Einkehr**
Wasserburg: Paulanerstuben (T): Tel. 08071/39 03; Café Alte Schranne (T): Tel. 08071/92 10 70

**Tourist-Info**
Wasserburg: Tel. 0 80 71/ 105-22, www.wasserburg.de; Amerang: Tel. 0 80 75/ 91 97-0, www.amerang.de

**Lieben Sie Museen? Dann ist diese Radtour richtig für Sie! Sieben originelle Sammlungen warten auf Ihren Besuch. Es gibt aber noch mehr zu bewundern, so die malerische Altstadt von Wasserburg, prächtiges Gebirgspanorama auf der Fahrt nach Süden und nicht zuletzt eine reizvolle Radlgegend – eine Landpartie mit kunstgeschichtlichen Gegenpolen.**

Abschnitt Wasserburg–Amerang. Vom Bahnhof in Wasserburg steuern wir als Erstes das Brucktor und die Innbrücke an, am besten quer durch die Altstadt über Eichhornweg und Schustergasse, überqueren den Inn und biegen danach rechts in die Rosenheimer Straße ab. Folgen Sie aber nicht dem links abschwenkenden Verkehrsstrom, sondern fahren Sie noch ein Stück geradeaus und biegen erst am Steinmühlweg halb links ab. An den nächsten beiden Wegegabelungen bleiben wir jeweils rechts (Radschild Wasserburg-Rundweg) und gelangen so auf einem schattigen Waldweg zur Dirnecker Straße. Nach rechts geht es kurz danach über die Priener Straße und weiter nach **Höhfelden**, genauer gesagt zu einer Linksab-

> **»Mach nur die Augen auf, alles ist schön!«**
> **Ludwig Thoma**

zweigung Richtung Spielberg. Hier verlaufen auch die Radrouten Alz-Inn/Inntal und Mozartradweg. Warum, wird gleich klar, denn dieses nach Süden laufende Asphaltsträßchen bietet ein wunderbares Landschaftsbild mit prächtiger Gebirgssicht. Wir passieren **Spielberg**, bleiben danach an der Gabelung links (also geradeaus) und treffen in **Kerschdorf** ein. An der Durchgangsstraße hält man sich links und gelangt in Acker- und Wiesenland bis Thalham, wo man auf die Radrouten vier und sieben trifft, die einem für den Rest der Tour treu bleiben. So biegen wir also kurz nach Thalham rechts ab Richtung Griesstätt, kommen bei guter Bergsicht am Weiler Bach vorbei und biegen kurz danach links nach **Moosham** ab, erneut mit imponierenden Ausblicken auf die Alpenkette. In Moosham geht es links weiter in Richtung

Röthenbach und dann nach gut 1,5 Kilometern am Waldrand rechts. Alle Radschilder zeigen nach Süden. Man durchquert jetzt bäuerliche Gemarkung, die auch von parkartigen Zonen durchsetzt ist. Nächster Eckpunkt ist **Schonstett**, wo wir nach Osten abschwenken und auf stillen Nebenstraßen über Rieperting und Zillham nach **Amerang** gelangen, immer den Radschildern 4/7 folgend. Die letzten Kilometer führen durch das Ameranger Moos mit seiner besonders reizvollen Filzlandschaft.

Abschnitt Amerang – Wasserburg. Wenn man sich in Amerang umgesehen hat (Schloss, zwei Museen), steht die Rückfahrt an. Um den verkehrsreicheren Straßen auszuweichen, enthält dieser Abschnitt zahlreiche Richtungsänderungen, die aber nicht beschrieben werden müssen, denn die Radschilder 4/7 zeigen den richtigen Weg. In Amerang geht es also Richtung Automobilmuseum hinaus und über Kammer bis **Asham**. Dort biegen wir links und 200 Meter nach Halfurt rechts Richtung Stephanskirchen ab. In friedlichem Bauernland mit schönen Ausblicken stoßen wir in Unteröd auf eine Querstraße, halten uns dort links und erreichen die Ortsmitte von **Evenhausen**. In Ostrichtung fortsetzend folgen wir 30 Meter vor der Straße Schonstett–Stephanskirchen dem Schild **Hebertsham** und landen nach 2 Kilometern in diesem Weiler. Wenn wir uns

Oben: Das Wasserburger Rathaus von 1459 mit zwei Stufengiebeln, davor der Marienbrunnen

Ganz oben: Pittoreske Kulisse der Wasserburger Altstadt: Häuserzeile am Innufer, links die Burganlage, in der Mitte der Turm der Jakobskirche

auch hier von den Radschildern 4/7 leiten lassen, geht es nun über Feldwege durch moosartige Landschaft, vorbei am Anwesen des Moosbauern, an den Ostrand von **Eiselfing** und weiter zur Ortsmitte. Dort biegen wir rechts in die Wasserburger Straße und radeln hinunter ins Tal des Mühlbachs, wo rechts die Obermüllerstraße abgeht. Sie führt nach **Weikertsham** und weiter nach Norden zur großen Salzburger Straße. Wir nutzen ihren Radweg nach links, passieren die »Schöne Aussicht«, einen Punkt mit herrlichem Tiefblick auf Wasserburg, und lassen dann das Radl die Salzburger Straße trotz starken Verkehrs genussvoll hinuntersausen zur Innbrücke von Wasserburg. Zum Marienplatz sind es dann nur noch ein paar Hundert Meter.

## Tipp des Tages

Das Auto bleibt des Deutschen liebstes Kind: Besuchen Sie daher das Automobilmuseum in Amerang mit mehr als 220 Automobilklassikern, u. a. dem ersten Benz-Motorwagen, einem Mercedes-Benz 500 K von 1934–36 und dem ATS-Formel-1-Rennwagen von H. J. Stuck von 1978. Ausgestellt sind auch eine große Modelleisenbahnanlage und eine Miniatureisenbahnsammlung (geöffnet Do–So 10–18 Uhr).

## Sehens- und Wissenswertes

**Wasserburg:** 1137 Errichtung der Burg, ab 1248 im Besitz der Wittelsbacher. In der Folgezeit Stadtrechte und wirtschaftliche Blüte (Innschifffahrt, Salzstraße), nach dem Landshuter Erbfol-

Blick von der Anhöhe nahe dem Schloss auf das Dorf Amerang mit der Pfarrkirche St. Rupertus

gekrieg (Anfang 16. Jh.) beginnender Niedergang. Sehenswert sind heute u. a.: **Frauenkirche** von 1324, älteste Kirche der Stadt mit barocker Ausstattung. **Jakobskirche**, 1410 neu erbaut, u. a. mit einer figurenreichen Renaissancekanzel der Gebrüder Zürn. Spätgotisches Rathaus mit ehemaligem Brothaus, Kornschranne, Ratsstube und Tanzhaus (Führungen über Tourist-Information Wasserburg). Dem **Rathaus** gegenüber **Kernhaus**, ein Patrizierhaus mit prächtiger Rokokofassade (J. B. Zimmermann). **Heimatmuseum** (Di–So 13–16 Uhr) mit den Abteilungen Stadtgeschichte, bäuerliche Wohnkultur sowie Handwerk und Gewerbe. Das weltweit einmalige Imaginäre Museum mit 500 Nachbildungen berühmter Werke der Malerei wurde leider Ende 2014 geschlossen. **Wegmachermuseum** (ausschließlich nach Vereinbarung) mit Schaustücken aus dem Straßen- und Brückenbau. Sehenswert auch: Rote Brücke, Brucktor, Roter Turm, Hungerturm, Skulpturenweg und Blick von der Schönen Aussicht.

Amerang: Das **Schloss** wurde 1072 erstmals erwähnt und im 16. Jh. umgebaut. Es besitzt einen der schönsten Renaissance-Arkadenhöfe nördlich der Alpen, in dem jährlich die Schlosskonzerte stattfinden. Schlossführungen (Ostern bis Oktober Fr–So 11– 16 Uhr) möglich. **Bauernhausmuseum** (Di–So 9-18 Uhr) mit alten Höfen (1525–1700) und Nebenanlagen. **Automobilmuseum** (Do–So 10–18 Uhr) mit mehr als 220 Automobil-Klassikern.

Das mittelalterliche Schloss in Amerang, von außen fast rund, innen mit stimmungsvollem Arkadenhof

# 26 Überquerung des Samerbergs

schwierig | 35 km | 340 m | 4 Std.

**Route**
Neubeuern – Steinkirchen (km 6,1) – Achenmühle (km 11,4) – Persdorf (km 16,3) – Gocklwirt (km 21,2) – Riedering (km 24) – Rohrdorf (km 30,7) – Neubeuern (km 35)

**Verkehr**
Abschnitt Riedering–Lauterbach etwas mehr Verkehr, sonst durchwegs ruhige Straßen und Wege.

**Steigungen**
Gesamtlänge knapp 6 km, davon 5 km stärker ansteigend. Hauptanstiege zum Samerberg hoch (3,5 km) und vor Osterkam.

**Wegezustand**
Bis auf die gut befahrbaren Schotterwege durch das Riederinger Moos alles asphaltiert.

**Ausgangspunkt**
Marktplatz Neubeuern

**Anfahrt**
Auto: A 8 bis AS Rohrdorf, dann Staatsstraße 2359 nach Süden. Strecke ca. 70 km, Fahrzeit ca. 45 Min. Bahn: Mehrmals täglich München bis Rosenheim (umst.)– Raubling. Fahrzeit ca. 1 Std., Fahrradmitnahme möglich. Bis Neubeuern per Rad (ca. 4 km).

**Freibäder**
Neubeurer See (2 km südlich), Ecking (Simssee), Dorf Simssee, Tinninger See

**Tourist-Info**
Neubeuern: Tel. 0 80 35/ 21 65, www.neubeuern.de; Riedering: Tel. 0 80 36/615, www.riedering.de

Kondition braucht man schon bei dieser Tour. Sie ist zwar nicht allzu lang, enthält aber fast fünf Kilometer stärkere Steigungen. Gleichwohl ist sie ein lohnendes Unternehmen, denn die Ausblicke auf dem Samerberg und die Verschnaufpause am Ufer des Simssees entschädigen für die Strapazen. Start und Ziel ist das Bilderbuchdorf Neubeuern.

## Streckenbeschreibung

**Abschnitt Neubeuern–Achenmühle.** Vom schmucken Marktplatz in Neubeuern geht es auf der Samer Straße hinaus, zunächst bis Altenbeuern und nach der Kirche rechts Richtung **Pinswang**. Vorerst ist noch alles schön eben, und die Route macht Spaß, was Landschaft und Aussicht anbetrifft. In Pinswang angekommen, biegen wir rechts zum Samerberg ab. Nun beginnt ein kräftezehrender und vereinzelt recht steiler Aufstieg von insgesamt 3,5 Kilometern, die der Normalradler meist nur schiebend bezwingen kann. Zum Trost sei gesagt, dass oben wunderbare Ausblicke warten und zudem die Abfahrt auf der anderen Seite des Samerbergs mit 5 Kilometern deutlich länger ist als der Anstieg. Wir passieren Saxenkam, Entleiten, Sachsenkam und Laberg und erreichen endlich den höchsten Punkt in **Steinkirchen**. Ab hier beginnt das Radl von alleine zu laufen, und man hat Muße, die schöne Landschaft des Samerbergs und die prächtige Aussicht auf Chiemgau und Bergsilhouette zu genießen. Nun berühren wir **Obereck**, gleich danach die Kapelle mit dem schönsten Aussichtspunkt des Samerbergs, dann links abschwenkend Unter-

> ### Brauchtum
>
> Alljährlich an einem Juliwochenende findet in Neubeuern das Lichterfest statt. Rund 10 000 Kerzen verwandeln bei Dunkelheit den historischen Marktplatz in ein Lichtermeer und verzaubern die große Besucherschar.

eck, hier wieder Bilderbuchlandschaft, schließlich Fading und Taffenreuth. In **Speckbach** münden wir schließlich in die Straße Achenmühle–Grainbach und sausen links hinunter nach Achenmühle an die Durchgangsstraße.

Abschnitt Achenmühle–Simssee. Ein kurzer Links-/Rechtsknick und wir sind auf Kurs Simssee. Nachdem die Autobahn überquert ist, geht es rechts Richtung **Osterkam** weiter. Wieder muss ein Anstieg von 900 Metern bewältigt werden, gottlob der letzte dieser Tour. An der Querstraße vor Osterkam biegen wir rechts ab, durchqueren den Weiler und verhalten nach den letzten Häusern kurz: nach links und hinten öffnen sich faszinierende Ausblicke auf Land und Berge. 500 Meter weiter geht es rechts ab, die Route führt über Patting nach **Esbaum** und mit kurzem Links-/Rechtsschwenk weiter über Siegharting zur Straße bei Thalham. Dort links abbiegen und weiter über Neukirchen bis **Ecking**. Um zum Simssee zu gelangen, fahren Sie gegenüber 50 Meter hinunter und nutzen den dort abgehenden Rundweg für gut 2 Kilometer Richtung **Baierbach**. Der Haken: Radeln ist dort verboten,

*Einkehr*

Neubeuern: Hofwirt (B): Tel. 08035/ 96 66 60; Haschl's Gasthaus (T): Tel. 08035/983 71 35; Altenbeuern: Vornberger (B): Tel. 08035/906 00; Törwang: Zum Entenwirt: Tel. 08032/ 88 15; Stephanskirchen: Gocklwirt (G): Tel. 08036/12 15; Rohrdorf: Hotel zur Post (B): Tel. 08032/18 30

Oben: Blick von der Aussichtskapelle auf das Hochtal des Samerbergs mit Törwang und Grainbach

man muss also schieben. Am Ziel warten dafür zwei Attraktionen auf Sie: das schöne Strandbad nahe der Siedlung Simssee und der bekannte Gasthof Gocklwirt in Weinberg.

Der Gocklwirt in Weinberg, außen ein Freilichtmuseum, innen ein behaglicher Gasthof

**Abschnitt Simssee – Neubeuern.** Vom Eingang zum Gocklwirt radeln wir Richtung Eitzing, biegen aber bereits nach 150 Metern links ab und kommen nach **Sonnenholz**. Danach folgen zwei Gabelungen, an denen wir jeweils links bleiben. Wir durchqueren eine reizvolle Moorlandschaft und biegen 300 Meter vor der Hauptstraße rechts ab. So gelangen wir nach **Riedering**. An der Durchgangsstraße geht es rechts und nach 200 Metern wieder links, dann, nach weiteren 200 Metern rechts ab in Richtung Rohrdorf. Mit schönen Bergblicken passiert man den **Tinninger See**, ebenfalls ein empfehlenswertes Strandbad, radelt 2 Kilo-

meter danach links ins Dorf Lauterbach und weiter in Südwestrichtung nach **Rohrdorf**. Dort setzen wir beim Gasthof Post links fort, müssen nun ein

paar Minuten den unschönen Anblick eines großen Zementwerks
ertragen und kehren dann, noch einmal rechts abschwenkend (Radschild
38), über Pinswang und Altenbeuern
zum Marktplatz Neubeuern zurück.

## Sehens- und Wissenswertes
Neubeuern: Schmucke Häuserzeilen
am historischen Marktplatz mit Er-
kern, Lüftlmalereien und vorspringen-
den Giebeln. 1981 als schönstes Dorf
Deutschlands gekürt, war es schon
mehrfach Schauplatz für Heimatfilme.
Das Schloss über dem Dorf mit Römer-
turm und Schlosskapelle beherbergt
heute ein Gymnasium.

## Tipp des Tages

Nach gut der Hälfte der Strecke hat man sich
am Simssee eine Rast verdient. Da bietet sich
der bekannte Ausflugsgasthof Gocklwirt in
Weinberg an – kein normaler Gasthof, sondern ein bayerisches Wirtshaus mit Freilichtmuseum. Alte Weinpressen, Dampfmaschinen
u. Ä. schmücken den Vorhof, im Innern warten
eine lauschige Terrasse und liebevoll mit Trödel
eingerichtete Räume. Und nicht zu vergessen:
die größte Kunstuhr der Welt.

Der **Samerberg**, ein Höhenrücken, bekannt für seine Pferde-
zucht und prächtigen Aussichtspunkte, kann auch mit sehenswerten Kirchen aufwarten, u. a. in Steinkirchen und Törwang.
Bei Obereck steht eine Kapelle mit dem schönsten Aussichtspunkt des Samerbergs.

Links: Strandbad Simssee:
Bade-und Freizeitvergnügen mit
Alpenblick; Rechts: Malerische
Kulisse am Marktplatz Neu-
beuern mit Verkehrsamt und
darüber thronendem Schloss

# 27 Genussradeln um Bad Feilnbach

leicht | 32 km | 120 m | 3 Std.

**Route**
Bad Aibling – Berbling (km 4) – Dettendorf (km 8) – Au (km 14,5) – Bad Feilnbach (km 18,5) – Au (km 22,7) – Dettendorf (km 26,2) – Bad Aibling (km 32)

**Verkehr**
In größeren Orten sowie zwischen Au und Feilnbach und vor Oberhofen etwas lebhafter, sonst gering.

**Steigungen**
Gesamtlänge ca. 2,3 km, davon gut ein Drittel stärker ansteigend. Mittellange Anstiege nach Mainz und Altofing, sonst nur kurze Anstiege.

**Wegezustand**
Teile des Wilhelm-Leibl-Wegs und einige Moorwege geschottert, aber meist gut befahrbar.

**Ausgangspunkt**
Bahnhof Bad Aibling

**Anfahrt**
Auto: A 8 bis AS Hofolding, dann Staatsstraße 2070 bis Aying und Staatsstraße 2078 nach Bad Aibling. Ca. 50 km, Fahrzeit gut 1 Std. Bahn: Mehrmals täglich München–Rosenheim (umsteigen) – Bad Aibling und zurück., Fahrzeit ca. 1 Std., Fahrradmitnahme möglich.

**Freibäder**
Bad Aibling: Au bei Bad Aibling; Bad Feilnbach

**Tourist-Info**
Bad Aibling: Tel. 0 80 61/ 90 80 0, www.bad-aibling.de; Bad Feilnbach: Tel. 0 80 66/ 88 70, www.feilnbach.de

Jetzt besuchen wir eine neue Großregion, nämlich Wendelstein, Tegernsee/Schliersee und Isarwinkel. Als Erstes folgen wir den Spuren des Malers Wilhelm Leibl von Bad Aibling nach Bad Feilnbach. Unterwegs parkartige Landschaft, betörende Ausblicke auf das Gebirge und nicht zuletzt ein paar besonders behagliche Wirtshäuser.

## Streckenbeschreibung

**Abschnitt Bad Aibling–Bad Feilnbach.** Vom Bahnhofsplatz radeln wir vor zur Westendstraße, überqueren die Gleise und biegen gleich rechts auf das Asphaltsträßchen ab. Radschilder zeigen den weiteren Weg, der nach dem Maler Wilhelm Leibl benannt ist. Er führt über Berbling und Dettendorf nach Au bei Bad Aibling und lässt sich angenehm radeln, ist er doch großteils asphaltiert und zudem verkehrs- und steigungsfrei. Zunächst aber geht

*Einkehr*

Bad Aibling/Zell: Zum Heiss (B): Tel. 08061/75 47; Berbling: Oberwirt (B): Tel. 08061/939 66 94; Bad Feilnbach: Pfeiffenthaler (B): Tel. 08066/202; Café Moosmühle (G): Tel. 08066/279

es am Westrand von Bad Aibling entlang, dann durch Willing und nach 3 Kilometern rechts hinein nach Berbling, das uns mit schmuckem Ortsbild begrüßt. Hier verlassen wir den Wilhelm-Leibl-Weg, den wir bei der Rückfahrt ausgiebiger genießen können. In **Berbling** empfiehlt sich ein Besuch der Dorfkirche, aber auch beim Oberwirt mit seinem schönen Biergarten. Blickfang in der Ortsmitte ist der Einfirsthof von 1714 mit Lüftlmalereien. Wir verlassen Berbling Richtung »Oberpfarr«, also Mainz und Heinrichsdorf, und haben zunächst einige Steigungen zu meistern. Dann aber können wir uns an der offenen Landschaft und den schönen Alpenblicken erfreuen. Wir passieren **Mainz**, kommen bei abfallender Strecke und anhaltend schöner Bergsicht nach Heinrichsdorf und biegen 200 Meter dahinter links Richtung **Dettendorf** ab, das wir nach kurzer Waldfahrt erreichen. Am Westrand des Dorfes überquert man die Autobahn und steuert nun Sonnenham an. 1 Kilometer südlich stoßen wir auf eine etwas stärker befahrene Straße. Biegen Sie rechts und nach 900 Metern an einem Gasthaus wieder links ab, und Sie erreichen über Kematen den Weiler **Oberpremrain**, übrigens in idyllischer Bauerngegend und auf sacht ansteigender Strecke. Es folgt eine genussreiche Abfahrt hinunter nach Au mit herrlichen Ausblicken nach Osten und an stattlichen Höfen vorbei. An der Querstraße gegenüber der Kirche geht es links und gleich wieder rechts Richtung Bad Feilnbach. Wenn Sie interessiert sind, werfen Sie einen Blick in die Kirche. Sie hat einen guten Namen. Die nächsten 4 Kilometer sind trotz auflebenden Verkehrs angenehm zu radeln, denn die Strecke fällt meist leicht ab und bietet schöne Ausblicke auf das parkartige Moos und auf die Berge. Auch in **Lippertskirchen** empfiehlt sich ein Zwischenstopp, um die schöne Madonna im Morgenstern zu bewundern. Beim Pfeiffenthaler in **Bad Feilnbach** lässt sich dann neue Kraft für die nächste Etappe tanken.

Stimmungsvolles Dorfbild mit »Heile-Welt-Gefühl« bei der Einfahrt in Berbling

### Rundfahrt durch das Feilnbacher Moos.

Wenn Sie fit genug sind, scheuen Sie die zusätzlichen 12 Kilometer der Rundfahrt nicht, denn sie führt durch zauberhafte Moosgegend und bietet herrliche Ausblicke auf die Berge mit dem Kaisergebirge im Zentrum. Über Kufsteiner- und Wendelsteinstraße (gegen Ortsende rechts) geht es hinaus, gut 1 Kilometer leicht aufwärts bis zur Jenbachbrücke. Dort links über die Brücke, nach 300 Metern rechts (Wegweiser Altofing) und oben wieder links. In außerordentlich reizvoller Umgebung mit Blick

### Brauchtum

Bayerns größten Apfelmarkt kann man in Bad Feilnbach alljährlich im Oktober besuchen. Feilgeboten werden u. a. Naturobst, Schnäpse und Marmeladen. Im großen Festzelt spielen Kapellen auf.

## Tipp des Tages

Auf dem Weg von Au nach Bad Feilnbach passiert man das Dorf Lippertskirchen, seit dem 14. Jh. Marienwallfahrt. Ziel der Wallfahrer ist das Gnadenbild Maria im Morgenstern aus dem 15. Jh. Zudem findet alljährlich am 6. November in Lippertskirchen die traditionelle Leonhardifahrt mit Pferdesegnung statt.

auf das weite Feilnbacher Moos und die Gipfel am Eingang des Inntals radeln wir über Kutterling und die Farrenpointstraße nach **Derndorf** und dort an der Hauptstraße schräg rechts gegenüber auf dem Einfangweg hinein ins Derndorfer Moos. Die Route lässt sich aus der Karte ersehen, sie führt mit einigen Richtungsänderungen bis **Kleinholzhausen**, wendet dort und verläuft auf dem Gmainweg wieder zurück Richtung Feilnbach. Die Radschilder weisen den Weg. In **Wiechs** biegen wir an der Kreuzung nach der Kirche rechts ab und steuern das Café Moosmühle an, ebenfalls eine empfehlenswerte Einkehr. Von dort führt ein Asphalt-/Schotterweg im Rechtsbogen zur Staatsstraße, wo es drüben am Kaltenbach entlang weitergeht, bis auf Höhe des **Reiterhofs** rechts ein Asphalträßchen abbiegt. Diese Abzweigung ist auch anzusteuern, wenn man auf die Rundfahrt verzichtet und von Bad Feilnbach direkt zurückradelt.

**Abschnitt Bad Feilnbach–Bad Aibling.** Ohne Rundfahrt geht es in die Bahnhofstraße und an deren Ende am Kaltenbach entlang bis zur besagten Abzweigung nach Westen. Wir folgen ca. 600 Meter diesem Sträßchen, erfreuen uns weiter an der anmutigen Filzlandschaft und den weiten Ausblicken und biegen an der Mooskapelle rechts ab, nach dem Aubach links ab, um so an die Hauptstraße in **Au** zu kommen. Wenn wir dort auf der Kohlbachstraße gegenüber wieder hinausfahren und den Radschildern Bad Aibling folgen, gelangen wir an den Waldrand, wo der **Wilhelm-Leibl-Weg** nach Norden abgeht. Er bringt uns auf angenehmer Strecke über **Dettendorf** und Berbling nach Bad Aibling zurück.

Bad Aibling
Bhf
Willing
Berbling
Mainz
Heinrichs-dorf
Fachendorf
Pfaffing
Dettendorf
Sonnenham
Oberhofen
Wilhelm-Leibl-Weg
Kematen
Au
Oberbrennrain
Gottschalling
Brettschleipfen
Moosmühle
Lippertskirchen
Wiechs
Bad Feilnbach
Kleinholzhausen
Altofing
Kutterling
Derndorf
Litzldorf
Mangfall

0    1    2 km

**Empfohlene Karte:** ADFC-Regionalkarte 1:75.000 München/Alpenvorland

## Sehens- und Wissenswertes

**Bad Aibling:** Ältestes Moorheilbad Bayerns mit schönem Kurpark. Lohnend der Besuch der Sebastianskirche, der Kirche Mariä Himmelfahrt und des Heimatmuseums, das u. a. historische Funde, Möbel und Handwerkssammlungen zeigt. In **Berbling** ist die Kirche Hl. Kreuz sehenswert, wo eine Kopie des Bildes »Drei Frauen in der Kirche« von Wilhelm Leibl hängt, der dort einige Jahre gelebt hat.

**Bad Feilnbach:** Moorheilbad seit 30 Jahren, am Fuße des Wendelsteins gelegen. Nahe dem Ort das Feilnbacher Moos, eine der reizvollsten Landschaften am Nordrand der Alpen. Im Frühjahr erstrahlt die Region in weiß-rosafarbener Baumblüte. Bemerkenswerte Kirchen findet man mit der Martinskirche (1706) in **Au bei Bad Aibling**, der Kirche Mariä Himmelfahrt (Gnadenbild Maria im Morgenstern) in **Lippertskirchen** und der kleinen, aber noblen Rokokokirche St. Laurentius und Sixtus von 1758 in **Wiechs**.

> **»Ich bin jedes Mal wieder beeindruckt, wenn ich im Frühjahr durchs Feilnbacher Moos radle und zwischen den blühenden Bäumen die schneebedeckten Gipfel des Wilden Kaisers leuchten sehe.«**
>
> **Uschi Zeiher, Putzbrunn**

Großer Park mit Gebirgskulisse – so zeigt sich das Feilnbacher Moos.

# 28 Im Leitzachtal nach Bayrischzell

| mittel | 38 km | 200 m | 4 Std. |

### Route
Hammer – Geitau (km 3,1) – Bayrischzell (km 9) – Oster-hofen (km 13) – Wallfahrtskir-che Birkenstein (km 17) – El-bach (km 21,3) – Wörnsmühl (km 28) – Faistenau (km 35,1) – Hammer (km 38)

### Verkehr
Straßen und Wege meist verkehrsarm bis -frei. In Bay-rischzell und Elbach lebt der Verkehr etwas auf.

### Steigungen
Gesamtlänge ca. 4,7 km, davon die Hälfte stärker an-steigend. Hauptanstiege hinter Wörnsmühl (800 m) und vor Birkenstein (1300 m).

### Wegezustand
Etwa ein Drittel der Strecke geschottert, stellenweise grob und holprig, sonst nur Asphalt-belag.

### Ausgangspunkt
Bahnhof Fischbachau

### Anfahrt
Auto: A 8 bis Weyarn, dann Staatsstraße 2073 bis Mies-bach und auf Staaatsstraße 2010/2077 bis Aurach. Ca. 60 km, Fahrzeit ca. 1 Std.
Bahn: Mehrmals täglich Mün-chen–Fischbachau (direkt) und zurück. Fahrzeit ca. 1:10 Std., Fahrradmitnahme möglich.

### Freibäder
Bayrischzell, Fischbachau, Wörnsmühl

### Tourist-Info
Bayrischzell: Tel. 0 80 23/648, www.bayrischzell.de; Fisch-bachau: Tel. 0 80 28/876, www.fischbachau.de

Genussradeln am Fuße des Wendelsteins. Zwar stellen sich fast fünf Kilometer Steigungen in den Weg, aber dafür umfängt uns Traumlandschaft: Leitzachauen, parkähnliches Wiesenland mit altem Baumbestand und die eindrucksvolle Bergkulisse mit dem Wendelstein als Hauptgipfel. Auch Kunstliebhaber brauchen hier nicht zu darben.

## Streckenbeschreibung

**Abschnitt Hammer–Bayerischzell.** Vom Bahnhof aus fahren wir zum Leitzachsteg 100 Meter nördlich, überqueren ihn und ge-hen auf Ostkurs. Bald tritt das Asphaltsträßchen aus dem Wald und gibt den Blick frei auf eine reizvolle Tallandschaft mit im-posanter Bergkulisse. Wir kommen am Café Krugalm vorbei, bleiben entlang der Gleisanlage und biegen nach knapp 3 Kilo-metern rechts ab, um über die B 307 nach **Geitau** zu gelangen. Hier geht es mit Kurs Bayrischzell und Wendelsteinblick zunächst durch einen Park, dann ab der Leitzachbrücke Oster-hofen rechts ab ca. zwei Kilometer durch ein Wald-stück, bis wir an eine Brücke kommen. Gleich danach nutzen wir den Schotterweg entlang der

Leitzach und überqueren wenig später noch eine Brücke. An einer Tennisanlage vorbei kommen wir so schließlich direkt nach **Bayrischzell**.

**Abschnitt Bayrischzell–Fischbachau.** Auf der Schlierseer Straße verlassen wir Bayrischzell wieder, biegen später am Brunnerer-weg links ab und erreichen – über die B 307 hinweg – wieder das Leitzachufer. Jetzt geht es aber nicht mehr durch das Waldstück

wie bei der Anfahrt, sondern direkt an der Leitzach entlang. Ein Abschnitt von großem landschaftlichem Reiz und schönen Ausblicken auf die Berge. An der Osterhofener Brücke biegen wir diesmal rechts ab, queren die B 307 und fahren schräg gegenüber das erste Sträßchen hoch. Durch einen Ortsteil von **Osterhofen** erreicht man **Dorf**, so heißt der Weiler, wo man aufpassen muss, um die richtige Fortsetzung zu finden. Wir bleiben jedenfalls an der Nordseite des Gleises auf einem Feldweg (K 5), stoßen so nach knapp 1,5 Kilometern auf eine Asphaltstraße und biegen rechts nach Birkenstein ab. Vor uns liegen rund 1300 Meter Steigungen. Ein mit W 5 markierter Waldweg bringt uns nach oben, wo es dann bis **Birkenstein** (sehenswerte Kirche) und weiter nach **Fischbachau** (ebenfalls mit sehenswerter Kirche) stets abwärts geht. Ab Osterhofen bis Birkenstein insgesamt also keine besonders komfortable Etappe, aber eine, die dieser Tour etwas Würze gibt.

Oben: Die Radltour führt durch parkartige Region bei Geitau zwischen den Vorbergen des Mangfallgebirges.

Linke Seite: Blick auf den Felsstock des Wendelsteins von Geitau aus

## Einkehr

Hammer: Café Krugalm (G): Tel. 08028/468; Geitau: Rote Wand (T): Tel. 08023/90 50; Bayrischzell: Zur Post (T): Tel. 08023/81 97 10; Elbach: Sonnenkaiser (T): Tel. 08028/905 30; Greisbach: Kirchstiegl: Tel. 08028/466

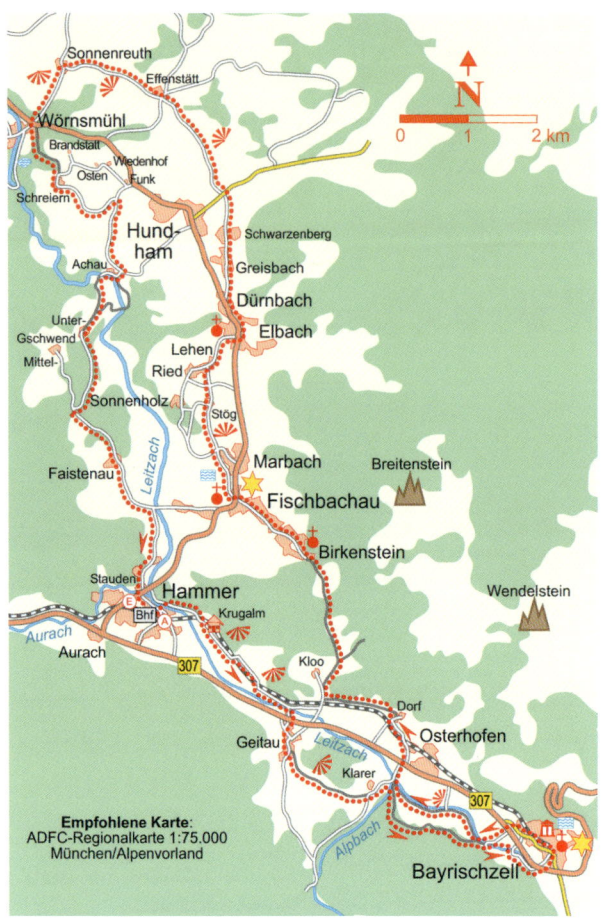

**Empfohlene Karte:**
ADFC-Regionalkarte 1:75.000
München/Alpenvorland

**Abschnitt Fischbachau–Wörnsmühl.** An der Durchgangsstraße in Fischbachau radeln wir gegenüber zum Freibad und weiter durch anmutige Voralpenlandschaft zum Zwischenziel **Elbach** (Kirche!). Man verlässt das Dorf nach Norden, biegt wenig später rechts ab und gelangt über **Greisbach** mit Aussicht nach Westen zur Straße nach Bad Feilnbach. Direkt gegenüber entfernt sich ein stilles Asphaltsträßchen, das wiederum landschaftlich brillieren kann: eine grün überzogene Parkgegend, alter Baumbestand, reizvolle Ausblicke, schmucke Höfe. Über Effenstätt erreichen wir **Sonnenreuth**, biegen dort links ab und lassen das Rad bei herrlichem Alpenblick nach **Wörnsmühl** hinunterrollen.

**Abschnitt Wörnsmühl–Hammer.** Links vom Gasthaus Nägele führt auf 700 Metern eine Schotterstraße im Wald nach oben und bringt uns auf eine Hochebene, die vor allem nach dem Weiler **Schreiern** wunderbare Landschaftsbilder und Bergblicke bietet. Wir stoßen auf ein Quersträßchen, wenden uns dort nach rechts und landen nach einer kurzen steilen Abfahrt im Weiler **Achau**. Nach Überquerung der Leitzach geht es wieder nach oben, anschließend für längere Zeit durch Wald, hinter dem sich das Blickfeld wieder öffnet und eine barocke Landschaft mit Bergkulisse freigibt. Um **Faistenau** beginnt eine genussvolle Abfahrt, die bis zur Leitzachbrücke nahe Fischbachau dauert. Wir bleiben diesseits und erreichen den Bahnhof **Hammer** nach rund 2 Kilometern.

Auch Elbach verfügt mit der Pfarrkirche St. Andreas und der Friedhofskapelle Hl. Blut daneben über zwei sehenswerte Kirchen.

## Sehens- und Wissenswertes

In **Geitau** verdient das Schmiedhäusl Ihr Interesse. Das Holzhaus datiert aus dem Jahr 1532 und zählt zu den ältesten Bauernhäusern der Region. In **Bayrischzell** ist vor allem die Kirche St. Margaretha mit prächtigem Hochaltar sehenswert. Die Wallfahrtskirche **Birkenstein** von 1710 oberhalb Fischbachau beeindruckt durch ihr Altarhaus mit Marien-Gnadenbild aus dem 15. Jh. **Fischbachau** selbst besitzt mit dem Martinsmünster eine der besterhaltenen romanischen Basiliken Bayerns, die innen prachtvollen Rokokoschmuck zeigt. Nebenan liegt die Friedhofskapelle Mariä Schutz, älteste Kirche des Leitzachtals. Schließlich kann auch **Elbach** mit schönen Kirchen aufwarten: St. Andreas von 1689 und die Friedhofskapelle Hl. Blut (1670) bestechen durch kunstvolle Barockausstattung.

Romanische Mauern und verschwenderischer Rokokoschmuck im Martinsmünster Fischbachau

### Tipp des Tages

Liebhaber malerischer Bauernhöfe sollten bei der Auffahrt von Wörnsmühl kurz vor Schreiern links abbiegen und über Brandstatt und Osten zum Wiedenhof fahren, einem Juwel unter den Höfen Südbayerns. Dekoriert ist er mit über 200 Jahre alten Wandmalereien mit bäuerlichen und sakralen Motiven. Bitte aber auf keinen Fall das Grundstück betreten! Vom Wiedenhof gelangt man über Funk an das Sträßchen, auf dem es rechts nach Achau geht.

# 29 Radlspaß an Mangfall und Leitzach

schwierig  33 km  250 m  3.30 Std.

### Route
Bruckmühl – Feldolling
(km 5,2) – Naring (km 8,5)
– Großseeham (km 12,9)
– Auerschmied (km 19,2) –
Irschenberg (km 23,9) – Göt-
ting (km 28,8) – Bruckmühl
(km 32,9)

### Verkehr
Größtenteils verkehrsarm oder
-frei, vor Irschenberg 600 m
auf dem Radweg an der B 472.

### Steigungen
In den Flusstälern flach, zwischen Esterndorf und Irschenberg drei markante Steigungen
von ca. 6 km Länge.

### Wegezustand
Von den 33 km sind ca.
4,5 km geschottert; bis auf die
Abfahrt bei Hinteröd problemlos zu befahren.

### Ausgangspunkt
Bahnhof in Bruckmühl

### Anfahrt
Auto: Von München A 8
bis Ausfahrt Weyarn, dann
13 km nach Norden über Feldkirchen nach Bruckmühl (ca.
50 km, Fahrzeit ca. 45 Min.).
Bahn: Regelmäßige Verbin-
dung mit BOB von München
nach Bruckmühl (Fahrzeit
50 Min.; Fahrradmitnahme
möglich).

### Freibäder
Freibad am Seehamer See

### Tourist-Info
Bruckmühl: Tel. 08062/97 45
oder 30 40, www.tourist-info-
bruckmuehl.de; Irschenberg:
Tel. 08025/991 59 65,
www.irschenberg-tourismus.de

**Auf dem Programm stehen zwei reizvolle Flusstäler, ein malerischer Vorgebirgssee und ein spektakulärer Aussichtspunkt. Abgerundet wird das Angebot durch ein Strandbad am Seehamer See, einige renommierte Gasthöfe und einen Kirchenschatz in Reichersdorf. Ihren Tribut fordert die Tour im Mittelteil mit markanten Steigungen.**

## Streckenbeschreibung

**Abschnitt Bruckmühl – Holzolling.** Vom Bahnhof Bruckmühl radeln wir die Bahnhofstraße vor, überqueren die Gleise und biegen direkt danach rechts in die Otto-von-Steinbeis-Straße ein. Die weitere Route bis Feldolling verläuft nun konsequent zwischen Bahnlinie und Mangfall und eröffnet später reizvolle Ausblicke auf den Fluss und seine kleinen Kaskaden. In **Feldolling** geht es über die Mangfall, danach rechts ab über **Schwaig** und hinüber an die Straße Westerham–Naring.

Im idyllischen **Naring** lädt der stattliche Gasthof zum Goldenen Tal zu einer ersten Pause ein. Man kann aber auch in der reizvollen Landschaft des Leitzachtals weiter nach **Holzolling** radeln und dort im Gasthof Kreuzmair mit ausnehmend schönem Wirtsgarten einkehren. Plagen mussten wir uns jedenfalls

bis hierher kaum, wenn man von harmlosen Steigungen zwischen Naring und Holzolling absieht.

Der landschaftlich reizvolle, aussichtsreiche Radweg entlang der Mangfall zwischen Götting und Bruckmühl

**Abschnitt Holzolling – Irschenberg.** Das ändert sich grundlegend mit der nächsten Etappe! Wir erreichen von Holzolling Richtung Osten **Esterndorf** und biegen gut 300 Meter nach der Kirche rechts auf den Asphaltweg Bergerhof ab. Normalradler werden ab hier wohl schieben müssen, denn der Weg führt über 700 Meter ziemlich steil hinauf an die A 8. Oben radeln wir mit ersten Bergblicken rund 700 Meter an der A 8 entlang, unterqueren sie dann und kommen nach **Groß-seeham**. Dort biegen wir links ab und fahren mit schöner Aussicht ein Stück am See entlang zum Seehaus, wo wir einkehren und baden können. 1 Kilometer nach dem Seehaus folgt man rechts der Straße nach Brandtberg, wo die zweite Steigungsetappe von gut 2 Kilometer beginnt. Leichte bis mittlere Steigungen prägen die Strecke, aber auch reizvolle bäuerliche und örtlich sogar parkartige Landschaften.

Am Weiler **Pfisterer** geht es links (Reichersdorfer Einöde) weiter bis zum Wegedreieck bei **Schwibich** und dort wieder links Richtung Hinteröd. Wir sind nun in einem anmutigen Hochtal: menschenleer, kaum Autos, verstreute blumengeschmückte Bauernhöfe und weite Ausblicke auf die Bergkette. In **Hinteröd** steht eine etwas haarige, weil steile und lose geschotterte Abfahrt ins

*Einkehr*

Naring: Gasthof Goldenes Tal (B/T): Tel. 08063/328; Holzolling: Kreuzmair (G): Tel. 08063/324

Linke Seite: Eingerahmt von herbstlichen Farben liegt der Seehamer See einsam und verlassen da.

133

Das Panorama von der
Aussichtskanzel Irschenberg

Leitzachtal bevor. Bitte unbedingt absteigen, da akute Sturzgefahr! Unten am Gasthof **Auerschmied** biegen wir links ab, halten uns nach 300 Metern rechts Richtung Vagen und fahren nach weiteren 300 Meter kurz vor der Unterführung wieder rechts Richtung Irschenberg ab. Hier wird die dritte »Steigungsrallye« eingeläutet. Nach lang gezogenem Anstieg trifft man auf die verkehrsreiche B 472 und setzt auf dem Radweg nach links die Tour fort. 600 Meter weiter überqueren wir an einer wohl auch als Übergang gedachten Straßeninsel vorsichtig die Bundesstraße und radeln nach **Wendling** hinein. Die Reststrecke verläuft links Richtung Wilparting. Nach 800 Metern geht's unter der Autobahn hindurch und rechts nach **Wöllkam**. 250 Meter nach dem Ortsende bringt uns links ein Asphaltweg hinauf zum Irschenberger Aussichtspunkt, dessen Landschafts- und Bergpanoramen zu den spektakulärsten im Alpenvorland zählen (s. Sehens- und Wissenswertes). Der zweispurige Feldweg hinter dem Aussichtspunkt bringt uns dann nach **Irschenberg**.

## Tipp des Tages

Wenn Sie zum Weiler Pfisterer kommen, bietet sich ein Abstecher zum gut 1,5 km entfernten Reichersdorf an. Dort hat Erasmus Grasser, der berühmte Münchner Bildhauer des späten Mittelalters, in der Kirche einen wunderschönen spätgotischen Schnitzaltar (1506) hinterlassen. Bei Interesse sollten Sie rechtzeitig Verbindung mit der örtlichen Mesnerin aufnehmen, die Ihnen die Kirche aufschließt (Tel. 08020/17 64).

Der Grasser-Altar
in Reichersdorf

**Abschnitt Irschenberg – Bruckmühl.** Der Rest der Strecke ist Radlgenuss pur und schnell beschrieben. Am Gasthof zur Post in Irschenberg geht es rechts ab Richtung Obholz und nach 100 Metern links Richtung Buchfeld/Lanzing. Die Abzweigung nach Lanzing folgt nach 500 Metern. Die Abfahrt von 4 Kilometern hinunter nach Götting entschädigt für alle Mühen: ein verkehrsarmes, abfallendes Asphaltsträßchen, bäuerliche Idylle und Ausblicke auf Berge und Rosenheimer Becken. Am Waldende im Talgrund grüßt die Kirche von **Götting** herüber. An der Durchgangsstraße in Götting geht es drüben geradeaus weiter und dann auf der Mühlenstraße hinunter zur Mangfallbrücke. Drüben nutzen wir links den geschotterten Uferweg, der uns mit reizvollen Ausblicken auf die Mangfall, ihre kleinen Kaskaden und die sattgrünen Hänge nach ca. 4 Kilometer zur Bruckmühler Mangfallbrücke zurückbringt.

Im Weiler Schwaig stürmt
eine kleine Schafherde an den
Zaun, wenn man als Radler
kurz stehen bleibt.

## Sehens- und Wissenswertes

Irschenberger Aussicht: Die Aussichtskanzel 500 Meter südlich von Irschenberg eröffnet einen wunderschönen Landschaftsrahmen: Unten sehen wir die Höfe des Weilers Wöllkam und im Mittelgrund das sanft gewellte Hügelland rund um den Auerberg mit der allseits bekannten Wallfahrtskirche Wilparting. Ganz hinten erhebt sich die Alpenkette, auf einer Breite von gut 100 Kilometern vom Blomberg bis hinüber zum Hochstaufen.

# 30 Königstour durch die Tegernsee-Region

schwierig 51 km 400 m 5.45 Std.

**Route**
Tegernsee – Rottach (km 3) – Moni-Alm (km 11) – Parkplatz Valepp (km 17,9) – Spitzingsee (km 23.2) – Schliersee Süd (km 31,8) – Hausham (km 37,6) – Ostin (km 44,3) – Tegernsee (km 51)

**Verkehr**
Vor Rottach und ab Spitzingsee verstärkt, sonst nur geringer bis mäßiger Verkehr oder verkehrsfrei.

**Steigungen**
Gesamt fast 11 km, davon ca. 6 km stärkerer Art. Hauptanstiege zur Moni-Alm und zum Spitzingsee. Mühsames Auf und Ab vor Ostin.

**Wegezustand**
Waldwege zwischen Hausham und Ostin manchmal holprig, sonst nur asphaltierte Straßen und Wege.

**Ausgangspunkt**
Bahnhof Ort Tegernsee

**Anfahrt**
Auto: A 8 bis AS Holzkirchen, dann B 318/B 307 bis Tegernsee. Ca. 53 km, Fahrzeit rund 50 Min. Bahn: Mehrmals täglich München–Tegernsee und zurück. Fahrzeit ca. 1 Std., Fahrradmitnahme möglich.

**Freibäder**
Ort Tegernsee, Rottach-Egern, Spitzingsee, Fischhausen, Schliersee (Campingplatz)

**Tourist-Info**
Tegernsee: Tel. 0 80 22/ 927 38 60, www.tegernsee. de; Schliersee: Tel. 0 80 26/ 60 65-0, www.schliersee.de

Diese Fahrt enthält alles, was eine unvergessliche Radltour ausmacht: anmutige Seenlandschaften ebenso wie raue Bergwelt, faszinierende Ausblicke, genussvolle Radlwege und auch kräftezehrende Aufstiege. Es geht vorbei am Tegernsee, Spitzingsee und Schliersee, aber auch an gemütlichen Gasthöfen und einladenden Badeplätzen.

## Streckenbeschreibung

Abschnitt Tegernsee (Ort)–Forsthaus Valepp. Mit einer kurzen Abfahrt vom Bahnhof hinunter zur Seestraße beginnt die Tour. Dem starken Verkehr Richtung Rottach weichen wir aus, indem wir den Gehsteig nutzen, der ohnehin wenig später Radweg wird. Er bringt uns an die Brücke in **Rottach**, wo wir drüben dem Ludwig-Thoma-Weg folgen. Es geht am Ufer der Rottach hinaus, wobei an der zweiten

> **»Liebliche Voralpenseen und die raue Bergwelt des Valeppgebiets – eine spannende Mischung auf dieser Drei-Seen-Tour!«**
>
> **Ingrid Lermer, Gmund**

Brücke ein Abstecher (200 m) zum Ludwig-Thoma-Haus in Tuften möglich wäre. An der vierten setzen wir auf der Kühzaglstraße fort, vorbei am Abzweig zum **Café Angermeier** und weiter mit schönen Ausblicken in parkartiger Landschaft über Erlach und Kühzagl an die Straße bei Enterrottach. Hier biegen wir links ab und packen die erste markante Steigung des Tages an. Nach drei mühevollen Kilometern erreicht man die **Moni-Alm** und nach weiteren 600 Metern Steigung die Passhöhe. Jetzt beginnt eine genussvolle Abfahrt von 5,5 Kilometern in herber Berglandschaft und entlang der Weißen Valepp hinunter zum Parkplatz des **Forsthauses Valepp**. Zum Forsthaus selbst sind es dann noch ungefähr 500 Meter.

**Abschnitt Forsthaus Valepp–Hausham.** Am Parkplatz geht die Straße zum Spitzingsee ab, nun entlang der Roten Valepp und auch hier vorerst durch raues bewaldetes Bergland. Dann, kurz vor dem Spitzingsee, erreichen wir offene Landschaft mit reizvollen Ausblicken. An der Schranke im Ort **Spitzingsee** liegt der zweite Hauptanstieg des Tages hinter uns, immerhin gut 2 Kilometer lang. Es geht aber mit schöner Sicht auf den Spitzingsee und die umgebenden Berge noch einmal 1 Kilometer nach oben bis zum Spitzingsattel (1127 Hm). Dann endlich läuft das Radl von alleine, fast 4 Kilometer bis kurz vor die B 307.

Dort folgen wir links dem Fußweg, der Teil des Fernradwegs Bodensee–Königssee ist. Gegen Ende überquert man den Steg und gelangt über die Schönfeldstraße und am Dürnbach entlang zur Kirche an der Josefstaler Straße und rechts zur Ortsmitte **Neuhaus**. Nun steuern wir den Bahnhof an, unterqueren nach 200 Metern die Bahn (Radschilder) und gelangen in **Fischhausen** an den **Schliersee**. Auf unserer Fahrt am Westufer nach Norden bieten sich reizvolle Ausblicke. Am Ende des Uferwegs folgen wir der Westerberg- und Breitenbachstraße bis zur Schlierachstraße (ggf. Abstecher in den Ort Schliersee), auf der wir zur großen Tegernseer Straße in **Hausham** kommen.

Einst Benediktinerkloster, später königliche Sommerresidenz, heute Gymnasium: der mächtige Komplex des Tegernseer Klosters

*Tipp des Tages*

Bei über 50 km Streckenlänge und 6 km stärkeren Anstiegen bleibt nicht mehr viel Zeit und Kraft für Sonderaktionen. Deshalb die Empfehlung: Radeln Sie mit wachen Sinnen aus der lieblichen Seenlandschaft hinein in die raue Bergwelt zwischen Weißer und Roter Valepp. Es gibt einiges zu sehen – weniger Sensationen als vielmehr liebenswerte Kleinigkeiten.

**Abschnitt Hausham–Tegernsee.** Wir fahren auf dem Radweg nach Westen hinaus und biegen nach 700 Metern links in die Nagelbachstraße (Radschilder) ab. 400 Meter weiter führt rechts ein Asphaltsträßchen hoch zum **Gschwendthof**. Dort setzt sich die Route auf stellenweise ruppigem, aber gut beschildertem Waldweg fort, allerdings bei beschwerlichem Auf und Ab. Später macht sie einen Rechtsknick und bringt uns nach einer Abfahrt links (Gatter) hoch zum Weiler Oberschuß. Von dort leiten uns die Radschilder bis **Ostin**, das wir links umfahren, um an der

Reizvolle Ortsansicht von Rottach-Egern mit St.-Laurentius-Kirche und Wallberg (rechts)

nächsten Kreuzung wieder links Richtung Gasse abzubiegen. 700 Meter danach erneut eine markante Linksabzweigung, der gleich eine Wegegabelung folgt, an der wir rechts hinunterkommen an die **B 307** im Ortsteil Am See. Nun geht es auf Radweg am Ufer entlang, reizvolle Blicke auf See und Berge eingeschlossen, durch St. Quirin hindurch und zurück zum Kloster **Tegernsee**. Der letzte Kilometer (ohne Radweg) ist wieder von starkem Verkehr bestimmt.

### Sehens- und Wissenswertes

Beherrschend in **Tegernsee** ist das ehemalige Benediktinerkloster St. Quirin mit bedeutsamer Klosterkirche (Stuck, Asam-Fresken). Be-

*Einkehr*

Ort Tegernsee: Bräustüberl (T): Tel. 08022/41 41; Schlossrestaurant (T): Tel. 08022/45 60; Rottach-Berg: Angermaier (B/T): Tel. 08022/92860; Schliersee: Café Milchhäusl (T): Tel. 08026/46 76

suchenswert auch das Museum Tegernseer Tal für Kultur und Geschichte (Sommer Di–So 10–13 Uhr) und das Olaf-Gulbransson-Museum für Graphik und Kultur (Di–So 10–17 Uhr). In **Rottach** lohnt ein Besuch des Ludwig-Thoma-Hauses. Etwas abseits der Route die spätgotische Kirche St. Laurentius mit wertvoller Barockausstattung. Im Ort **Schliersee** ist die St. Sixtuskirche von 1714 mit glanzvoller Einrichtung (Hochaltar, Stuck und Fresken, Figuren und Bilder) sehenswert, aber auch das Heimatmuseum im Schrödlhaus (15. Jh.).

*Linke Seite oben: Forsthaus Valepp, auch ein beliebter Radlertreff, trotz rauer und steigungsintensiver Gegend*

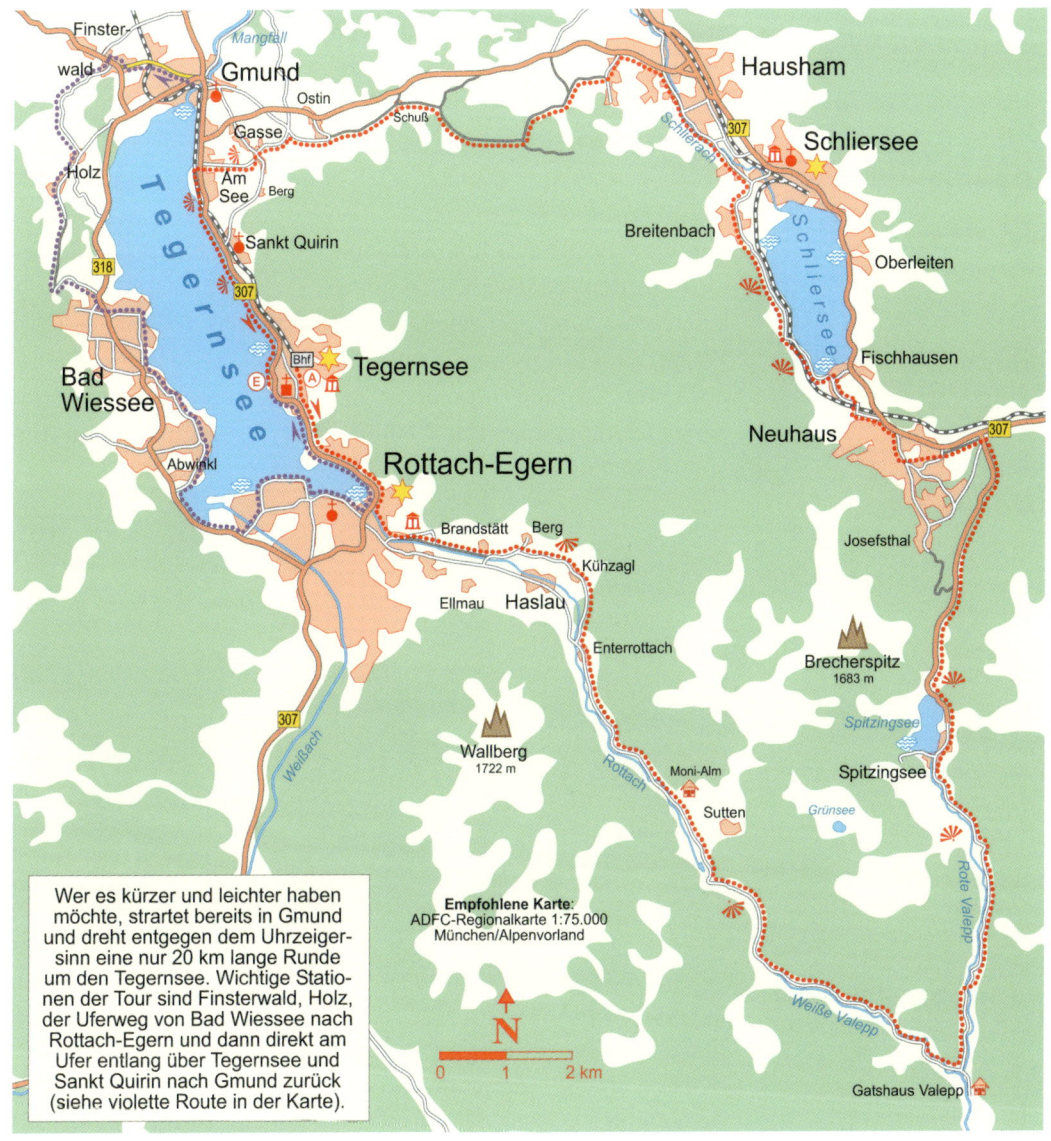

Wer es kürzer und leichter haben möchte, startet bereits in Gmund und dreht entgegen dem Uhrzeigersinn eine nur 20 km lange Runde um den Tegernsee. Wichtige Stationen der Tour sind Finsterwald, Holz, der Uferweg von Bad Wiessee nach Rottach-Egern und dann direkt am Ufer entlang über Tegernsee und Sankt Quirin nach Gmund zurück (siehe violette Route in der Karte).

**Empfohlene Karte:**
ADFC-Regionalkarte 1:75.000
München/Alpenvorland

# 31 Liebliche Hochtäler über der Mangfall

leicht　37 km　170 m　3.45 Std.

### Route
Miesbach – Gotzinger Trommel (km 8,1) – Daxer (km 11,8) – Einhaus (km 15,1) – Meister (km 19,2) – Müller am Baum (km 24,2) – Krauthof (km 28,9) – Gieshof (km 32,5) – Miesbach (km 37)

### Verkehr
In Miesbach verstärkt, sonst meist wenig, streckenweise auch ohne Verkehr.

### Steigungen
Gesamtlänge ca. 3 km, davon gut 1200 m stärker ansteigend. Längere Anstiege vor Gotzing, Lichtenau und zum Gieshof hoch.

### Wegezustand
Schotterstrecken an Mangfall und Schlierach gut befahrbar. Aufstieg Gasteig (200 m) steil und holprig.

### Ausgangspunkt
Bahnhof Miesbach

### Anfahrt
Auto: A 8 bis AS Weyarn, dann Staatsstraße 2073 nach Süden. Ca. 47 km, Fahrzeit ca. 40 Min. Bahn: Mehrmals täglich, München–Miesbach (direkt) und zurück. Fahrzeit ca. 40 Min., Fahrradmitnahme möglich.

### Freibäder
Miesbach (Badstraße), Gmund am Tegernsee

### Tourist-Info
Miesbach: Tel. 0 80 25 / 70 00-0, www.miesbach.de; Gmund: Tel. 0 80 22 / 7060350, www.gmund.de

Die parkartigen Hochtäler beiderseits des Mangfalltals waren und sind ein Geheimtipp für Genussradler. Noch werden sie vom Ausflugsstrom gemieden, sodass Ihnen diese anmutige Hügellandschaft mit ihren Gebirgsbildern und schmucken Höfen fast alleine gehört. Steigungen und Verkehr halten sich in Grenzen, die Wege sind angenehm zu fahren.

## Streckenbeschreibung
**Abschnitt Miesbach–Bernloh.** Ab Bahnhof verlässt man über Wallenburger- und Schützenstraße die Stadt und radelt an der Bahn und im anmutigen Schlierachtal nach Norden. Knapp 3 Kilometer nach dem **Klärwerk** überqueren wir die Bahn, fahren drüben rechts weiter und gelangen im Mangfalltal zu Gebäuden des **Wasserwerks** München. 200 Meter danach läuft links eine Straße hoch zum Gasthaus **Gotzinger Trommel**. An der dortigen Straßengabelung wählen wir die linke Abzweigung und treten nun

ein in ein landschaftlich besonders reizvolles Gebiet mit Wiesen, alten Bäumen und gepflegten Höfen. Es ist eine Haglandschaft, in der Felder mit Baumzeilen abgegrenzt sind, um Winde abzumildern und Schatten zu spenden. Wir radeln unter anderem am Zehenthofer vorbei, der Kunstausstellungen veranstaltet, dann

an der Abzweigung nach Wall und erreichen 2 Kilometer nach dem Ludwigerhof **Einhaus**, wo wir schließlich links nach Bernloh gelangen.

Hochtal zwischen Gotzing und Einhaus – eine stimmungsvolle Parklandschaft wie fürs Radeln geschaffen

**Abschnitt Bernloh–Miesbach.** Um die landschaftliche Schönheit dieser Region näher kennenzulernen, wählen wir nun eine etwas unruhige Route mit häufigem Richtungswechsel, die Sie aber sicher genießen werden. Von Bernloh fährt man mit schöner Aussicht Richtung Wall weiter, biegt am **Café Waldeck** links und knapp einen Kilometer danach an der kleinen Kapelle rechts ab. Auch hier wieder attraktive Gegend und gute Bergsicht mit dem Wendelstein als Blickfang. Nach den Höfen Rechtal, Hairer und **Hochleiten** schwenken wir an der nächsten Kreuzung rechts ein und nehmen mit Alpensicht Kurs auf **Wall**. Dort an der Durchgangsstraße geht es links hinunter zur B 472, über die große Mangfallbrücke und gleich danach links ins **Mangfalltal**. Der dicht umwachsene Schotterweg läuft die nächsten 3 Kilometer ins Tal, dann führt rechts ein steiler Schotterweg 200 Meter hinauf nach **Gasteig**. Wir plagen uns trotzdem hoch, um einen rund 5 Kilometer langen Umweg zu vermeiden. Jetzt geht es hinüber zum Krauthof und davor rechts ab durch die Gemarkung der **Unteren Wies**. Nach 1 Kilometer folgt eine Gabelung, dort rechts, weiter nach **Lichtenau** hoch und dann wieder hinunter zur B 472. Wir unterqueren sie linker Hand und setzen drüben Richtung Thalhammer fort. Hier radeln wir durch die **Obere Wies**, land-

*Einkehr*

Miesbach: Bräuwirt (T): Tel. 08025/56 33; Gotzing: Gotzinger Trommel (T): Tel. 08020/17 28

Linke Seite: Der Marktplatz in Miesbach bildet das behäbig wirkende Zentrum der Kreisstadt.

## Tipp des Tages

2 km nach dem Start passiert man im Schlierachtal das Schloss und Biogut Wallenburg mit eigenem BioMarkt. Im Angebot: u. a. erntefrisches Obst und Gemüse, Käse- und Fleischspezialitäten sowie frische Brot- und Backwaren – alles streng nach den Vorgaben des Bioland-Verbands erzeugt (geöffnet Mo–Sa 8.30–12.30 Uhr, Mi/Fr 8.30–18 Uhr). Hinauf gelangt man auf einem Kiesweg, 150 m nach der Kläranlage.

schaftlich übrigens ebenso ansprechend, und gelangen auf leicht ansteigender Strecke zum **Gieshof**. Nun folgt wieder eine genussvolle Abfahrt. Wir schwenken an der Kapelle links ein und lassen das Radl laufen, bei prächtigen Blicken auf Land und Berge. Nach 1,5 Kilometern geht es rechts ab nach **Reit** und an der Querstraße nach dem Weiler links Richtung Miesbach. Passiert werden die Anwesen Au und Mühlstatt, dann unterquert man die B 472, radelt danach rechts über die Gleise und nutzt gleich den links abgehenden Radweg Richtung Zentrum.

**Alternativroute über Gmund.** Ab Bernloh kann man auch eine Route über Gmund nach Miesbach wählen. Dazu fährt man über Bürg, Laffenthal und Zahlersberg nach **Festenbach**, dort hinunter ins Mangfalltal und weiter nach **Gmund**. Zurück radelt man wieder ins Mangfalltal, bleibt nun für gut 3 Kilome-

Alpengipfel und Kirchturm, ein echt bayerisches Motiv, wie hier beim Blick über Wall auf den Wendelstein

ter entlang der Mangfall und schiebt dann rechts hinauf nach **Schmerold**. Wieder durchqueren wir reizvolle oberbayerische Hügellandschaft, die prächtige Ausblicke bietet. Über Grund und **Waldhof** geht es links hinüber zum Giglberg und weiter zur Kapelle am **Gieshof**. Hier stoßen wir wieder auf die oben beschriebene Route. Dieser Weg ist um rund 3,5 Kilometer kürzer als die Originalroute.

## Sehens- und Wissenswertes

Miesbach: Kreisstadt mit denkmalgeschütztem Ortskern. Ein Spaziergang lohnt sich wegen der stattlichen Plätze, schönen Bürgerhäuser und idyllischen Winkel. Die Stadt ist weithin bekannt als Zentrum von Märkten (Bauern- und Tiermärkte, Kunsthandwerkermarkt, Traditions- und Trachtenmarkt) und als Wiege der Trachtenbewegung. Sehenswert sind die Kirche Mariä Himmelfahrt (Kreuzigungsgruppe und Holzreliefbilder) und das Heimatmuseum, das nur noch für Gruppen zu besichtigen ist (Tel. 080 25 / 70 00-0). Eine Auswahl an Objekten gibt es online.

Gmund: Luftkurort am Nordrand des Tegernsees, dessen Pfarrkirche reich ausgestattet ist, u.a. mit Hochaltar von Hans Georg Asam, einem Holzrelief von Ignaz Günther sowie spätgotischen Tafelbildern und Grabdenkmälern. Im Jagerhaus von 1793 ist ein Heimatmuseum (Fr, So und Mo 14–17 Uhr) eingerichtet.

Links: Bäuerliche Idylle auf dem Loferer Hof in der Unteren Wies bei Miesbach

Mangfalltal: Landschaftlich ansprechende Tallandschaft zwischen Gmund und Rosenheim, mal parkartig, mal wildromantisch. Bei Grub existiert eine erdgeschichtlich interessante plötzliche Flussbiegung nach Südost (Mangfallknie).

Die viel verehrte thronende Muttergottes vom Ende des 15. Jh. am linken Seitenaltar der Gmunder Pfarrkirche

# 32 Alpenbilder im Dietramszeller Land

schwierig · 40 km · 100 m · 4.15 Std.

## Route
Dietramszell – Föggenbeuern (km 4,7) – Peretshofen (km 9,5) – Obermühlthal (km 16,6) – Hechenberg (km 21) – Kirchbichl (km 26) – Kirchsee (km 30,5) – Dietramszell (km 40)

## Verkehr
Lebhaft nur in und um Dietramszell, sonst nur geringer, streckenweise ganz fehlender Verkehr.

## Steigungen
Gesamtlänge knapp 6 km, davon ca. 2,7 km stärker ansteigend.
Hauptanstieg vor Schnaitt (800 m), sonst nur kürzere Steigungen.

## Wegezustand
Gröberer Schotterbelag u. a. bei Schnaitt, am Kirchsee und besonders im Zeller Wald.

## Ausgangspunkt
Klosterkirche Dietramszell

## Anfahrt
Auto: A 995 bis AS Oberhaching, dann Staatsstraße 2368 über Oberbiberg–Endlhausen–Linden. Ca. 35 km, Fahrzeit ca. 50 Min. Bahn: Kein Bahnanschluss. Nächster Bahnhof in Schaftlach (ca. 6 km bis Reutberg).

## Freibäder
Koglweiher bei Abrain, Kirchsee, Waldweiher Dietramszell

## Tourist-Info
Dietramszell: Tel. 0 80 27/ 90 58-0, www.dietramszell.de

Die Dietramszeller Gegend liegt abseits der großen Ausflugsströme. Einige ihrer Trumpfkarten sind Beschaulichkeit, blumengeschmückte Höfe und faszinierende Gebirgsblicke, nicht zu vergessen die prachtvolle Barockkirche in Dietramszell als Kunstzentrum der Region. Radeln um Dietramszell ist aber auch kräftezehrendes Auf und Ab!

## Streckenbeschreibung
Abschnitt Dietramszell–Kirchbichl. Bei dieser Tour starten wir an der Klosterkirche Dietramszell. Zunächst schieben wir die Münchner Straße hoch, biegen dann rechts in die Nordhof- und gleich wieder links in die Rieder Straße und radeln hinaus in die offene Landschaft. Endpunkt ist der Wei-

ler **Ried**, wo man direkt vor dem alten Hof Nr. 5a links abbiegt. Das Sträßchen geht in einen Feldweg über, der uns hinunterbringt zur Kirche **St. Leonhard**. Wir radeln an ihr vorbei, bleiben auf dieser stillen Straße und erreichen bald **Foggenbeuern**. In der Ortsmitte geht es rechts Richtung Harma-

ting hinauf und nach 400 Metern links auf ein nach Westen weg-
laufendes Sträßchen. Hier bietet sich – erstmals auf dieser Fahrt –
ein hinreißendes Alpenpanorama, klare Sicht vorausgesetzt. Wir
kommen zurück an die Straße von Foggenbeuern, biegen rechts
ab und durchqueren nun in Geradeausfahrt zuerst Kleineglsee,
danach den Weiler Emmerkofen, um 200 Meter danach links
Richtung **Podling** einzuschwenken. Nachdem wir diesen Weiler
hinter uns gelassen haben, öffnet sich wenig später erneut ein
schöner Blick, diesmal auf **Peretshofen** und sein Bergpanorama.
Durch bäuerliche Gemarkung gelangen wir in dieses Dorf,
machen einen kurzen Abstecher zur
bekannten Peretshofer Höhe mit ihrer großartigen Aussicht und radeln
dann den Breitenweg hinaus bis zum
Ortsschild. Dort biegen wir links auf
den Schotterweg ein und folgen dann
bei anhaltend prächtiger Bergsicht
dem Stockacher Weg nach Südosten.
Er führt über eine Straße hinweg nach
**Punding** hinauf, wo wir wieder das
Panorama bestaunen und links den
Weiler durchfahren. Später gelangt man
nach **Manhartshofen** mit seinen schönen Höfen und schwenkt kurz vor Than-
kirchen rechts ein, um nach genussvoller
Abfahrt an der Straße nach Dietramszell
zu landen. Es geht links weiter bis zur Straße Dietramszell–Bad
Tölz, wo wir ein Stück den Radweg nach rechts nutzen können,

Weiter Blick von der Peretshofer
Höhe über das herbstliche Isartal
hinweg zur Alpenkette mit der
Zugspitze (Mitte)

Linke Seite: Weithin bekannt
und beliebt: der intime Biergarten beim Jägerwirt in Kirchbichl

## Tipp des Tages

Wenn Wetter und Terminplan passen,
verlegen Sie doch die Radtour auf den Tag
im Juli, an dem der über Dietramszell hinaus
bekannte Leonhardiritt stattfindet (Auskunft
Tel. 08027/90 58-0). Dann ziehen festlich
geschmückte Rösser und Truhewagen durch
das Dorf und hinaus zur St.-Leonhards-Kirche,
wo Ross und Reiter den kirchlichen Segen
empfangen.

um dann 500 Meter nach dem **Gasthof Liegl** rechts nach **Niederreuth** abzubiegen. Der Schotterweg führt mit Ausblicken nach Norden 1,5 Kilometer nach oben an eine Asphaltstraße, wo wir rechts an Walleiten vorbei nach **Hechenberg** kommen. Die früher gerühmte Aussicht dort ist durch Baumwuchs inzwischen ziemlich eingeschränkt, leider auch auf der schönen Terrasse des Moar-Wirts. Hinaus und hinunter geht es wieder auf der Sonnenlängstraße. An der nächsten Gabel halten wir uns links, müssen einen markanten Anstieg bewältigen und gelangen rechts nach **Schnaitt**. Wenn wir uns dort links halten, münden wir in einen Feldweg, der nach 800 Metern auf einem Asphaltweg stößt. Dort kommt man links nach **Kirchbichl** und dem weithin bekannten Wirtshaus Jägerwirt.

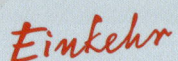

**Einkehr**

Dietramszell: Klosterschänke: Tel. 08027/90 45 00; Hechenberg: Moarwirt (T): Tel. 08027/10 08; Kirchbichl: Jägerwirt (B): Tel. 08041/ 95 48; Reutberg: Bräustüberl (T): Tel. 08021/86 86

**Abschnitt Kirchbichl – Dietramszell.** Nachdem wir uns in dem urgemütlichen Biergarten gestärkt haben, geht es nach Osten hinaus und nach 500 Metern scharf links ab nach **Abrain**. Hinter diesem Weiler passiert man den Koglweiher und wird nach weiteren 350 Metern rechts in Richtung **Kirchsee** gelenkt. Die nächsten 3 Kilometer führen durch Wald und reizvolle Moorwiesen, aber auch rund 400 Meter direkt am Seeufer entlang, wo man baden kann und wo sich faszinierende Ausblicke u. a. auf **Kloster Reutberg** und auf das Karwendelgebirge eröffnen. 1,5 Kilometer nach dem Kiosk dann die Straße nach Sachsenkam, wo man rechts zum Kloster Reutberg fahren kann, links aber über Stubenbach und Babenberg und nach kräftiger Steigung die Linksabzweigung nach Pelletsmühl erreicht. Genussvoll lassen wir das Rad nach unten laufen bis Pelletsmühl, malerisch auf einer Lichtung gelegen, dann warten in der Folge noch einmal zwei Anstiege auf uns, bevor schließlich eine Abfahrt im Zeller Wald nach **Dietramszell** zurückführt. Dieses letzte Teilstück im Wald ist leider nicht die reine Freude, denn es verläuft auf grobem Schotter und verlangt einige Vorsicht.

Einer der schönen Höfe in Manhartshofen nahe Dietramszell mit reichem Fassadenschmuck

## Sehens- und Wissenswertes

Dietramszell: Hauptsehenswürdigkeit des Ortes und der Region ist die Klosterkirche des ehemaligen Augustinerchorherrenstifts, das 1102 gegründet wurde. Die Kirche wurde 1729 neu gebaut, heute ist sie eine der glanzvollsten Barockkirchen in Oberbayern. Besonders herauszuheben sind die prächtige Altaranlage, der feine Stuck und die farbenfrohen Deckengemälde. Mitgewirkt haben führende Künstler ihrer Zeit, so Johann Baptist Zimmermann (u. a. Stuck, Fresken, Altargemälde) und Franz Xaver Schmädl (Figuren). Im Wald südlich von Dietramszell liegt die Wallfahrtskirche Maria Elend von 1690.

Unten links: Ihr glanzvolles Raumensemble in Weiß-Gold stellt die Dietramszeller Klosterkirche in die Reihe der schönsten Kirchen Oberbayerns.
Unten: Familientreff am Kirchsee vor dem Hintergrund der Alpenkulisse

Kloster Reutberg: Die Kirche des Franziskanerinnenklosters wurde 1735 neu errichtet und besitzt ein Loretohaus (Vorbild Loreto in Italien) mit prächtigem Barockaltar und Gnadenbild.

Ernsthafte Konkurrenz zur Kirche ist das Bräustüberl und vor allem dessen Biergarten, wo man Brotzeit und Karwendelblick in angenehmer Weise miteinander verbinden kann.

Der nahe gelegene **Kirchsee**, ein warmer Moorsee mit Alpenblick, lädt zum Baden ein.

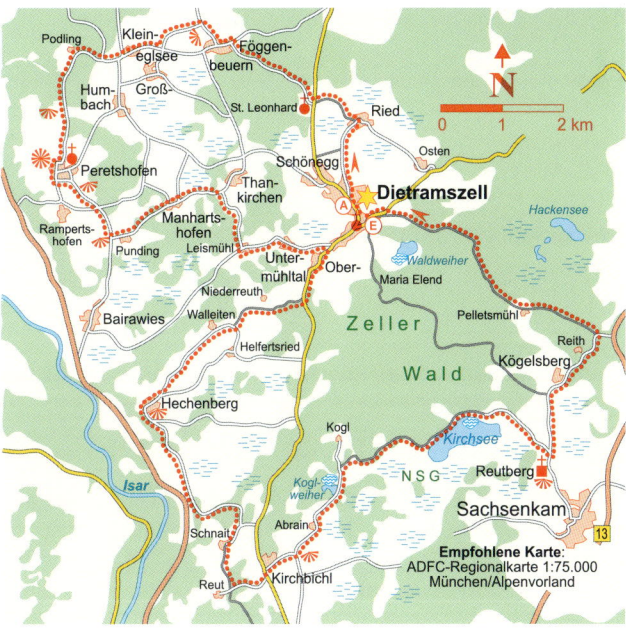

# 33 Ein schöner Radltag im Isarwinkel

leicht    28 km    110 m    2.45 Std.

### Route
Bad Tölz – Sonnershof (km 3,6) – Wackersberg (km 5,3) – Lehen (km 7,2) – Arzbach (km 11,2) – Lenggries (km 15,8) – Grundnern (km 21) – Mühle (km 24,1) – Bad Tölz (km 28)

### Verkehr
Nur in Bad Tölz und Lenggries lebhaft, sonst kaum störender Verkehr.

### Steigungen
Gesamtlänge ca. 3 km, davon 1,3 km stärker ansteigend. Markanter Anstieg zum Sonnershof, langgezogene flache Steigung am Steinbach.

### Wegezustand
Einige längere Schotterabschnitte, bis auf kurze Stellen problemlos zu befahren. Sonst nur Asphalt.

### Ausgangspunkt
Bahnhof Bad Tölz

### Anfahrt
Auto: Staatsstraße 2072 über Grünwald–Egling–Ascholding. Strecke ca. 47 km, Fahrzeit ca. 1:15 Std. Bahn: Mehrmals täglich München–Bad Tölz (direkt) und zurück. Fahrzeit 50 Min., Fahrradmitnahme möglich.

### Freibäder
Bad Tölz (Eichmühle), Arzbach, Lenggries Isarwelle

### Tourist-Info
Bad Tölz: Tel. 0 80 41/78 67-0, www.bad-toelz.de; Lenggries: Tel. 0 80 42/500 88 00, www.lenggries.de

## Ein schöner Radltag im Isarwinkel

Eine der beliebtesten Radrouten im Tölzer Land ist die Strecke zwischen Bad Tölz und Lenggries. Üblicherweise fährt man an der Isar entlang, wir aber weichen auf die Hochufer aus und liefern damit neue und landschaftlich reizvolle Perspektiven. Trotz einiger Anstiege bleibt die Tour recht leicht und auch für ungeübte Radler machbar.

## Streckenbeschreibung

Abschnitt Bad Tölz–Lenggries. Erstes Ziel kann natürlich nur die Marktstraße sein, die man über Bahnhof- und Salzstraße erreicht. Dort geht es (schiebend) zur Isarbrücke hinunter und drüben auf der Badstraße weiter ins Bäderviertel. Auf der rechts abgehenden Schützenstraße verlassen wir die Stadt, müssen zunächst eine kräftige Steigung (ca. 500 m) bewältigen und folgen oben dem rechts wegführenden Sonnershofweg. Er bringt uns in attraktiver Gegend mit alten Bäumen und weiten Ausblicken nach **Sonnershof**, wo man links über Burger nach **Wackersberg** kommt. Nach dem Gasthof Altwirt mit verlockendem Biergarten geht es nach rechts auf die Lehenstraße und in schmucker

Voralpenlandschaft hinunter zur Pestkapelle und zum Weiler **Lehen**. Halten Sie sich dort links, bis Sie auf eine Querstraße treffen, die rechts zur großen Straße Bad Tölz–Lenggries führt. Unser nächstes Ziel ist **Arzbach**. Um dorthin zu gelangen, biegen wir rechts ab und müssen nun für knapp 1 Kilometer eine etwas stärker befahrene Straße nutzen. In Arzbach folgen wir rund 300 Meter nach der Kirche dem rechts Richtung Wegscheid/Leger hochführenden Sträßchen. Der nächste Abschnitt von rund 3 Kilometern bis zur Kaserne in Lenggries verläuft zwar abseits des Verkehrs, aber im ständigen Auf und Ab und mit vielen Einmündungen in andere Straßen und Wege. Richten Sie sich stets nach den Schildern Wegscheid/Leger. In Schlegldorf an dem Firmengelände bleiben Sie links auf dem Schotterweg (nicht rechts steil hoch!), und in Kranzer halten Sie sich an der Gabelung rechts. Bald darauf geht es an der Kaserne entlang und an der nächsten Straßengabelung links hinunter über die Isarbrücke nach **Lenggries** hinein.

Oben: Über weite, parkartige Wiesenlandschaft blickt man auf Wackersberg.

Linke Seite: Einer der attraktivsten Straßenzüge im Alpenvorland: die Tölzer Marktstraße mit dem Winzererdenkmal, eine schon ältere Aufnahme

*Einkehr*

Bad Tölz: Ratskeller (T): Tel. 08041/ 419 54; Kolberbräu (T): Tel. 08041/ 768 80; Wackersberg: Altwirt (B): Tel. 08041/48 12; Lenggries: Altwirt (B): Tel. 08042/973 20; Gaißach: Zachschuster (T): Tel. 08041/92 11

**Alternative Route an der Isar.** Nach Lenggries kommen Sie auch, wenn Sie ab Bad Tölz am Isarwestufer entlangradeln, am Isarsteg auf Höhe von Arzberg das Ufer wechseln und dann auf dem Uferweg neben der Bundesstraße 13 die Reststrecke nach Lenggries zurücklegen. Dieser Weg ist um gut 4 Kilometer kürzer als

der über Wackersberg und erspart rund 1 Kilometer Anstiege.

**Abschnitt Lenggries–Bad Tölz.** Ab Kirche radeln wir zunächst auf der Markt- zur Tölzer Straße und dann rechts in die Sonnleitenstraße. Sie geht über in einen Schotterweg (Schild Bad Tölz), der über den Tratenbach hinweg zum **Steinbach** läuft, wo wir rechts abbiegen und am Bach entlang bei ständig leichter Steigung nach Nordosten fahren. Nach knapp 1,5 Kilometern wechseln wir das Ufer, bleiben nochmals 600 Meter am Steinbach und bie-

**Empfohlene Karte**:
ADFC-Regionalkarte 1:75.000
München/Alpenvorland

gen dann links ab. Gleich darauf mündet der Weg in ein Asphaltsträßchen, das wieder in besonders reizvoller Landschaft leicht abfallend nach Norden führt, zunächst über **Grundnern**, dann Ober- und Unterreut und schließlich über Wetzl nach **Mühle** (oder Mühl). Ein Stück Genussradeln! In Mühle biegen wir links in den Scharwinkelweg ab, unterqueren wenig später die Bahnlinie und schwenken direkt danach rechts auf den Feldweg. Er leitet uns an der Gaißach entlang zu einem Tölzer Ortsteil südlich der B 472, und zwar an die Edelweißstraße. Hier geht es rechts ab, über einen Links-/Rechtsschwenk der Edelweißstraße weiter in die Enzianstraße und auf ihr zu einer großen Straßenunterführung. Direkt danach biegen wir rechts ab (Rad-/Fußgängerschild) und erreichen dann auf der Sonnenleitenstraße in gerader Linie das Zentrum und die Marktstraße von **Bad Tölz**.

**»Ein neues Frühjahr zu erleben, halte ich jedes Mal für eine Gnade Gottes.«**

**Helmuth Graf von Moltke**

## Sehens- und Wissenswertes

**Bad Tölz:** Bereits im 13. Jh. Markt, 1453 Großbrand, 1846 Entdeckung der Jodquelle, 1906 zur Stadt erhoben. Heute ein Kurbad von internationalem Ruf. In der Altstadt östlich der Isar die historische Marktstraße mit flach giebeligen, stuckierten und bemalten Bürgerhäusern sowie dem Winzererdenkmal und Marienbrunnen, zusammen eines der schönsten Straßenbilder Bayerns.

Hervorzuheben sind auch die Kirche **Mariä Himmelfahrt** von 1453 (u. a. Muttergottes im Triumpfbogen, Grabsteine), die **Mühlfeldkirche** (Stuck und Fresken) und das **Heimatmuseum** (Do–So 10–17 Uhr), eines der reichhaltigsten in Südbayern, mit Sammlungen zur Volkskunst im Isarwinkel (u. a. Möbel, Trachten, Hinterglasbilder) und Informationen über die Tölzer Geschichte.

Die Leonhardkapelle auf dem Kalvarienberg ist alljährlich am 6. November Ziel der berühmten **Leonhardifahrt**. Sie gilt als eines der farbenprächtigsten Kirchenfeste Bayerns und bietet mehr als 80 prächtig geschmückte Tafel- und Truhenwagen auf, die mit Geistlichkeit, Stadtrat und Frauen in Tölzer Tracht besetzt sind.

**Lenggries:** Die Kirche St. Jakob stammt von 1722 und besitzt noch Altäre, Kanzel und Fresken aus der Erbauungszeit. Das Tiermuseum mit präparierten Tieren aus Mitteleuropa ist derzeit geschlossen, eine Wiedereröffnung ist nicht absehbar. Themen des Heimatmuseums (Mo–Fr 9–12/14–17 Uhr) sind u. a. Geschichte und Handwerk.

## Tipp des Tages

Zurück von der Radtour, sollte man neben diversen Besichtigungen auch einen Spaziergang zum Kalvarienberg in Bad Tölz machen (1,2 km retour). Er ist nicht nur Ziel der alljährlichen Leonhardifahrt (s. Wissenswertes), sondern bietet auch prächtige Ausblicke auf Stadt, Isartal und Berge. Ab der Marktstraße geht's durch Jäger- und Nockhergasse zum Maierbräugasteig und nach 50 m links auf dem Kiesweg hinauf.

Linke Seite oben: Die Jakobuskirche in Lenggries mit Laternenturm wurde 1722 erbaut.

Linke Seite unten: Zum Lenggrieser Landschaftsbild gehört stets die Bergkuppe des Brauneck.

# 34 Durch die Jachenau zum Walchensee

mittel    43 km    175 m    4.15 Std.

### Route
Leger – Rehgrabenalm (km 4,4) – Höfen (km 9,5) – Jachenau (km 15,8) – Sachenbach (km 20,8) – Niedernach (km 25,8) – Jachenau (km 30,3) – Tannern (km 37,9) – Leger (km 43)

### Verkehr
Straße Jachenau–Leger verkehrsbetont, besonders am Wochenende, sonst so gut wie verkehrsfrei.

### Steigungen
Gesamtlänge ca. 3,8 km, davon 2,5 km stärker ansteigend. Hauptanstiege vor Rehgraben-Alm (1 km) und zur Fieberkapelle (1,5 km), sonst nur vereinzelte Steigungen.

### Wegezustand
Fast die Hälfte der Strecke Schotter. Grobbelag vor allem entlang Röhrmoosbach und vor Fieberkapelle.

### Ausgangspunkt
Leger Café Landerermühle, ca. 6 km südlich Lenggries

### Anfahrt
Auto: Staatsstraße 2072 bis Bad Tölz, dann B 13 bis Lenggries und erneut Staatsstraße 2072 bis Leger. Ca. 67 km, Fahrzeit ca. 1:15 Std. Bahn: Kein Bahnanschluss. Nächster Bahnhof in Lenggries.

### Freibäder
Badeplätze am Walchensee

### Tourist-Info
Lenggries: Tel. 0 80 42/ 500 88 00, www.lenggries. de; Jachenau: Tel. 0 80 43/ 91 98 91, www.jachenau.de

Im Talboden fast lieblich, an den Hängen karg, bewaldet und einsam – dieser Gegensatz in der Jachenau fasziniert viele Besucher. Auch wir lernen auf unserer Tour beide Welten kennen: die verlassene Bergregion der Rehgraben-Alm und die Bauernidylle zwischen Niggeln und Jachenau. Alles überstrahlendes Ziel der Tour aber ist der Walchensee.

## Streckenbeschreibung

Vorbemerkung: Bei Anreise mit der Bahn muss man die Tour in Lenggries beginnen, was hin und zurück 12 Kilometer mehr bedeutet, also insgesamt 55 Kilometer. Kommt man per Auto, erfolgt der Start in Leger. Sie können die Route nach Ihren Wünschen wählen. Hier wird die Hinfahrt über die Rehgraben-Alm und die Rückfahrt auf der Straße beschrieben. Man kann aber auch hin die Straße nutzen und zurück über die Rehgraben-Alm radeln. Die Straße ist wesentlich einfacher zu fahren, aber vor allem am Wochenende verkehrsreicher, die Route über die Rehgraben-Alm dagegen verkehrsfrei, aber in beiden Richtungen mit lang gezogenen kräftigen Anstiegen verbunden.

**Abschnitt Leger–Dorf Jachenau.** Ab Café Landerermühle geht es zu einer Brücke und danach rechts ab am Jachen entlang. Gelbe Schilder mit der Aufschrift »Jachenau« weisen den Weg. Nach 1,5 Kilometern folgt eine Gabelung, an der wir rechts fortsetzen. Wieder 1,5 Kilometer weiter stoßen wir auf eine Schotterstraße, wo wir links abbiegen und nun eine ziemlich steile Steigung von 1 Kilometer bezwingen müssen. Sie ist die Schlüsselstelle dieser Route und erfordert gute Kondition. Endlich erreichen wir die **Rehgraben-Alm** und radeln links hinein in ein einsames und unberührt wirkendes Hochtal, das besonderen landschaftlichen Reiz entfaltet. Dann münden wir in eine Schotterstraße und genießen ab hier eine 1500 Meter lange und stellenweise steile Abfahrt bis 400 Meter vor Höfen. Dort biegen wir links (Schild Niggeln) und nach der folgenden Brücke wieder rechts ab. Auf zum Teil nur pfadbreiten Wegen gelangen wir über die Weiler **Niggeln**, Achner, Fleck, Erbhof und Setzplatz nach **Jachenau**. Eine Serie malerischer Höfe und Weiler in parkartiger Landschaft am Jachen.

Oben: Die Rehgraben-Alm – einsam und verlassen in kargem, aber faszinierendem Bergland

Linke Seite: Schon wenige Kilometer nach der Rehgraben-Alm öffnet sich die Landschaft und bietet Ausblick auf den Talboden der Jachenau und die umgebenden Berge.

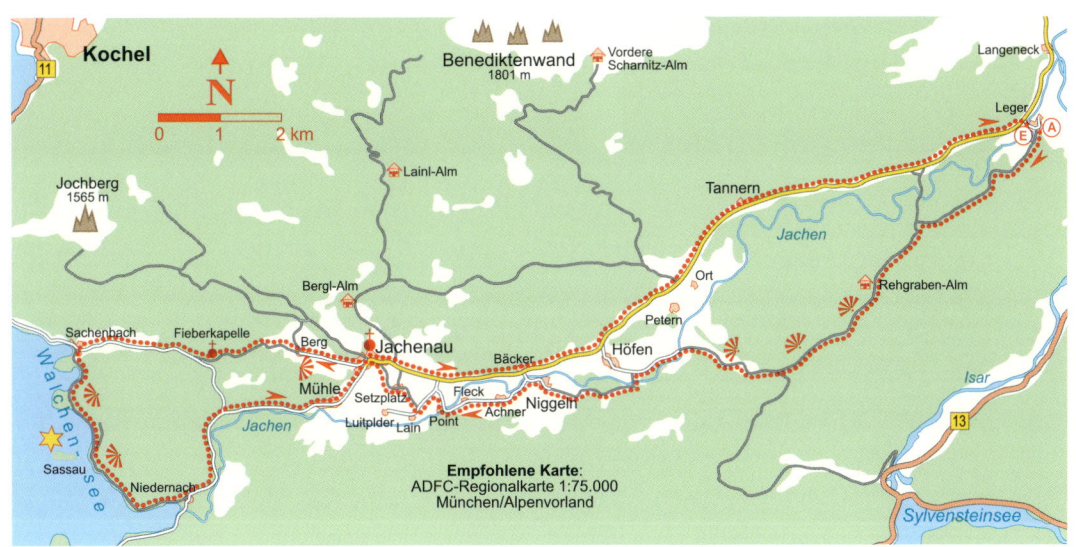

**Abschnitt Jachenau–Walchensee–Jachenau.** Vom Gasthof zur Post aus erreicht man den Weiler **Berg** nach lang gezogener Steigung und wählt 600 Meter danach an der Gabelung den rechten Weg. Vor uns liegt ein schwieriger Kilometer, denn es geht meist bergauf, und der Weg ist ziemlich holprig. Also schieben! Doch dann, kurz nach der Fieberkapelle, münden wir in ein Asphaltsträßchen und rollen in einem anmutigen Hochtal genussvoll nach **Sachenbach** hinunter. Dort biegen wir nach dem Weiler links auf den Uferweg nach Niedernach ab und müssen kurz darauf noch einmal eine Schiebestrecke von knapp 2 Kilometern in Kauf nehmen, diesmal aber, weil es ein Fußgängerweg ist. Er verläuft direkt am Ufer des Walchensees, bietet wunderbare Ausblicke auf den See und ist zweifellos der

Oben links: Stimmungsvolle Kulisse rund um das Dorf Jachenau

Oben rechts: Durch diese »Traumlandschaft« führt der Weg von Jachenau zum Walchensee.

schönste Abschnitt am Walchensee überhaupt. Man erreicht die Waldschänke **Niedernach** und radelt auf der Straße nach **Jachenau** zurück.

**Abschnitt Jachenau–Leger.** Nun also noch die 12,5 Kilometer lange Rückfahrt nach Leger auf der Straße. Der Verkehr hält sich während der Woche in Grenzen, Steigungen gibt es fast nicht, und die Straße führt meist durch offene Landschaft mit zum Teil schönen Ausblicken auf das Jachental. Mehr gibt es allerdings nicht zu berichten.

## Sehens- und Wissenswertes

**Jachenau:** Ursprüngliches vom Jachen durchflossenes Hochtal. Ausladender, stellenweise parkartiger Talboden mit verstreuten Höfen und Weilern, an der Seite karge bewaldete Hänge. Dominierender Gipfel der Jachenau ist die 1800 Meter hohe Benediktenwand. Tallänge ca. 17 Kilometer, Höhenlage 700 bis 800 Meter. Die Geschichte der Jachenau geht bis ins 12. Jahrhundert zurück, als erste Siedlungsversuche von Benediktbeuern aus unternommen wurden. Im Ort Jachenau ist die im Kern mittelalterliche Rokokokirche St. Nikolaus sehenswert.

**Walchensee:** Mit über 16 Quadratkilometern größter Gebirgssee in Oberbayern und mit über 190 Metern neben dem Königssee der tiefste. Schönster, weil verkehrsfreier Uferabschnitt mit faszinierenden Ausblicken auf See und Alpengipfel von Urfeld über Sachenbach bis Niedernach. Die beiden beherrschenden Berggipfel am See sind der Jochberg (1565 m) und der Herzogstand (1801 m).

Der Walchensee, ein großer und stolzer Gebirgssee am Fuße des Herzogstands

### Tipp des Tages

Nach den kräftezehrenden Steigungen zur Rehgraben-Alm ist eine Einkehr im Dorf Jachenau sicher willkommen. Der stattliche Gasthof Jachenau ist da genau richtig. Ob in geschmackvoll eingerichteten Gasträumen oder im schönen Biergarten: Hier kann man Gastlichkeit und bayerische Schmankerl in angenehmer Atmosphäre genießen.

# 35 Radeln mitten ins Karwendelgebirge

| | | | |
|---|---|---|---|
| schwierig | 50 km | 435 m | 5 Std. |

### Route
Vorderriß – Grenze (km 6) – Hinterriß (km 11) – Garberlalm (km 15,4) – Hagelhütten (km 20,2) – Eng (km 25) – Hinterriß (km 39) – Vorderriß (km 50)

### Verkehr
Gesamtstrecke in der Regel nur mäßig befahren, zeit- und stellenweise aber auch stärkerer Verkehr.

### Steigungen
Hinfahrt meist leicht ansteigend, ca. 4 km auch stärker. Rückfahrt fast durchgehend bergab.

### Wegezustand
Durchgehend asphaltierte Straße in gutem Zustand. Sie kann auch mit Rennrädern befahren werden.

### Ausgangspunkt
Vorderriß, Gasthof Post

### Anfahrt
Auto: Staatsstraße 2072 bis Bad Tölz, dann B 13/B 307 über Lenggries/Fall nach Vorderriß. Strecke ca. 82 km, Fahrzeit ca. 2 Std. Bahn: Kein Bahnanschluss.

### Freibäder
Kein Freibad an der Strecke

### Tourist-Info
Hinterriß/Österreich: Info-Zentrum Karwendel, Tel. 00 43/ 52 45/289 14, www.karwendel.org

Eine wunderschöne Tour im Zeichen dramatischer Gebirgsbilder und kräftezehrender Steigungen! Man radelt im Alpenpark Karwendel über Hinterriß ins Engtal, passiert das Landschaftsschutzgebiet Großer Ahornboden und bestaunt die kühn über dem Talgrund aufragenden Felsgipfel und Wandfluchten. Zurück läuft das Radl 25 Kilometer von alleine.

## Streckenbeschreibung
**Abschnitt Vorderriß–Hinterriß.** Das Auto wird vor dem Gasthaus zur Post in Vorderriß abgestellt, die Räder und das Zubehör ein letztes Mal überprüft, und los geht es, hinein in das Tal des Rißbachs. Die Straße steigt kontinuierlich an, mal kaum merklich, mal deutlich spürbar. Die ersten 6 Kilometer bis zur **österreichischen Grenze** sind raues Bergland mit bewaldeten Buckeln an beiden Talseiten und Ausblicken auf ein ausgetrocknetes Flussbett zur rechten Seite. Hier ist kaum zu erahnen, welch landschaftliche Pracht uns später noch erwartet. Nach der Grenze begleitet uns der türkisfarbene Rißbach, und bald tauchen auch

> **»Demut gebietend und erhebend zugleich – kaum etwas in der Natur flößt uns so viel Ehrfurcht ein wie der Anblick der Berge.«**
>
> **Kofi Annan**

erste Gipfel auf. Wir passieren die **Kaiserhütte/Weitgrießalm** und treffen schließlich bei Kilometer elf in **Hinterriß** ein, wo Sie im Gasthof zur Post neue Kräfte sammeln können.

**Abschnitt Hinterriß–Alpengasthof Eng.** Nach Hinterriß ändert sich das landschaftliche Bild grundlegend. Nun öffnet sich das Tal und gibt den Blick frei auf die Felsmassive Risser Falk und Laliderer Falk zur rechten Seite und auf das alpine Panorama im Talschluss unter anderem mit Bettlerkar- und Schaufelspitze. Besonderen Reiz erhält dieses Szenario durch den blaugrünen

Rißbach, der mit monotonem Rauschen unsere Fahrt begleitet. Vorbei geht es am Herzoglichen Alpenhof und der **Mautstelle**, 3 Kilometer weiter an der Garberl-Alm, wo man auch Durst oder Hunger stillen kann, bis man dann bei Kilometer 20 die **Hagelhütten** erreicht. Ihr Name deutet darauf hin, dass man in dieser Gegend unversehens von schweren Gewittern und Hagelschlag überrascht werden kann. Nun liegen noch rund 5 Kilometer vor uns, die fast durchgehend mäßig ansteigen und zusteuern auf den landschaftlichen Höhepunkt der Strecke. Der Talschluss des Engtals rückt nämlich ins Blickfeld, und der zählt wohl zu einer der schönsten hochalpinen Kulissen des Karwendelgebirges. 3 Kilometer nach den Hagelhütten erreicht man das Landschaftsschutzgebiet **Großer Ahornboden**, wo der Kontrast zwischen dem satten Grün der Ahornbäume und dem Grau der Felsmassive, aus denen unter anderem die Eiskarspitze, die Spritzkarspitze und die Grubenkarspitze herausragen, besonders faszinieren. Bei diesen großartigen Bildern verdrängt man sogar die anhaltenden Steigungen auf den letzten 2 Kilometern bis zum **Alpengasthof Eng**. Jetzt heißt die Devise erst einmal Erholung, wenn auch die Rückfahrt ungleich leichter und genussvoller wird. Der Alpengasthof Eng bietet neben Jägerstüberl, Zirbenstüberl und Bauernstube auch großzügige Panoramaterrassen mit prächtigen Ausblicken auf den Talschluss.

*Rißtal-Panorama: rechts das markante Roßkopf-Massiv, im Talschluss das Sonnjoch und die Schaufelspitze*

## Einkehr

Vorderriß: Zur Post (B): Tel. 08045/277; Hinterriß: Zur Post (T): Tel. +43/5245/231; Eng: Alpengasthof Eng (T): Tel. +43/5245/231; unterwegs Almen, wie Weitgries- und Garberlalm.

## Tipp des Tages

Unternehmen Sie doch alternativ zur Einkehr im Alpengasthof Eng einen Spaziergang zu den 1 km entfernten Eng-Almen, dem größten und jahrhundertelang bäuerlich bewirtschafteten Almdorf Tirols. Dort wird weidefrische Milch zu Butter und Käse verarbeitet. Diese Produkte kann man in einem Bauernladen erstehen oder auch in der Gastwirtschaft verkosten.

Abschnitt Alpengasthof Eng – Vorderriß. Wenn wir uns also auf der Terrasse des Alpengasthofs gestärkt und dabei das spektakuläre Panorama im Talschluss genossen haben, brechen wir wieder auf. Bald wird klar, was man bei der Herfahrt geleistet hat, denn das Radl läuft und läuft und läuft, ganz von alleine. Bis auf ein paar kurze leichte Gegenanstiege fällt die Strecke praktisch durchgehend bis Vorderriß leicht bis mäßig ab. Der Reiz der Rückfahrt ergibt sich aber nicht nur aus der Abfahrt, sondern auch aus dem veränderten Blickwinkel. Jetzt, wo man nicht mehr gegen unaufhörliche Steigungen ankämpfen muss, sieht man Dinge, die bei der Hinfahrt gar nicht aufgefallen sind. Überraschend schnell sind wir wieder bei den **Hagelhütten**, bald darauf in **Hinterriß** und dann zurück in Vorderriß. Ganz sicher sind Sie der Meinung, dass es ein wunderbarer Radltag war.

Faszinierende Gebirglandschaft: der Talschluss des Engtals mit dem Großen Ahornboden und der markanten Spritzkarspitze (2605 m) links in der Felskulisse

## Sehens- und Wissenswertes

Alpenpark Karwendel: Mit über 900 Quadratkilometern größtes und schönstes Naturreservat Tirols.
Wichtigste Kennzeichen sind seine landschaftliche
Vielfalt und seine Unberührtheit. Gegliedert ist er
in vier Ketten, von denen die Hinterautal-Vomper-
Kette die mächtigste ist und demzufolge auch Kar-
wendel-Hauptkamm genannt wird. Ihr Hauptgipfel ist die Birkkarspitze, mit 2749 Metern höchster
Karwendelgipfel überhaupt. Zwei der bekanntesten,
weil leicht zugänglichen Täler sind das Karwendeltal
(siehe Tour 30) und das **Riß-/Engtal**. Letzteres ist von Vorderriß
bis zur Eng rund 25 Kilometer lang mit einem Höhenunterschied
von gut 400 Metern. Lohnend ist vom Rißtal aus ein Blick in die
Seitentäler, wie Johannes- oder Laliderertal, wo sich aufregende
Gebirgsszenarien zeigen. Der **Große Ahornboden** ist ein Landschaftsschutzgebiet mit 300 bis 600 Jahre alten Ahornbäumen.
Viele der Bäume haben ihre natürliche Altersgrenze erreicht und
sterben ab, aber es wird regelmäßig nachgepflanzt.

Oben: Blauen Enzian findet
man auch im Rißtal.

Ganz oben: Spektakulärer
Talschluss im Laliderertal:
die senkrechten Felsflanken
der Lalidererwände

# 36 Von Mittenwald ins Karwendeltal

mittel

32 km

260 m

3.15 Std.

**Route**
Mittenwald – Scharnitz
(km 7,3) – Standort ehemalige
Larchet-Alm (km 16,1) – Scharnitz (km 24,9) – Mittenwald
(km 32)

**Verkehr**
Stärkerer Verkehr in Mittenwald und Scharnitz, sonst weitgehend verkehrsfreie Wege.

**Steigungen**
Gesamtlänge 3,7 km, davon
1,7 km stärker ansteigend.
Hauptanstieg ins Karwendeltal
hoch (1,2 km).

**Wegezustand**
Drei Viertel der Strecke Schotter, im Karwendeltal örtlich
Grobschotter und holprig.

**Ausgangspunkt**
Bahnhof Mittenwald

**Anfahrt**
Auto: A 95 bis AS Murnau,
dann Staatsstraße 2062
bis Kochel und B 11 über
Walchensee–Wallgau. Ca.
103 km, Fahrzeit ca. 1:40 Std.
Bahn: Mehrmals täglich München–Mittenwald (direkt) und
zurück. Fahrzeit knapp 2 Std.,
Fahrradmitnahme möglich.

**Einkehr**
Mittenwald: Alpenrose (T):
Tel. 08823/927 00; Gasthof
Gries (T): Tel. 08823/1471;
Scharnitz: Risserhof (T): Tel.
+43/ 5213/52 40

**Tourist-Info**
Mittenwald: Tel. 0 88 23/
3 39 81, www.mittenwald.
de; Scharnitz: Tel. + 43/
508/805 40,
www.scharnitz.tirol.gv.at

Zuerst fahren wir an der Isar entlang bis Scharnitz, dann folgt ein markanter Anstieg ins Karwendeltal, einem unberührten Gebirgstal, das durch Licht, Farbe und Fels fasziniert. An der Lichtung, wo einst die Larchet-Alm stand, machen wir kehrt, radeln nach Mittenwald zurück und widmen uns dort den schönen Attraktionen des Geigenbauerdorfs.

## Streckenbeschreibung

Abschnitt Mittenwald–Scharnitz. Auf Bahnhof- und Hochstraße kommen wir zur »guten Stube« Mittenwalds, also zum Obermarkt, den wir nach Süden hin wieder verlassen. Dann geht es auf der Innsbrucker Straße zur Isarbrücke, danach rechts in die Riedkopfstraße und weiter dem Schild **Isarradweg** nach.

In Licht und Farbe stets von besonderem Reiz: das Karwendeltal zwischen Scharnitz und Karwendelhaus. Die Larchetalm unten rechts im Bild wurde abgebrochen und existiert nicht mehr.

Es lenkt uns später erneut über eine Isarbrücke, an Sportanlagen vorbei und hinaus in die parkartigen Isarauen. Nach 3 Kilometern stoßen wir auf eine Wegegabelung, wählen die linke schmalere Abzweigung und radeln durch ausgedehnte Latschenanpflanzungen. Linker Hand begleiten uns die aufragenden Felswände des Karwendelgebirges. Gegen Ende macht unser Weg einen Rechtsbogen, um nach gut 200 Metern links Richtung **Scharnitz** (Schild) abzubiegen. Dieser Weg führt zur Hauptstraße vor, auf der wir rechts in den Ort gelangen.

Der Obermarkt in Mittenwald mit bemalten Hausfassaden und einem der schönsten Kirchtürme Südbayerns

## Abschnitt Scharnitz–ehemalige Larchet-Alm.

Direkt vor der Scharnitzer Kirche radeln wir links den Eisackweg hinter (Schild Karwendeltäler). An den beiden folgenden Gabelungen bleibt man links, überquert die Isar und kommt – am **Gästeheim Helga** vorbei – zur Links-

### Tipp des Tages

Ein fantastisches Erlebnis und absolute Krönung der heutigen Radtour wäre in Mittenwald eine Auffahrt mit der Seilbahn zur 2384 m hohen Westlichen Karwendelspitze. Neben Tiefblicken auf Mittenwald bieten sich von hier oben spektakuläre Ausblicke auf den Karwendelhauptkamm und über die Felsabstürze des Karwendels bis hinein zu den schneebedeckten Dreitausendern der Stubaier Alpen.

abzweigung Karwendeltal (Schild). Hier beginnt der Aufstieg durch den Wald, gut 1 Kilometer geht es hoch zum Scheitelpunkt und anschließend nochmals die gleiche Strecke durch Bergwald. Dann endet der Wald, und das Tal öffnet sich. Der erste Eindruck: eine herbe einsame Gebirgslandschaft, gleichwohl sehr stimmungsvoll mit eigenwilligen Licht- und Farbnuancen. Zu beiden Seiten des Tals türmen sich Felsmassive, und in der Mitte plätschert der türkisfarbene Karwendelbach talwärts. Die im Text mehrfach erwähnte Larchet-Alm wurde abgerissen und existiert nicht mehr. Stattdessen bildet jetzt die breite, lang gezogene Graslichtung, wo einst die Alm stand, den Wendepunkt unserer Tour. Ab Scharnitz sind es bis zu dieser Lichtung genau 16 Kilometer.

**»In die Berge gehen, heißt heimgehen.«**

**John Muir (frei übersetzt)**

Abschnitt ehemalige Larchet-Alm–Mittenwald. Zurück geht es auf gleicher Route. Weite Strecken rollt das Rad von alleine, und man kann dieses reizvolle Hochtal unter neuem Blickwinkel bewundern. Es geht wieder durch den Bergwald, dann die örtlich steile Abfahrt hinunter und nach **Scharnitz** hinein. Von dort fahren wir Richtung Mittenwald hinaus, biegen nach 1 Kilometer links ab über die Isar und auf den Waldweg und bleiben nach 600 Metern geradeaus (also nicht mehr rechts durch die Latschenpflanzung). Der neue Weg ist sehr gepflegt, lässt sich also angenehm radeln und führt durch lichten, örtlich parkartigen Nadelwald direkt nach Mittenwald zurück.

Abstecher zu den Buckelwiesen. Sollten Sie noch Kondition und Lust haben, bietet sich eine Fahrt zu den Buckelwiesen an, einer wunderschönen Wiesenlandschaft ca. 4 Kilometer nördlich Mittenwald rund um den Tonihof (siehe Karte). Dort zeigt sich

Empfohlene Karte:
ADFC-Regionalkarte 1:75.000
Bayerische Seen

ein einzigartiges Doppelpanorama mit Wetterstein- und Karwendelgebirge. Leider nicht zum Nulltarif: ca. 3 Kilometer Steigungen müssen vorher bezwungen werden.

## Sehens- und Wissenswertes

**Mittenwald:** Sehenswert sind u. a. das Ortsbild am Obermarkt mit bemalten Giebelhäusern, dort auch die Rokokokirche St. Peter und Paul mit schönen Stukkaturen (Joseph Schmuzer) und Deckenbildern (Matthäus Günther) und das Matthias-Klotz-Denkmal (Begründer des Mittenwalder Geigenbaus). Ganz in der Nähe das Geigenbaumuseum (Di–So 10–17 Uhr), das vor allem der Geschichte des Geigenbaus gewidmet ist und eine wertvolle Instrumentensammlung zeigt. Im Ortsteil Gries sehenswerte Lüftlmalereien.

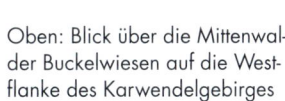

Oben: Blick über die Mittenwalder Buckelwiesen auf die Westflanke des Karwendelgebirges

Ganz oben: Das Karwendeltal zwischen Scharnitz und Karwendelhaus

163

# 37 Rund um die Filze von Benediktbeuern

leicht | 32 km | 20 m | 2.45 Std.

### Route
Benediktbeuern – Sindelsdorf (km 8,2) – Großweil (km 15,5) – Kochel am See (km 23,7) – Brunnenbach (km 28) – Benediktbeuern (km 32).

### Verkehr
In größeren Orten und an der Straße Sindelsdorf–Zell verstärkt, sonst nur wenig Verkehr (oder Radweg).

### Steigungen
Auf ganzer Strecke nur zwei kurze Steigungen von je 100 m Länge.

### Wegezustand
Alle Schotterwege im Moor sind größtenteils gut befahrbar, sonst nur asphaltierte Straßen/Wege.

### Ausgangspunkt
Bahnhof Benediktbeuern

### Anfahrt
Auto: A 95 bis AS Sindelsdorf, dann B 472 / B 11 über Bichl. Ca. 63 km, Fahrzeit 50 Min. Bahn: Mehrmals täglich München–Tutzing (umsteigen)–Benediktbeuern und zurück. Fahrzeit rund 1 Std., Fahrradmitnahme möglich.

### Freibäder
Benediktbeuern Alpenwarmbad, Großweil, Kochel trimini

### Tourist-Info
Benediktbeuern: Tel. 0 88 57/ 248, www.benediktbeuern.de; Kochel am See: Tel. 0 88 51/ 338, www.kochel.de

Die nächsten acht Touren widmen sich der Großregion Werdenfelser Land, Pfaffenwinkel und Lechrain. Zunächst radeln wir in den Filzen um Benediktbeuern, und genießen die reizvolle Landschaft und das Kocheler Alpenpanorama mit Benediktenwand, Jochberg, Herzogstand und stellenweise auch Karwendelgipfel. Diese Tour ist die leichteste des Buches, denn sie ist relativ kurz und steigungsfrei.

## Streckenbeschreibung

**Abschnitt Benediktbeuern–Sindelsdorf.** An der Westseite des Klosters führt der Moosmühlweg (Rundweg 1) nach Nordwesten hinaus ins Moos und vermittelt erste Eindrücke vom Reiz der Landschaft und dem eindrucksvollen Alpenpanorama. Nach gut 3 Kilometern stößt man auf die Loisach, biegt rechts ab und kommt zur **B 472.** Wenn die Straßenbrücke nach links überquert ist, biegen wir 100 Meter danach links ab und vertrauen uns zunächst einem Schotter-, später einem asphaltierten Weg an, der uns in typischer Filzgegend ohne Verkehr und Steigungen nach Sindelsdorf bringt, anhaltend prächtige Sicht auf die Bergkulisse eingeschlossen. Dieser Teilabschnitt gehört zu den schönsten der ganzen Tour.

**Abschnitt Sindelsdorf–Kochelsee.** Von der Kirche aus fährt man nach Süden zur Autobahn, biegt davor links auf das Asphaltsträßchen ab und bleibt nun konsequent auf Südkurs. Leider mit einem Wermutstropfen, denn der Weg verläuft nahe der Autobahn mit entsprechenden Fahrgeräuschen. Wir radeln an einer Fußgängerbrücke über die A 95 vorbei, münden wenig später in die stärker

befahrene Straße Sindelsdorf–Großweil und erreichen den Ortsrand von **Zell**. Noch vor den ersten Häusern biegen wir links auf
ein Asphaltsträßchen ab, kommen in ansprechender Filzgegend
nach gut 1 Kilometer an eine Kreuzung und gelangen rechts nach
**Großweil**. Von hier bietet sich ein Abstecher zum **Freilichtmuseum** an der Glentleiten an (gut 2 km einfach
mit langem Anstieg). Weiter geht es in jedem
Falle kurz nach der Loisachbrücke links auf
der Mühlstraße, die später einen Rechtsknick
macht und zur Straße nach **Unterau** führt. Angekommen in Unterau, radelt man am Mai-
baum links über die Loisach hinweg und rechts
zur großen Straße Schlehdorf–Kochel. Auf deren
Radweg erreichen wir bald **Kochel** am See, machen einen Schlenker über das Erlebnisbad trimini und steuern dann das Zentrum an.

Die hochbarocke Basilika
St. Benedikt ist Herzstück der
Klosteranlage Benediktbeuern.

*Einkehr*

Benediktbeuern: Klosterbräustüberl
(B): Tel. 08857/94 07; Sindelsdorf:
Urthaler Hof (B): Tel. 08856/20 03;
Gasthof Zur Post (T): Tel. 08856/
25 91; Schlehdorf: Fischerwirt (B):
Tel. 08851/484; Kochel: Zur Post
(T): Tel. 08851/924 10

**Abschnitt Kochel am See–Benediktbeuern.** Am
Bahnhof verlassen wir auf dem Friedzaunweg den
Ort und biegen nach gut 500 Metern hinter einer kleinen Brücke
links ab. Für Fahrräder nicht ausdrücklich verboten, ist dieser
Weg dennoch in erster Linie als Wanderroute gedacht, erfordert

Linke Seite: Maria mit Kind in
der Basilika St. Benedikt, eine
süditalienische Plastik (17. Jh.)

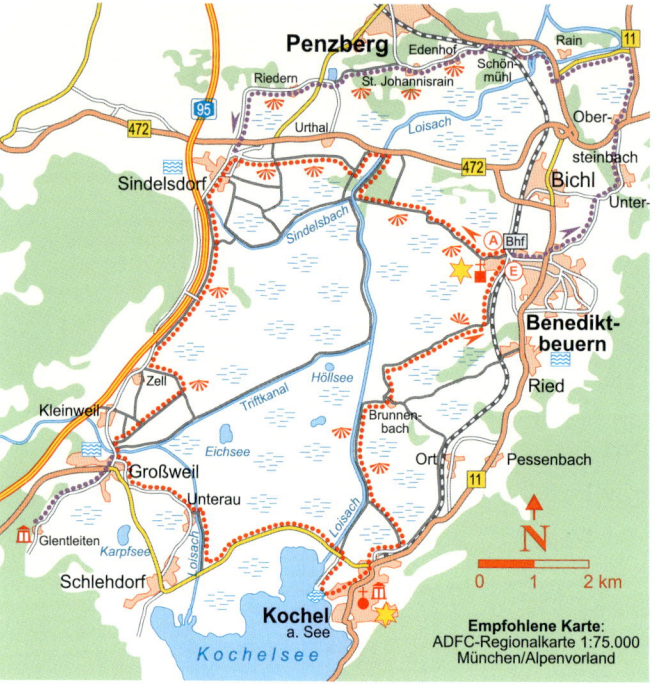

also besondere Vorsicht bei der Begegnung mit Fußgängern. Wir wählen diesen Weg, weil er den ganzen Reiz dieser schönen Filzlandschaft erschließt, entlang der türkisfarbenen Loisach führt und wiederum das Kocheler Bergpanorama wirkungsvoll präsentiert. Wenn wir uns satt gesehen haben, treffen wir in **Brunnenbach** ein und sind nach weiterer genussvoller Moosfahrt bald darauf wieder in **Benediktbeuern**.

Alternativer Abschnitt Benediktbeuern–Sindelsdorf. Wer 7 Kilometer mehr und ca. 1 Kilometer Steigung nicht fürchtet, kann den ersten Abschnitt auch über Schönmühl, St. Johannisrain und Riedern fahren. Er enthält eine Reihe hinreißender Aussichtspunkte, hat aber auch mit mehr Verkehr zu kämpfen. Auf der Bahnhofstraße geht es zur Ortsmitte von Benediktbeuern und auf dem Ludlmühlweg hinüber zunächst nach **Ober-**, dann nach **Untersteinbach**. Es folgt ein kurzes Stück entlang der B 11, am Kreisverkehr ein Linksschwenk und Weiterfahrt zur stark befahrenen Straße nach Penzberg. Auf dem Radweg gegenüber fährt man nach Norden und dann links bis Schönmühl (Schild). Nach dem Dorf müssen wir noch ein kurzes Stück an der Hauptstraße entlang (Radweg), dann biegen wir links Richtung Edenhof ab. Damit treten wir ein in eine stille Gegend, in der die Zeit stehen geblieben scheint und die mit ansprechender Landschaft und vor allem mit wunderbarer Gebirgssicht glänzt. Wir passieren der Reihe nach Edenhof, **St. Johannisrain** mit

Ganz oben: Das Erlebnisbad trimini in Kochel liegt direkt am Ufer des Kochelsees vor imposanter Bergkulisse.

seinem fotogenen Kirchlein, dann den **Riederner Weiher** und schließlich, nach einem Anstieg, das Dorf Riedern selber. Danach folgt eine genussvolle und rasante Abfahrt hinunter nach **Sindelsdorf**.

Die weite flache Filzregion an der oberen Loisach mit verstreuten Busch- und Baumgruppen: Dahinter in der Mitte zwischen Jochberg und Herzogstand liegt das schneebedeckte Karwendelmassiv.

## Sehens- und Wissenswertes

Kloster Benediktbeuern: Ehemaliges Benediktinerkloster, 740 gegründet, damit ältestes Urkloster im Alpenvorland, heute unter der Regie der Salesianer Don Boscos. Sitz zweier Hochschulen. Mittelpunkt ist die **Basilika St. Benedikt** von 1686, u. a. mit üppiger Stuckierung, Asam-Fresken und monumentalem Hochaltar. Unter den Seitenkapellen ragt die **Anastasia-Kapelle** (1758) hervor, eine Rokokoschöpfung von Johann Michael Fischer, an der auch Ignaz Günther (Altar der Immaculata), Egid Quirin Asam (Anastasia-Büste) und Johann Baptist Zimmermann (Altarblatt) beteiligt waren.

Sehenswert in **Kochel** ist die Pfarrkirche St. Michael mit mittelalterlichen Bauteilen und guter Innenausstattung, das Denkmal für den Schmied von Kochel, der 1705 im Kampf gegen kaiserlich-österreichische Truppen gefallen ist sowie das Franz-Marc-Museum (Di–So 10–18 Uhr), eine Gemäldeausstellung.

*Tipp des Tages*

Ab Großweil ist ein Abstecher zum Freilichtmuseum Glentleiten zu empfehlen. Nur gut 2 km entfernt, muss man sich auf 1,5 km Anstieg einstellen. Gleichwohl lohnt sich der Besuch im größten Bauernhausmuseum Oberbayerns. Ca. 40 Höfe, Gebäude und Werkstätten wurden im Originalzustand hierher versetzt und geben Einblicke in die Wohn- und Arbeitswelt früherer Jahre (geöffnet April–Okt. Di–So 8–18 Uhr, Juli/Aug. auch Mo offen).

# 38 Mit Wettersteinblick nach Garmisch

leicht  35 km  115 m  3.15 Std.

## Route
Eschenlohe – Oberau (km 7,5) – Farchant (km 11,6) – Garmisch (km 18) – Burgrain (km 21,5) – Oberau (km 28) – Eschenlohe (km 35)

## Verkehr
Nur in Garmisch-Partenkirchen stärkerer Verkehr, sonst kaum Begegnung mit Autos.

## Steigungen
Gesamtlänge: ca 1,3 km, meist nur leichterer Art.

## Wegezustand
Schotterwege zwischen Eschenlohe und Oberau sowie um Burgrain stellenweise uneben, aber befahrbar.

## Ausgangspunkt
Bahnhof Eschenlohe

## Anfahrt
Auto: A 95 bis AS Eschenlohe, dann links in den Ort. 80 km, Fahrzeit ca. 1 Std. Bahn: Mehrmals täglich München bis Eschenlohe (direkt) und zurück.Fahrzeit ca. 1:10 Std., Fahrradmitnahme möglich.

## Freibäder
Farchant Warmbad
Garmisch Westrand
Alpspitz-Wellenbad
Partenkirchen Kainzenbad

## Tourist-Info
Eschenlohe: Tel. 0 88 24/ 221, www.eschenlohe.de; Garmisch-Partenkirchen: Tel. 0 88 21/180-700, www. garmisch-partenkirchen.de

Diese Route zählt zu den schönsten und beliebtesten in Oberbayern. Sie führt ab Eschenlohe im Loisachtal nach Süden, durchläuft parkartige Auenlandschaft und wird stets begleitet von einem betörenden Wetterstein-Panorama mit der Zugspitze im Zentrum. Da sie zudem nur wenige Anstrengungen fordert, ist der Radlgenuss vollkommen.

## Streckenbeschreibung

**Abschnitt Eschenlohe–Farchant.** Zuerst radeln wir auf der Bahnhofstraße zum Dorfplatz, von dort über die Loisach und danach rechts in die Mühlstraße. An deren Ende geht es dann weiter in die Römerstraße und dem Radschild Garmisch nach auf einen Schotterweg, der gleich zu Anfang prächtiges Wetterstein-Panorama bietet und am Fuße des Estergebirges Richtung Oberau führt. Man kommt auf den ersten Kilometern ein paarmal an Geröllawinen vorbei, dann endet der Wald, und die Wettersteinkulisse zeigt sich wieder in ganzer Schönheit. Nachdem wir die Gebäude des **Golfplatzes** hinter uns gelassen haben, kommen wir zur Loisachbrücke in **Oberau** und biegen davor links ab. Die nächsten 4 Kilometer zählen zum Feinsten in Sachen Radeln im Alpenvorland: vor uns ein verkehrs- und steigungsfreies Asphaltsträßchen, umgeben von parkähnlichem Wiesengelände und im Blickfeld stets dieses spektakuläre Gebirgsbild des Wettersteinriegels mit Zug- und Alpspitze, vor allem im zweiten Teil der Strecke. An der Mühldörflstraße in **Farchant** endet dieses Schauspiel, und wir fahren rechts hinüber in den Ort.

**Abschnitt Farchant–Garmisch.** Nachdem wir die Hauptstraße (alte B 2) überquert haben, halten wir uns halb links, radeln zunächst den Retzelweg entlang, dann nach rechts in die Kreuzeck- und schließlich links durch die Schulstraße. Sie geht in einen verkehrsfreien Asphaltweg über, der ein nicht minder schönes Wettersteinbild eröffnet. Er bringt uns – gegen Ende in der Rechtskurve auf schmalem Weg nach links – an die Feldernkopfstraße am Nordrand von **Burgrain.** Wir fahren sie fast ganz

hinunter, folgen dann rechts dem Kirchweg und biegen direkt nach der Kirche links ab. So überqueren wir die alte B 23 und gelangen auf der Riedwiesenstraße zu einem **Loisachsteg**. Drüben geht es links, gleich darauf wieder rechts (jeweils Radschild) und hinüber zur **Kläranlage**. Dort weist ein Rad/Fußgängerschild den weiteren Kurs. Er führt mit erneut großartiger Wetterstein-kulisse an der Bahnlinie entlang nach **Garmisch**, genauer an die Martinswinkelstraße, wo wir rechts vorfahren, die Partnach überqueren und über die Parkstraße zur Fußgängerzone Am Kurpark gelangen.

Ein Radlkurs der Superlative: Blumenwiesen und schneebedeckte Alpengipfel auf der Teilstrecke Oberau–Farchant

**Rundfahrten in Garmisch.** Wenn Sie Garmisch-Partenkirchen und sein Umland näher kennenlernen möchten, bieten sich zwei empfehlenswerte, aber unterschiedlich lange Abstecher an:

**1. Partenkirchen** (ca. 6 km hin und zurück). Dieser Ortsteil ist nicht nur der ältere von beiden – er war ja schon Römersiedlung –, sondern es gibt dort auch viel zu sehen: bemalte Giebelhäuser, Traditionsgasthöfe, ein weit über die Grenzen hinaus bekanntes Heimatmuseum und das weltberühmte Olympia-Skistadion. Zur Ludwigstraße im Zentrum von Par-

## Tipp des Tages

Möchte man dem Garmisch-Besuch noch einen Glanzpunkt aufsetzen, kommen drei Abstecher infrage: eine Auffahrt mit der Zahnradbahn ab Garmisch-Mitte zur Zugspitze (2964 m) mit prächtiger Aussicht auf Alpenvorland und Zentralalpen oder ein Gang durch die Partnachklamm nahe dem Skistadion (ca. 700 m lang, bis 80 m hoch) bzw. – zeitaufwendiger – ein Gang durch die Höllentalklamm nahe Hammersbach (über 1000 m lang, bis 150 m hoch), beides schluchtartige Felsengen, in denen Wassermassen tosend ins Tal stürzen.

tenkirchen kommt man über die Von-Brug- und Hindenburgstraße.

**2. Rundfahrt im Talkessel** (gesamt ca. 9 km). Diese Fahrt ist mehr landschaftlich geprägt. Sie führt in den Talkessel zwischen Garmisch und Grainau, wo nicht nur die parkartige Wiesenlandschaft mit den verstreuten Holzschuppen gefällt, sondern vor allem das imposante Hochgebirgspanorama mit der Alpspitze und den kühn aufragenden Waxensteintürmen. Vom Marienplatz geht es ein kurzes Stück in die Alpspitzstraße, dann rechts in die Höllentalstraße, an deren Ende schräg rechts gegenüber in die Klarweinstraße und dann vor zur großen St. Martinstraße. Drüben nutzen wir

170

die Rießerseestraße, folgen nach dem Bahnübergang rechts dem Radweg und kommen an die Kreuzeckbahnstraße. Wir bleiben kurz an der Straße, dann folgen wir dem Radweg, der die Schönheit dieses Landschaftsrahmens voll zur Wirkung bringt. An der zweiten Brücke biegen wir rechts ab, treffen bald danach auf den Tegernauweg Richtung Garmisch und folgen ihm bis zur Gernackerstraße. Hier schwenken wir links ab, überqueren die große Zugspitzstraße (B 23) und gelangen drüben auf Wehr- und Archstraße an die Loisach, an der wir auf schönem Uferweg entlangradeln bis zur Loisach-Straßenbrücke. Von dort geht es auf der Von-Müller-Straße und der Sonnenstraße ins Zentrum an der Neuen Pfarrkirche zurück.

**Abschnitt Garmisch–Eschenlohe.** Bis Burgrain nutzen wir die gleiche Strecke, also über Parkstraße zur Martinswinkelstraße, dann

Linke Seite: Muttergottes um 1500 am linken Seitenaltar der Neuen Pfarrkirche St. Martin in Garmisch

Je näher wir Garmisch-Partenkirchen kommen, desto überwältigender zeigt sich das Wetterstein-Panorama, hier mit Alpspitze, Höllental, Waxensteine und Zugspitze.

Auf dem Weg Richtung Grainau radeln wir durch eine Wiesenlandschaft mit verstreuten Holzschuppen und herrlichem Blick auf die Wettersteinmassive.

an der Bahn entlang und vorbei an der Kläranlage zum **Loisachsteg**. Drüben, nach 100 Metern rechts noch einmal über einen Steg und dann konsequent an der Loisach entlang. Nach Unterquerung der Bahn trifft man auf die ehemalige B 2 und folgt auf der Gegenseite dem Schotterweg am Westufer der Loisach, der direkt nach **Farchant** an die Mühldörflstraße leitet. Dort biegen wir rechts und gleich darauf links in die Frickenstraße ab und radeln nun wieder auf bekannter Strecke nach **Oberau** zurück.

> **»Die Fahrt von Eschenlohe nach Garmisch ist eine selten schöne Radtour mit ständigem Blick auf das Wettersteingebirge.«**
>
> **Erwin Popp, München**

An der Brücke machen wir einen kurzen Rechts-/Linksknick (fahren also nicht Richtung Golfplatz hinaus!) und befinden uns nun auf einem Asphaltsträßchen parallel zur Loisach mit Kurs Eschenlohe. Es geht später in einen Uferweg über, der mit schönen Ausblicken auf den Fluss nach insgesamt sechs Kilometern am Südrand von **Eschenlohe** endet. Die Mühlstraße bringt uns ins Dorf zurück.

### Sehens- und Wissenswertes

**Eschenlohe:** Die Pfarrkirche St. Clemens (1773), kunstgeschichtlich herausragend, wurde von Johann Michael Fischer geplant und enthält u.a. sehr schöne Fresken, eine mächtige Rokoko-Hochaltaranlage und meisterlich geschnitzte Beichtstühle.

**Garmisch-Partenkirchen:** Fünf Jahrhunderte gehörte die Grafschaft Werdenfels zum Hochstift Freising, dann kam sie 1802 zu

Garmisch besitzt nicht nur mondäne Züge: In der Sonnenstraße zeigt sich ein alpenländisch-dörfliches Bild.

Fresko von 1430 in der alten Pfarrkirche St. Martin in Garmisch: Es zeigt das Jüngste Gericht mit dem aufgerissenen Maul des Ungeheuers.

Bayern. 1889 Bahnanschluss und damit einsetzender Fremdenverkehr. Die getrennten Märkte Garmisch und Partenkirchen schlossen sich 1935 zu einem Doppelort zusammen, bewahrten aber ihren eigenen Charakter. Garmisch-Partenkirchen ist Deutschlands Wintersportmetropole, Olympiaort (1936), zudem ein bedeutender heilklimatischer Kurort und nicht zuletzt auch Mitglied des renommierten Clubs »Best of the Alps«. Bevorzugte Lage unterhalb des Wettersteingebirges in einem parkartigen Talkessel. Die wichtigsten Sehenswürdigkeiten: **Neue Pfarrkirche St. Martin** (1734) mit Wessobrunner Stukkaturen (Joseph Schmuzer), Deckenfresken von Matthäus Günther und Altaranlage mit Figuren u. a. von Anton Sturm und Franz Xaver Schmädl. Die **alte Pfarrkirche St. Martin** (1280) enthält vorzügliche gotische Wandmalereien, u. a. eine sieben Meter hohe Christophorusgestalt und die Darstellung des Jüngsten Gerichts. Das **Werdenfels-Museum** in Partenkirchen (Di–So 10–17 Uhr) zählt zu den größten und schönsten Heimatmuseen Bayerns und befasst sich u. a. mit Wohnkultur, Trachten, Sakralwerken, bäuerlicher Volkskultur und Brauchtum. Besuchenswert sind schließlich auch die Olympiastätten, nämlich Olympia-Ski- und Eisstadion.

# 39 Glanzpunkte in den Ammergauer Alpen

   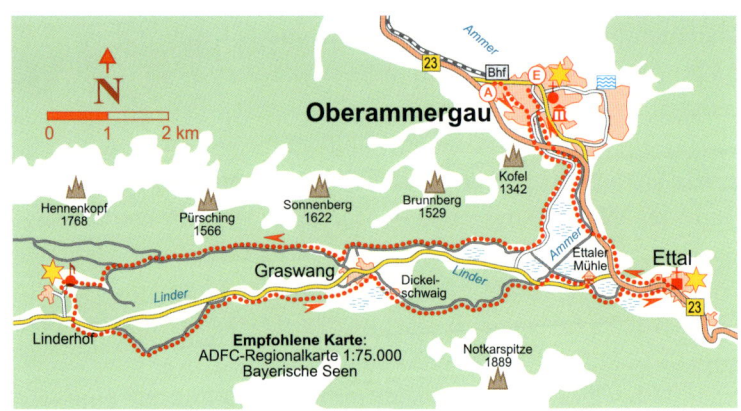

leicht    31 km    160 m    3.15 Std.

**Route**
Oberammergau – Graswang (km 7) – Linderhof (km 12,2) – Graswang (km 19,6) – Ettal (km 25,5) – Oberammergau (km 31)

**Verkehr**
Oberammergau und Ettal sind Verkehrsschwerpunkte, die gesamte übrige Strecke ist nahezu verkehrsfrei.

**Steigungen**
Länge ca. 3,5 km, davon 1,5 km stärker ansteigend. Hauptanstieg Graswang– Linderhof (ca. 2 km).

**Wegezustand**
Drei Viertel der Strecke geschottert, vor Graswang holprig, sonst überwiegend gut befahrbar.

**Ausgangspunkt**
Bahnhof Oberammergau

**Anfahrt**
Auto: A 95 bis Ende, weiter auf B 2 bis Oberau, dort B 23 über Ettal. Ca. 90 km, Fahrzeit ca. 1:15 Std. Bahn: Mehrmals täglich München–Murnau (umsteigen)–Oberammergau und zurück. Fahrzeit 1:45 Std., Fahrradmitnahme möglich.

**Freibäder**
Oberammergau: Erlebnisbad WellenBerg

**Tourist-Info**
Oberammergau: Tel. 0 88 22/ 922 74 40, www.oberammergau.de; Ettal: Tel. 0 88 22/ 92 36 34, www.ettal.de

Glanzvolle Anziehungspunkte sind es in der Tat, nämlich das weltbekannte Alpendorf Oberammergau, die altehrwürdige Klosteranlage in Ettal und nicht zuletzt Linderhof, das berühmte Prachtschloss König Ludwigs II. im Graswangtal. Da gibt es viel zu besichtigen, weshalb auch die Strecke kurz und relativ leicht gehalten wurde.

## Streckenbeschreibung

**Abschnitt Oberammergau – Schloss Linderhof.** Vom Bahnhof radeln wir ortseinwärts und biegen vor der Ammerbrücke rechts auf den Uferweg ab. Er führt am Ort entlang, dann unter der B 23 hindurch und endet für uns 600 Meter danach, wo wir dem Radweg der abgehenden Straße Richtung Graswang (Schild) folgen. Wiederum 1500 Meter weiter biegen wir – entgegen den Radschildern – rechts auf einen etwas holprigen Waldweg ab, der uns aber eine verkehrsreiche Straße erspart. Er mündet

später in einen anderen Schotterweg, der am Waldrand entlang nach **Graswang** verläuft. Wir fahren nicht in den Ort, sondern umgehen ihn in weitem Linksbogen, an dessen Ende man auf die Schotterstraße nach Linderhof trifft. Zunächst geht es in einsamer Berggegend noch 1 Kilometer flach dahin, dann steigt die

Straße allmählich an. Bis zum Scheitelpunkt sind es gut 2 Kilometer, die Hälfte davon steigt etwas stärker an. Nachdem ein Gatter passiert ist, geht es schließlich links hinunter Richtung **Linderhof**, an der nächsten Gabelung rechts und noch ungefähr 700 Metern weiter bis zum Schloss (Schilder).

Auf der Terrasse der Alten Post lässt sich das bunte Treiben im Zentrum Oberammergaus bestens mitverfolgen.

**Abschnitt Schloss Linderhof–Ettal.** Nach der Schlossbesichtigung muss man durch das gesamte Schlossgelände schieben, ab dem Parkplatz unten geht es aber wieder in den Sattel und den Radschildern Graswang nach. Sie führen uns auf einer Nebenbrücke über die Ammer und auf einem Schotterweg zur Hauptstraße vor. Rechts gegenüber beginnt ein geschotterter und gut beschilderter Radweg, der uns erlaubt, nach Graswang zu radeln, ohne auf

*Einkehr*

Oberammergau: Alte Post (T): Tel. 08822/91 00; Hotel Böld (T): Tel. 08822/ 91 20; Graswang: Fischerwirt (T): Tel. 08822/63 52; Ettal: Blaue Gams (T): Tel. 08822/64 49; Ettaler Mühle (G): Tel. 08822/64 22

## Tipp des Tages

Es sind zwar nur 31 km und eine einzige lang gezogene Steigung, die heute zu bewältigen waren – und dennoch wird man nach Ende der Tour einen Sprung ins erfrischende Wasser zu schätzen wissen: z. B. im Erlebnisbad WellenBerg in Oberammergau, das im Außenbereich drei Schwimmbecken bietet, darunter ein 34 C°-Heißbecken.

die Straße zu müssen. Zudem ist der Weg gut gepflegt und fällt auf fast ganzer Strecke leicht ab, eine angenehme Radlstrecke also. So geht es dann meist durch Wald und zweimal kurz an der Straße entlang (Radweg) bis nach **Graswang**. An dem Quersträßchen, auf das man stößt, biegen wir rechts ab, passieren das Gut **Dickel-schwaig** und können nach kurzem Anstieg das Rad erneut abwärts laufen lassen. Gut 3 Kilometer danach müssen wir wieder über die Straße, fahren ein kurzes Stück entlang der Ammer und biegen dann rechts auf den Dammweg eines Baches Richtung **Ettaler Mühle** ab. Das Wasser ist so glasklar, dass man am liebsten hineinspringen möchte. Nachdem wir die Ettaler Mühle erreicht haben, geht es ein weiteres Mal über die Straße und drüben in einem Linksbogen an die B 23. Ein Radweg bringt uns nach **Ettal**.

Links: Königlicher Glanz in rauer Bergwelt: Schloss Linderhof im Stil einer großbürgerlichen Villa des 19. Jh.

**Abschnitt Ettal–Oberammergau.** Auf diesem Radweg fahren wir auch wieder aus Ettal heraus, überqueren wenig später die abgehende Straße nach Graswang und folgen 600 Meter danach dem von der B 23 weglaufenden Radweg entlang der jungen Ammer. Wieder gut 1,5 Kilometer weiter folgt eine Gabelung, an der wir links bleiben, auch wenn das Radschild nach rechts weist. Bald darauf unterquert man die Umgehungsstraße und erreicht die Brücke an der König-Ludwig-Straße in **Oberammergau**. Zum Ortszentrum sind es dann noch wenige Hundert Meter.

## Sehens- und Wissenswertes

**Oberammergau:** Reizvoll im Ammertal gelegener Alpenort mit schönem Ortsbild, über die Grenzen hinaus bekannt durch sein Schnitzhandwerk und vor allem der Passionsspiele wegen, die alle zehn Jahre stattfinden. Hervorzuheben sind auch die Pfarrkirche mit reicher Rokoko-Ausstattung, das Pilatushaus als Musterbeispiel für Lüftlmalerei und das Oberammergau-Museum (Di–So 10–17 Uhr), das vor allem Holzschnitzereien und Krippen ausstellt.

**Ettal:** Klostergründung durch Kaiser Ludwig den Bayern 1330. Ehemalige Klosterkirche ab 1710 barock erneuert, heute eine der prächtigsten Rokokoschöpfungen Bayerns, an der namhafte Künstler mitgewirkt haben, so u. a. Franz Xaver Schmuzer (Stuck), Johann Baptist Straub (Seitenaltäre und Kanzel) sowie Johann Jakob Zeiller (imposantes Kuppelfresko). Im Zentrum des Chorraums steht das mittelalterliche Gnadenbild (kleine Muttergottesskulptur).

**Schloss Linderhof:** Die Grundsteinlegung erfolgte 1869. Das Schloss war Lieblingsaufenthalt Ludwigs II. Im Obergeschoss befinden sich prunkvolle Räume (u. a. Schlafzimmer, Spiegelsaal), im weitläufigen Park Terrassen, Kaskaden und Figuren sowie die Venusgrotte (künstliche Tropfsteinhöhle) und ein Maurischer Kiosk. Führungen finden täglich von 9–18 Uhr statt.

Die Ettaler Klosterkirche zeigt sich schon äußerlich repräsentativ, innen aber in ihrem Rokokogewand noch prächtiger und formvollendeter.

Linke Seite rechts: Prächtiger sechssäuliger Hochaltar in der Oberammergauer Pfarrkirche mit Figuren von Franz Xaver Schmädl

# 40

# Am Staffelsee beim »Blauen Reiter«

leicht    33 km    40 m    3.15 Std.

## Route
Murnau – Straße Obernach (km 7,9) – Uffing (km 14,8) – Obereglfing (km 18,6) – Obersöchering (km 22,5) – Leibersberg (km 25,5) – Riegsee (km 27,8) – Murnau (km 33)

## Verkehr
In Murnau und Uffing verstärkt, vor Leibersberg 200 m auf Staatsstraße, sonst nur geringer Verkehr.

## Steigungen
Gesamtlänge knapp 2 km, davon gut 1 km stärker ansteigend. Kein steigungsintensiver Kurs.

## Wegezustand
Ufer- und Moorwege am Staffelsee z.T. eng und holprig mit Pfützen, Grobbelag auf Riegseeweg.

## Ausgangspunkt
Bahnhof Murnau

## Anfahrt
Auto: A 95 bis AS Sindelsdorf, B 472 nach Habach, dort links Staatsstraße 2038 /B 2 bis Murnau. Ca. 68 km, Fahrzeit rund 1 Std. Bahn: Mehrmals täglich München–Murnau (direkt) und zurück. Fahrzeit ca. 1 Std., Fahrradmitnahme möglich.

## Freibäder
Murnau Staffelsee, Uffing Staffelsee, Obersöchering Badesee Ort Riegsee, Froschhauser See

## Tourist-Info
Murnau: Tel. 0 88 41/ 47 62 40, www.murnau.de; Riegsee: Tel. 0 88 41/ 39 85, www.riegsee.de

Der »Blaue Reiter« ist eine Gruppe von namhaften Malern, die um 1910 in Murnau gewirkt hat und sich von der Landschaft um Staffel- und Riegsee inspirieren ließ. Für uns ist diese Gegend heute Schauplatz der Tour. Sie gleicht vielerorts einem großen Park, weist nur wenig Steigungen auf und bietet immer wieder großartige Ausblicke auf das Gebirge.

## Streckenbeschreibung
Abschnitt Murnau–Uffing. Vom Bahnhof geht es als Erstes an die Südostecke des Staffelsees, und zwar durch die Unterführung südlich des Bahnhofs sowie auf Seeblickweg und Bergstraße. Jetzt beginnt die Fahrt am Südufer des Staffelsees mit schönen Ausblicken auf den See. Nach 5 Kilometern macht der Weg einen Bogen ins **Obernacher Moos**, einer anmutigen Gegend mit Bergsicht. Der Weg verengt sich auf 600 Meter und ist stellenweise regenanfällig. Dann führt er mit prächtigen Alpenblicken zu einem Asphaltsträßchen. Dort rechts, nach 2 Kilometern wieder rechts auf ein Sträßchen, das erneut durch landschaftlichen

Reiz und Alpenpanorama besticht. Wenn wir 1 Kilometer geradelt sind, weist ein Schild **Staffelsee-Rundweg 1** den weiteren Kurs, freilich mit einer Einschränkung: Die nächsten 1,8 Kilometer sind nämlich Fußweg und müssen geschoben werden! Kein großes Malheur, denn es geht durch liebliche Moorlandschaft, stets begleitet von der imposanten Alpenkulisse. Eine Asphaltstraße, in die wir einmünden, bringt uns schließlich geradewegs nach Uffing.

**Abschnitt Uffing–Murnau.** Ab Ortsmitte geht es auf der Bahnhofstraße wieder hinaus und direkt nach dem Bahnübergang links für 1,2 Kilometer entlang der Bahnlinie nach Norden, bis ein Schild nach rechts Richtung Eglfing weist. Der Schotterweg und gleich darauf ein Asphaltweg bringen uns hinüber nach **Untereglfing**. Die Gegend wirkt wie ein großer Park mit alten Bäumen, dazu begeistert auch hier die Alpensilhouette im Süden. Weiter geht es in gerader Linie nach **Obereglfing**, wo wir am Ortsrand links und 250 Meter danach rechts abbiegen und auf der Tradstraße vorfahren zur B 2. Um jetzt nicht auf der Bundesstraße radeln zu müssen, nutzen wir gegenüber den nach Osten verlaufenden Feldweg – nicht sehr komfortabel zu fahren,

Am Südufer des Staffelsees bieten sich zahlreiche schöne Ausblicke auf den See.

Linke Seite: Der Obermarkt in Murnau mit Bergblick: Einkaufsstraße und Flaniermeile

## Tipp des Tages

Wenn Sie es einrichten können und das Wetter passt, legen Sie doch den Ausflug zum Staffelsee auf Fronleichnam: An diesem Tag findet in Seehausen die einzige Seeprozession Bayerns statt – in einem farbenprächtigen Schauspiel setzen das Altarboot und zahlreiche Begleitboote zur Insel Wörth über.

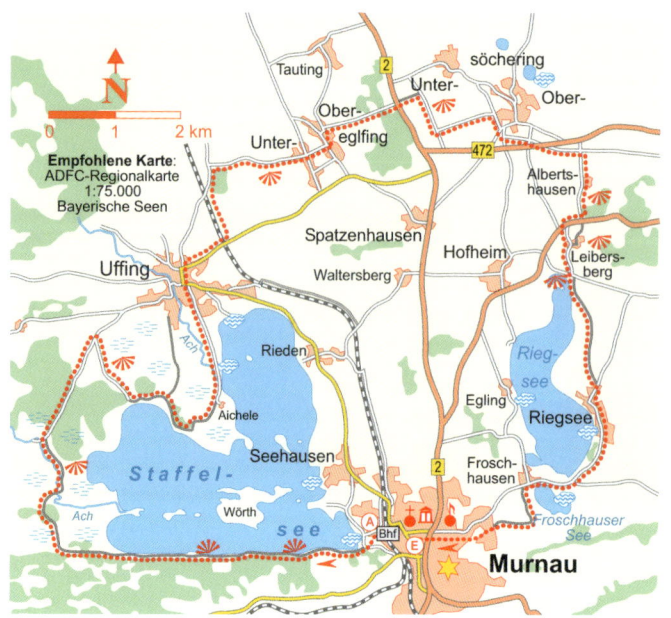

aber auch nur 400 Meter lang. An einer Scheune schwenken wir rechts auf den Asphaltweg ein und können hier erneut das reizvolle Zusammenspiel von Landschaft und Alpenkette genießen. Nach 600 Meter halten wir uns an einer Kreuzung links und durchqueren nach 1 Kilometer **Obersöchering** auf Untergasse und Hofheimer Straße, um dann dem links abzweigenden Steigweg zu folgen. Er unterquert später die B 472 und führt dann an eine Kreuzung, wo wir rechts abbiegen und mit wunderbarem Gebirgsbild nach **Abertshausen** kommen. Im Blickfeld liegen der Jochberg mit Herzogstand und Heimgarten, dahinter das Estergebirge, dann die alpine Kulisse des Wettersteingebirges mit der Zugspitze und rechts anschließend die Ammergauer Berge. Wir fahren durch bis zur Straße nach Murnau, machen dort mit entsprechender Vorsicht (Verkehr!) einen Rechts-/Linksschwenk und erreichen **Leibersberg**. Das Landschaftsbild nach dem Weiler mit Riegsee und Alpenkulisse gehört zum Feinsten der ganzen Region. An der Straße nach Aidling setzen wir gegenüber auf dem Schotterweg fort, kommen mit anhaltend prächtiger Aussicht nach **Riegsee** und weiter nach **Froschhausen**. 50 Meter nach der Kirche bie-

*Einkehr*

Murnau: Griesbräu: Tel. 08841/ 422; Seehausen: Zum Stern (B): Tel. 08841/33 04; Uffing: Alpenblick (T/G): Tel. 08846/93 00; Riegsee: Gasthof Westner (B): Tel. 08841/ 906 73

gen wir links ab, radeln ungefähr 600 Meter nach Süden und biegen dann rechts auf den Asphaltweg Richtung Murnau ab (Radschild). Wir treffen auf die Dorfstraße und fahren einen Linksbogen bis zu einer kleinen Kirche. Dort führt ein Fußweg hoch zur Sollerstraße, auf der wir dann direkt zum Obermarkt kommen.

Traumpanorama am Staffelseeufer in Uffing mit Wettersteinmassiv im Hintergrund

## Sehens- und Wissenswertes

Murnau: Alpenländisch geprägte Marktgemeinde in aussichtsreicher Lage über dem Murnauer Moos und dem Staffelsee. Heimeliges Ortsbild am Obermarkt mit denkmalgeschützten Hausfassaden. Wichtige Sehenswürdigkeiten: die **Pfarrkirche St. Nikolaus**, 1734 geweiht mit festlicher Rokoko-Ausstattung, u. a. Kuppelfresko, Altäre, Kanzel und Schitzwerke von Schmädl und Straub. Schwerpunkte im **Schlossmuseum** (Di–So 10–17 Uhr) sind neben lokaler Geschichte und einer internationalen Hinterglassammlung vor allem die expressionistischen Werke des **Blauen Reiter.** 1911 von Wassily Kandinsky gegründet, gehörten dieser Künstlergruppe namhafte Maler wie Franz Marc, August Macke, Paul Klee und Gabriele Münter an. Mit Münter lebte Kandinsky von 1909 bis 1914 im **Münterhaus** (Di–So 14 bis 17 Uhr) in Murnau, das von den Einheimischen auch »Russenhaus« genannt wurde, denn Kandinsky war Russe.

> **»Blau ist die einzige Farbe, bei der ich mich wohlfühle.«**
>
> **Franz Marc, Maler**

181

# 41 Zwischen Osterseen und Weilheimer Hardt

**Route**
Seeshaupt – Bernried (km 6,4) – Bauerbach (km 11,5) – Magnetsried (km 17,2) – Egenried (km 27,3) – Reinthal (km 31,3) – Gröben (km 40,2) – Seeshaupt (km 47)

**Verkehr**
Etwas lebhafter um Seeseiten und von Bernried bis Bauerbach. Sonst verkehrsarm bis -frei.

**Steigungen**
Gesamtlänge knapp 6 km, davon ca. 2,7 km stärker ansteigend. Häufiges Auf und Ab bei meist kürzeren Anstiegen.

**Wegezustand**
Knapp ein Drittel der Strecke geschottert, nur im Lauterbacher Wald stellenweise ruppig.

**Ausgangspunkt**
Bahnhof Seeshaupt

**Anfahrt**
Auto: A 95 bis AS Seeshaupt, dann Staatsstraße 2064 über St. Heinrich nach Seeshaupt. Ca. 48 km, Fahrzeit 40 Min.
Bahn: S 6 bis Tutzing und weiter mit Regionalbahn bis Seeshaupt. Fahrzeit gut 1 Std., Fahrradmitnahme möglich.

**Freibäder**
Seeshaupt: Starnberger See, Bernried: Starnberger See, Habach: Koppenbergweiher

**Tourist-Info**
Seeshaupt: Tel. 0 88 01/ 395 02 30, www.seeshaupt.de

Heute werden uns vor allem landschaftliche Höhepunkte beschert. Dazu zählen ein Stück Starnberger See im Bernrieder Park, das Naturschutzgebiet Hardt bei Weilheim und eine wunderschöne Parklandschaft nördlich von Habach. Eindruck hinterlassen dann freilich auch knapp 6 Kilometer Steigungen im kräftezehrenden Auf und Ab.

## Streckenbeschreibung

**Abschnitt Seeshaupt–Magnetsried.** Vom Bahnhof in Seeshaupt radelt man auf der Seeseitener Straße nach Norden, über die Weilheimer Straße hinweg und stößt auf die Tutzinger Straße am Ufer des **Starnberger Sees.** Nach links geht es am **Gasthaus Seeseiten** vorbei, bekannt für seinen schönen Garten mit Seeblick, und 300 Meter danach auf den rechts abzweigenden Schotterweg. Er führt zuerst durch Wald und dann – nach 2 Kilometern rechts abbiegend – in den **Bernrieder Park**, wo man baden, schön radeln und reizvolle Landschaft bewundern kann. Wir passieren ein Strandbad, erreichen wenig später die Anlegestelle **Bernried** und schieben links in den Ort hoch. Wenn wir uns dort umgeschaut haben (zwei Kirchen, ein Holzbauernhaus), verlassen wir das Dorf wieder auf der Tutzinger- und Weilheimer Straße. Über Unterholz und Gallafilz läuft die Route durch Wiesenlandschaft und Wald und bringt uns nach **Bauerbach**. Wir durchqueren das Dorf geradlinig, biegen danach links (Jenhausen) und gleich

wieder rechts ab und gelangen auf einem schönen Asphaltsträßchen zur **Hardtkapelle**. 200 Meter nach der Kapelle geht es links auf einen Feldweg und am Naturschutzgebiet **Magnetsrieder Hardt** entlang bis zur Durchgangsstraße in **Magnetsried**. Diese Etappe zeichnet sich durch reizvolle Mooslandschaft und schöne Rundblicke aus.

Oben: Stupperhaus in Bernried, malerisches Holzhaus mit Flachsatteldach, Laube und Zierbund

Linke Seite: Blick von Seeseiten über den Starnberger See auf Seeshaupt und die dahinterliegende Benediktenwand

**Abschnitt Magnetsried–Habach.** An der Durchgangsstraße genau gegenüber folgen wir dem hinauslaufenden Sträßchen und sind erfreut, dass auch die Landschaft südlich von Magnetsried mit parkartigen Bildern aufwartet. 1,2 Kilometer nach Magnetsried biegen wir rechts ab, durchfahren **Wolfetsried** und steuern an der nächsten Querstraße das rechts oben liegende **Arnried** an. Dort halten wir uns links (Radschild) und radeln wieder hinaus. Wir treffen nach 1,5 Kilometern erneut auf eine Straße, biegen rechts und nach 400 Metern wieder links Richtung Stadel ab und gelangen zur Straße Eberfing–Antdorf. Schräg rechts gegenüber läuft ein Asphaltsträßchen weg, durchquert das landschaftlich anmutige **Hohenkastner Filz** und bringt uns an Tradlenz vorbei bis kurz vor **Egenried**. Hier nutzen wir den links hochführenden

*Einkehr*

Seeshaupt: Seeseiten (G): Tel. 08801/742; Bernried: Hotel Seeblick (B): Tel. 08158/25 40; Drei Rosen (B): Tel. 08158/90 40 53

Asphaltweg und biegen an der nächsten Querstraße wieder links ab. Von nun an ist die Radltour von aufregenden Gebirgsblicken geprägt. Die nächsten Stationen sind der **Pollinger Weiher**, dort bleiben wir geradeaus, dann das Hachtsee-Gestüt, wir lassen es links liegen, schließlich ein quer verlaufendes Asphaltsträßchen, an dem wir links nach **Reinthal** hochkommen. Kurz vor dem Weiler geht es bei prächtiger Gebirgssicht 1,5 Kilometer nach Osten hinaus und an der Kreuzung nach einer einzelstehenden Hütte links ab (Verkehrsverbotsschild, aber Radschild auf der Rückseite). Wir bleiben konsequent auf diesem Weg und gelangen so in

reizvoller Moosgegend mit Alpenpanorama an den **Koppenbergweiher** am Ortsrand von **Habach**, wo man übrigens auch baden kann.

Abschnitt Habach–Seeshaupt. Nun steuern wir Rieden und **Obersiffelhofen** an, halten uns danach links und kommen in parkartiger Region und nach steilem Anstieg in **Untersiffelhofen** an. Wenn wir dort nach links zur Straße Eberfing–Antdorf hinunterfahren und schräg links gegenüber Richtung **Gröben** fortsetzen, erreichen wir bald diesen Weiler und radeln nach Norden weiter, übrigens auf einem schönen Sträßchen und durch eine Landschaft, die uns anspricht. Aufpassen heißt es am Gabelchristlhof, einem einzelstehendes Haus, denn 30 Meter danach geht es ab vom Asphaltsträßchen auf einen Waldweg (Radschild). Er führt nach längerer Waldfahrt an die Straße Eberfing–Seeshaupt, wo wir rechts zum Bahnübergang in **Seeshaupt** und zum Bahnhof zurückkommen.

## Sehens- und Wissenswertes

Bernried: Ehemaliges Augustinerchorherrenstift, heute schmuckes Dorf am Starnberger See. 1984 ausgezeichnet als eines der schönsten Dörfer Deutschlands. Sehenswert sind u. a. die

Linke Seite oben: Gnadenbild der Pietà aus dem 14. Jh. in der Hofmarkskirche von Bernried

Mitte: Bäuerliche Gemarkung rund um Magnetsried – und doch entfaltet die Landschaft Reiz und Atmosphäre.

Magnetsrieder Hardt: Genussradeln in naturgeschützter Mooslandschaft

**St. Martinskirche** mit Rokokoausstattung und gotischem Flügelaltar um 1500, die **Hofmarkskirche** von 1362 mit gotischem Vesperbild (Pietà 14. Jh.) und das **Stupperhaus** (1685), ein denkmalgeschütztes Kleinbauernhaus in Holzbauweise. Das **Buchheim-Museum** (Di–So 10–18 Uhr) beherbergt eine berühmte Expressionistensammlung sowie Volkskunst aus aller Welt. Einen Besuch wert ist auch der **Bernrieder Park**, gestiftet 1950 von der Deutsch-Amerikanerin Wilhelmina Busch-Woods, mit altem Baumstand, u. a. 600 bis 800 Jahre alten Eichen.

## Wissenswert

In der Gegend um Habach herum standen zwischen 10. und 15. Jh. mehrere Burgen. Indes, die Burgenzeit dauerte nur etwa 4 Jahrhunderte. Verheerende Witterungsbedingungen durch einen Vulkanausbruch sowie eine Pest-Epidemie und in deren Folge eine Agrarkrise sollen Ursachen für die Aufgabe der Burgen gewesen sein.

# 42 Mooslandschaft und Wessobrunner Barock

mittel   37 km   140 m   3.45 Std.

### Route
Weilheim – Oderding (km 4,6) – Paterzell (km 12,5) – Wessobrunn (km 18,1) – Lichtenau (km 25,1) – Ammerbrücke nahe Ammerhof (km 31,1) – Weilheim (km 37)

### Verkehr
Starker Verkehr in Weilheim und vor Wessobrunn (Radweg). Sonst weitgehend verkehrsarm.

### Steigungen
Gesamtlänge ca. 4,5 km, davon 2,2 km stärker ansteigend. Hauptanstiege um Paterzell und vor Wessobrunn. Sonst nur kurze Steigungen.

### Wegezustand
Wege im Stiller Wald und an der Ammer grob und lose geschottert, sonst meist Asphaltbelag.

### Ausgangspunkt
Bahnhof Weilheim

### Anfahrt
Auto: A 95/952 bis Starnberg, dann B 2 über Traubing. Ca. 52 km, Fahrzeit 1 Std. Bahn: Mehrmals täglich München–Weilheim (direkt) und zurück. Fahrzeit ca. 40 Min., Fahrradmitnahme möglich.

### Freibäder
Kein Freibad an der Strecke

### Tourist-Info
Weilheim: Tel. 08 81/ 682-136, www.weilheim.de; Wessobrunn: Tel. 0 88 09/ 313 00, www.wessobrunn.de

Eine reizvolle Verbindung: Erst radelt man in anmutiger Mooslandschaft, dann folgt der Besuch in Wessobrunn, wo einst die berühmtesten Barockkünstler Bayerns wirkten und im Kloster Zeugnisse ihres Könnens hinterlassen haben. Bei einem Abstecher auf den Hohen Peißenberg erlebt man die spektakulärste Aussicht des Alpenvorlands.

## Streckenbeschreibung

**Abschnitt Weilheim–Paterzell.** Vom Bahnhof geht es über Bahnhof- und Münchener Straße, dann rechts abdrehend auf der Schützenstraße Richtung Wessobrunn. Wenig später die Ammerbrücke, nach der wir dem Uferweg in Südrichtung folgen, wo schöne Flussbilder geboten werden. An der Bahnlinie fahren wir rechts vor zur Unterführung und nehmen Kurs auf **Oderding**. In weiter Moosgegend mit imposantem Alpenpanorama erreichen wir das Dorf und biegen gleich am Ortsrand scharf rechts Richtung Grasla / Hungerwies ab. In der Folge überquert man die Bahn und kommt an ein Wegedreieck. Dort hält man sich rechts und radelt über **Kugelsbühl** nach Norden. Nach Waldende folgt eine markante Linkskurve, dort geht es rechts auf einen Feldweg und am nächsten Asphalträßchen links bis **Moosmühle**. Wir fahren vor zur Straße Peißenberg–Zellsee und gelangen rechts nach **Paterzell**.

**Abschnitt Paterzell–Wessobrunn.** Ob man nun in Paterzell den berühmten Eibenwald besichtigt oder den gleichnamigen Gasthof aufsucht, weiter geht es in jedem Fall nach Norden durch den Eibenwald und an der Straße St. Leonhard–Zellsee 2 Kilometer rechts hinunter zur Straße Weilheim–Wessobrunn. Auf der Gegenseite nutzen wir den Radweg und haben nun bis zum Kloster **Wessobrunn** fast 2 Kilometer leichte bis mittlere Steigungen zu absolvieren.

**Abschnitt Wessobrunn–Weilheim.** Hinter dem Klosterhof führt der Tassiloweg hinaus und leitet uns mit herrlicher Sicht auf das

Weilheimer Moos und die Alpenkette hinunter zu einer Linksabzweigung (mit Radschild), der wir folgen. Der grob geschotterte Waldweg fällt durchgehend ab und stößt unten auf einen
Querweg, auf dem wir rechts wieder zur großen Straße nach
Wessobrunn kommen. Wir bleiben diesseits, setzen links auf
dem Radweg fort und biegen nach 600 Metern links Richtung
**Lichtenau** ab. Knapp 1 Kilometer weiter macht der Weg einen
Rechtsknick (Radschild Weilheim) und verläuft nun schnurstracks nach Osten, durch anmutige
Mooslandschaft und mit Ausblik-
ken bis hin zu den Bergen. Nach
knapp 3 Kilometern ein Waldstück,
an dessen Ende unsere Route links
und nach 350 Metern wieder rechts
abzweigt und nun mit Aussicht nach
Raisting und Pähl erneut auf Ostkurs geht. Endpunkt dieser Etappe ist
eine Brücke über die Ammer, die wir
überqueren, um gut 200 Meter danach
dem halb rechts abgehenden Schotterweg zu folgen (Radschild). Er führt
am Ostufer der Ammer entlang, geht
später in einen Asphaltweg über und
bringt uns zur großen Wessobrunner
Straße in **Weilheim**. Dort geht es links
ins Zentrum zurück.

### Tipp des Tages

In Wessobrunn sollten Sie zur Tassilolinde an
der Südostecke des Klosters gehen, die eine
schöne Legende bietet: Tassilo III., späterer
bayerischer Herzog, war 753 als 12-Jähriger
auf Eberjagd. Als er unter einer Linde schlief,
träumte er von 3 Quellen, die tags darauf
tatsächlich der Erde entsprangen. Tassilo
deutete das als Auftrag, hier ein Kloster zu
gründen. Die mehrstämmige Tassilolinde steht
heute noch, mit einem Gesamtumfang von
mehr als 13 m. Auch die 3 Quellen sprudeln
noch im Brunnhaus.

**Abstecher über den Hohen Peißenberg.** Hier noch ein Angebot für konditionsstarke Radler: Anstatt vom Wegedreieck 2 Kilometer westlich Oderding über Kugelsbühl nach
Zellsee zu fahren, kann man auch einen Schlenker über

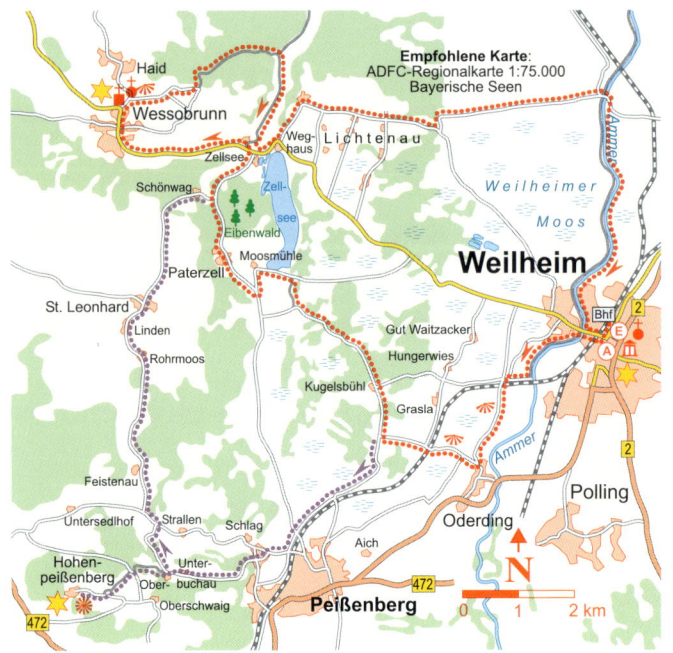

Rechts: Gedenkstein mit dem Text des Wessobrunner Gebets am Eingang von Kloster Wessobrunn

den Hohen Peißenberg (1000 m) machen, allerdings mit einigen Anforderungen – 4 Kilometer Anstieg, davon 2,5 Kilometer steiler und Erweiterung der Tour von 37 auf 48 Kilometer. Als Gegenleistung erhält man eine grandiose Aussicht auf das Alpenvorland und die Bergkette auf einer Breite von rund 200 Kilometern. Wenn Sie sich für diesen Abstecher entscheiden, geht es vom besagten Wegedreieck links ab, später an der Westseite der Bahn entlang, dann an dem Bahnübergang, wo gegenüber ein Schotterweg weiterläuft, rechts ab und nach 500 Metern links in die Thalackerstraße geradewegs nach oben. An der Gärtnerei Fuchs eine Gabelung, dort links und nach einem ruppigen Schotterstück an der Asphaltstraße rechts, bis wir in die

> **»Seine Künstler machten Wessobrunn im 17./18. Jh. zu einem Begriff, der im 20. Jh. durch die kunstgeschichtliche Forschung neuen Glanz erhielt.«**
>
> **Schnell, Kunstführer Nr. 526 (1986)**

eigentliche Auffahrtsstraße einmünden. Dort geht es rechts die letzten 500 Meter nach oben zum **Gasthof Bayerischer Rigi**. Vor allem der letzte Teil der Auffahrt ist bereits mit prächtigen Ausblicken verbunden.

Die Abfahrt ist schnell geschildert. Wir radeln auf gleicher Strecke zur Gärtnerei Fuchs zurück, biegen dort links ab und erreichen über **Tritschenkreut** die Straße nach Peißenberg. Dort ein Links-/Rechtsschwenk und weiter in Wiesenlandschaft über Faistenau und **St. Leonhard** zur Abzweigung Richtung Eibenwald. Der weitere Kurs ist oben beschrieben. Wenn Sie allerdings Wessobrunn auslassen und stattdessen über Kugelbühl nach Weilheim zurückradeln wollen, bleibt es bei einer Gesamtstrecke von nur 37 Kilometern.

## Sehens- und Wissenswertes

Weilheim: 1010 erstmals urkundlich erwähnt und seit 1238 Stadt. In der Neuzeit wichtiger Markt- und Umschlagplatz und Entwicklung zur Künstlerstadt im Pfaffenwinkel. Sehenswert sind die **Altstadt** als Ganzes und dort die **Pfarrkirche Mariä Him-**

Gasthof zum Eibenwald in Paterzell: eine stattliche Einkehr mit Aussichtsterrasse und Alpenblick

**melfahrt** von 1631, eine der frühesten süddeutschen Barockkirchen mit Wessobrunner Stuck, Schmädl-Altären und Deckengemälden. In der **Friedhofskapelle** Flügelaltar und Fresken. Das **Stadtmuseum** (Di–Sa 10–17, So 14–17 Uhr) zeigt u. a. Schnitzwerke, Möbel und Bilder.

Wessobrunn: Ehemaliges Benediktinerkloster, gegründet 753. Im 17./18. Jh. Heimat berühmter Barockkünstler (u. a. Zimmermann, Feichtmayr, Schmuzer), Fundort des Wessobrunner Gebets als ältestem deutschem Sprachzeugnis religiösen Inhalts (um 800). Sehenswertes im Kloster Wessobrunn: die **Pfarrkirche St. Johannes** von 1759 von Joseph Schmuzer mit Stuck, Fresken, schöner Altaranlage und romanischem Kruzifix. Am linken Seitenaltar befindet sich das Madonnenbild »Mutter der schönen Liebe«. Neben der Kirche steht der romanische **Glockenturm** der alten Kirche. Der **Fürstenbau** des Klosters ist innen mit reichen Stuckarbeiten geschmückt. Beachtenswert sind auch die Tassilolinde an der Südostecke des Klosters, das historische Brunnenhaus hinter der Pfarrkirche und der Gedenkstein am Klostereingang.

*Einkehr*

Weilheim: Allgäuer Hof (T): Tel. 0881/20 86; Paterzell: Zum Eibenwald (T): Tel. 08809/920 40; Wessobrunn: Zur Post (T): Tel. 08809/208

# 43 Große Rundfahrt im Pfaffenwinkel

schwierig 51 km 190 m 5.30 Std.

### Route
Schongau – Kreut (km 7,9) – Steingaden (km 18,4) – Wieskirche (km 24,4) – Wildsteig (km 28,7) – Rottenbuch (km 36) – Ramsau (km 42,8) – Schongau (km 51)

### Verkehr
Lebhaft in Schongau, an der B 17 (Radweg) und in Steingaden. Sonst wenig oder kein Verkehr.

### Steigungen
Gesamtlänge gut 8 km, davon ca. 4,5 km stärker ansteigend. Häufig mittellange Anstiege (200–400 m).

### Wegezustand
Längeres Schotterstück im Doswald, ein kürzeres schlechtes bei Schwarzenbach. Sonst nur Asphalt.

### Ausgangspunkt
Bahnhof Schongau

### Anfahrt
Auto: A 96 bis AS Landsberg Nord, dann B 17 bis Schongau. Ca. 88 km, Fahrzeit 1:15 Std. Bahn: Mehrmals täglich München–Weilheim (umsteigen)–Schongau und zurück. Fahrzeit ca. 1:20 Std., Fahrradmitnahme möglich.

### Freibäder
Schongau: Deutensee, Bismarckweiher, Schwaigsee

### Tourist-Info
Schongau: Tel. 0 88 61/ 21 41 81, www.schongau.de; Steingaden: Tel. 0 88 62/200, www.steingaden.de

Eine wunderbare Verbindung von Kunst und Landschaft! Hier die grüne Buckelwelt des Pfaffenwinkels mit schmucken Weilern, verträumten Hochmooren und Alpensicht – eine attraktive, wenn auch kräftezehrende Radlregion. Dort Kirchen und Klöster, die in ihrer verschwenderischen Prachtentfaltung zu den schönsten Bayerns zählen.

## Streckenbeschreibung

**Abschnitt Schongau–Steingaden.** Zuerst geht es auf der Bahnhofstraße und einem Fuß- und Radweg steil zur Altstadt hinauf. Südlich des Marienplatzes führt dann die Lechtorstraße wieder hinunter zum Lech, wo wir scharf rechts in die Lechuferstraße abbiegen. Damit hätten wir die Hektik der Stadt hinter uns. Gut 1 Kilometer danach eine Gabelung, dort geht es rechts hinauf, oben links über die **Staustufenbrücke**, übrigens mit schönem Blick auf den Lechsee und drüben geradewegs in den Wald. Nach steigungsintensiver Waldfahrt biegt man an der nächsten Straße rechts ab und radelt die folgenden Kilometer durch ein reizvolles Hochtal. Wir durchqueren den Weiler **Kreut**, halten uns 1 Kilometer danach an der Gabelung rechts und gelangen auf dem schönen Radlsträßchen durch Wald und Wiesen zu den Weilern von **Riesen**, wo sich ein erster imposanter Alpenblick eröffnet. Später treffen wir auf ein Wegedreieck und setzen halb links Richtung Steingaden fort. 3 Kilometer weiter tritt der Wald zurück und gibt den Blick frei auf das wunderbare Füssener Alpenpanorama, vor dem grüne Hügel, dunkle Waldparzellen und die roten Dächer der Höfe und Weiler ein typisch Allgäuer Landschaftsbild abgeben. Wenn wir an der nächsten Querstraße links abbiegen, sind wir bald in **Steingaden**.

**Abschnitt Steingaden–Wies–Rottenbuch.** Nach Besuch des berühmten Münsters radeln wir an der B 17 (linken Gehsteig nutzen!) 1 Kilometer nach Süden hinaus und biegen links Richtung Hiebler ab. Es folgen Steigungen, ein faszinierender Blick über den **Biberschwöller See** Richtung Allgäuer Alpen und eine

Dreiergabelung, an der wir ganz links weiterfahren. In Hiebler biegt man am Ostrand rechts ab, passiert den **Lindegger See** und kommt bald darauf zur weltberühmten **Wieskirche**. Wenn wir sie angemessen gewürdigt haben, geht es weiter, kurz nach dem Parkplatz halb rechts (Radschild) und 150 Meter nach Einmündung in ein Sträßchen beim Weiler Schwarzenbach links Richtung Rottenbuch. Nach einem kurzen Abschnitt grob geschotterten Weges erreichen wir eine Kreuzung, die wir geradewegs überqueren, um schließlich den Ortsteil **Unterhäusern** zu erreichen. Ab hier geht es nach **Wildsteig**, dort die Kirchbergstraße hinunter und unten rechts weiter auf der Riedstraße, bis rechts der Morgenbacher Weg abzweigt. Ihm folgen wir für rund 600 Meter, um dann links auf ein anderes Asphaltsträßchen einzuschwenken. Es bringt uns in anmutiger Landschaft und mit schönen Ausblicken hinunter nach **Untermorgenbach**, wo wir links abschwenken. Nach knapp 1 Kilometer sind wir an der großen Straße nach Steingaden, setzen drüben auf dem Sträßchen fort und biegen oben

Steingaden mit dem berühmten Welfenmünster, eine der Hochburgen des Pfaffenwinkels – im Hintergrund der Auerberg

## Tipp des Tages

Sollten Sie trotz der langen, steigungsintensiven Tour noch etwas Zeit in Schongau haben, fahren Sie doch die 2 km hinüber nach Altenstadt, dem alten Schongau des Mittelalters. Dort steht die bedeutendste romanische Basilika in Süddeutschland. Allein das 3 x 3 m große Kruzifixus (um 1200), »Großer Gott von Altenstadt« genannt, sowie ein 8 m hoher Christophorus, ein Wandgemälde (ebenfalls um 1200), sind eine eigene Reise wert.

Oben: Wallfahrtskirche Zum Gegeißelten Heiland auf der Wies, ein Rokokojuwel von abendländischem Rang

Rechte Seite: Spätgotische Muttergottes um 1483 von Erasmus Grasser in der Stiftskirche von Rottenbuch

rechts ab, um zur **Käsalm** zu gelangen. Mit herrlichem Ausblick bis zum Hohen Peißenberg nehmen wir den links abgehenden asphaltierten Weg, der uns über Engle und Solder hinunter nach **Rottenbuch** bringt. Beachten Sie stets die Radschilder.

**Abschnitt Rottenbuch–Schongau.** Nach einem Kirchenbesuch geht es wieder vor zur B 23, unten hindurch und auf der Raiffeisenstraße hinaus. Die B 23 prägt diesen Abschnitt. Obwohl wir nicht direkt auf die Straße müssen, radeln wir stets auf Parallelsträßchen oder Radwegen an ihr entlang. Nach erneuter Unterquerung kommen wir über **Moos** ein drittes Mal an die Bundesstraße und setzen drüben fort. Es folgen der Ortsteil **Vogelherd**, dann wieder ein Radweg, ein weiteres Parallelsträßchen (vorbei an einer Diensthütte) und letztendlich ein Radweg bis zur **B 472 neu** (Umgehungsstraße). An ihr geht es nun links entlang, bis das Asphaltsträßchen an einer Brücke endet. Dort links, nach 300 Metern rechts und 400 Meter danach noch einmal rechts unter der Umgehungsstraße durch und links vor zur St. 2014. Nach Unterquerung setzen wir auf einem Sträßchen 700 Meter nach Westen fort, bis rechts eine Schotterstraße einmündet, die wir bereits zu Beginn der Tour genutzt haben. Sie führt uns über die **Staustufenbrücke** nach Schongau zurück.

*Einkehr*

Steingaden: Gasthof Graf (B): Tel. 08862/246; Wies: Gasthof Schweiger (T): Tel. 08862/500; Wildsteig: Gasthof Kirchberger (T): 08867/221; Rottenbuch: Kunstcafé am Tor (G): Tel. 08867/92 10 40

## Sehens- und Wissenswertes

**Schongau:** Sehenswerte **Altstadt** mit vollständig erhaltener Stadtmauer. Am Marienplatz **Kirche Mariä Himmelfahrt** mit hochwertiger barocker Einrichtung sowie das **Ballenhaus** (1515). Im Stadtmuseum u. a. ein Münzschatz und der Häringer Altar. Im nahen Altenstadt eine der besterhaltenen romanischen Basiliken Bayerns mit dem »Großen Gott von Altenstadt«.

**Wieskirche:** Schönste Rokokokirche Oberbayerns, 1757 von Domenikus Zimmermann errichtet. Herausragend die

> ## »Domenikus Zimmermann hat in der Wies ein jubelndes Lied angestimmt: das Lied von der Liebe und dem Erbarmen des Gegeißelten Herrn auf der Wies.«
>
> **Prälat Alfons Satzger, Steingaden**

Deckengemälde und der Stuck sowie die Altaranlage, die Kanzel und Schnitzfiguren. Ein glanzvoller und harmonischer Gesamteindruck.

**Steingaden:** Romanisches Welfenmünster (1176) mit Zeugnissen aller Stilepochen im Innern, unter anderem reiches Rokokogewand im Langhaus.

**Rottenbuch:** Stiftskirche Mariä Geburt, gotischer Bau mit festlicher Rokokoausstattung (1737, Fam. Schmuzer) und einer gotischen Madonna von Erasmus Grasser (1483).

**Pfaffenwinkel:** Landschaft und Kunstregion ohne feste Grenzen im Südwesten Oberbayerns (u. a. Landkreis Weilheim-Schongau). Zahlreiche bedeutende Kirchen und Klöster auf engem Raum.

# 44 Beiderseits des Lechtals südlich von Landsberg

leicht · 35 km · 120 m · 3.30 Std.

**Route**

Landsberg – Erpfting (km 4) – Asch (km 13) – Mundraching (km 18,1) – Vilgertshofen (km 22,1) – Pitzling (km 30,5) – Landsberg (km 35)

**Verkehr**

Verkehrsreich nur in Landsberg und etwas lebhafter vor Mundraching. Sonst wenig oder kein Verkehr.

**Steigungen**

Gesamt ca. 1,9 km, davon 1 km stärker. Längere Anstiege aus Landsberg und um Mundraching.

**Wegezustand**

Schotterstrecken vor Vilgertshofen und am Lechufer, bis auf wenige Stellen gut befahrbar.

**Ausgangspunkt**

Bahnhof Landsberg am Lech

**Anfahrt**

Auto: A 96 bis AS Landsberg Ost, dann auf Staatsstraße 2054 ins Zentrum. Ca. 58 km, Fahrzeit ca. 40 Min. Bahn: Mehrmals täglich München bis Kaufering (umsteigen)–Landsberg und zurück. Fahrzeit ca. 50 Min., Fahrradmitnahme möglich.

**Freibäder**

Landsberg: Inselbad, Kneippbad im Lechpark

**Tourist-Info**

Landsberg: Tel. 0 81 91/ 128-245 / 246, www.landsberg.de

Eine Fahrt abseits touristischer Betriebsamkeit: Vom mittelalterlichen Landsberg geht es an der Westseite des Lechtals nach Süden, dann über den Lech zur Wallfahrtskirche Vilgertshofen und schließlich wieder zurück in die Lechstadt. Höhepunkte sind Landsberg und Vilgertshofen, sonst beschauliches Radeln in bäuerlicher Gemarkung.

## Streckenbeschreibung

**Abschnitt Landsberg–Asch.** Vom Bahnhof geht es vor zur Katharinenstraße, dort rechts und nach Queren des Danziger Platzes auf der Erpftinger Straße aus der Stadt. Der Radweg führt durch ländliche Gegend und mündet später in ein Nebensträßchen, das uns an den Rand von **Erpfting** bringt. Dort weist ein Rad-

schild in die Husarenstraße (Richtung Ellighofen). Wir folgen dieser Straße und in Verlängerung einem Sträßchen, welches angenehm zu radeln ist und schöne Rundblicke bietet. Es macht mehrere Knicks, läuft später an der Straße Erpfting–Unterdießen entlang und trifft nach **Ellighofen** und Geratshofen auf eine Querstraße

in **Unterdießen**. Ein Radschild mit grünem Pfeil hat stets den richtigen Weg gezeigt. Jetzt biegen wir rechts und nach 100 Metern links ab und steuern nun auf verkehrsarmer Straße das Dorf **Asch** an, das man schließlich nach 4 Kilometern erreicht.

**Abschnitt Asch–Vilgertshofen.** An der Dorfstraße in der Ortsmitte geht es links ab, dann rechts durch die Bahnhofstraße und auf der Römerkesselstraße wieder aus dem Dorf. Nach 2 Kilometern

überquert man die B 17, legt ggf. im Gasthof **Römerkessel** eine Pause ein und fährt dann durch den Hohlweg gegenüber vom Gasthof hinunter an die Straße nach Mundraching. Wir nutzen den Radweg nach links, überqueren den Lech und gehen dann die einzige ernsthafte Steigung der Tour an, durch **Mundraching** hoch und nach Osten hinaus. In einer Linkskurve zweigt rechts ein Asphaltweg ab (Schild R 6) und führt nach 2 Kilometern an eine Waldkreuzung, wo es links bis **Vilgertshofen** geht.

Oben: Blick über das tosende Lechwehr in Landsberg auf die Altstadt

Linke Seite: Hauptplatz in Landsberg mit stuckiertem Rathaus und Brunnen mit Marienfigur von 1783

**Abschnitt Vilgertshofen–Landsberg.** Die Kirche in Vilgertshofen ist kunstgeschichtlich ein Höhepunkt. Wenn Sie sie ansehen wollen, fahren Sie rechts in das Dorf. Ansonsten aber biegt man an der Querstraße links ab, übrigens entgegen den Radschildern, und radelt nun in stimmungsvoller bäuerlicher Landschaft und mit weiten Ausblicken nach Norden hinaus. Es geht geradewegs durch **Stadl**, dann an Frauenwies vorbei und hinein nach **Stoffen**. Dort leitet uns ein

*Einkehr*

Landsberg: Restaurant am Hexenturm (T): Tel. 08191/18 74; Fuchstal: Römerkessel (B): Tel. 08243/993 00 83; Pitzling: Teufelsküche (T): Tel. 08191/985 96 96

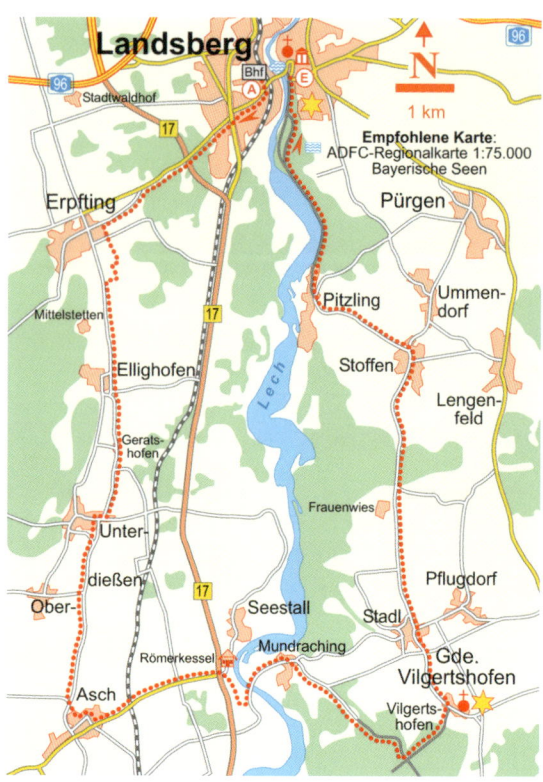

Oben: Die stattliche Wallfahrtskirche in Vilgertshofen,
erbaut vom Wessobrunner
Johann Schmuzer

Rechte Seite: Lechschleife
und Lechauen unterhalb von
Mundraching

Schild links nach **Pitzling**, wo wir nach rasanter Abfahrt zum
Lechuferweg gelangen. Mit schönen Flussbildern und Ausblicken auf Wasser und Auen geht es am Lech entlang, vorbei
an der **Teufelsküche**, bis wir eine mächtige Eiche erreichen. Dort
gehen mehrere Wege ab, wir setzen rechts fort, durchqueren nun
den **Lechpark**, wo man unvermittelt wenig scheuen Rehen begegnen kann, und kommen wieder ans Lechufer zurück. Nach
700 Metern gelangt man zur Lechbrücke in **Landsberg**.

## Sehens- und Wissenswertes

Landsberg: Geschichtsträchtige Stadt am Lech, gegründet im
12. Jh. zum Schutz der Salzstraße. Am malerischen Hauptplatz stehen der **Schmalzturm** aus dem 14. Jh. (»Schöner
Turm«) und der schönste Profanbau der Stadt, das **Rathaus**,
dessen Stuckfassade von Dominikus Zimmermann stammt.
Er war von 1748–53 Bürgermeister in Landsberg und er-
langte mit dem Bau der Wieskirche Weltruhm. Sehenswert
sind auch die **Pfarrkirche Mariä Himmelfahrt** von 1488
(u. a. prächtige Altaranlage, hochrangige Bild- und Schnitz-

werke), die **Johanneskirche** mit filigranem Stuckaltar (Zimmermann) und Luidl-Figuren, die **Kirche Hl. Kreuz** mit glanzvollem Rokoko-Innenraum und die **Klosterkirche**. Oberhalb der Altstadt befindet sich das **Bayertor** von 1425, eine der schönsten spätgotischen Toranlagen Bayerns. Beachtliche Sammlungen präsentieren das **Neue Stadtmuseum** (Geschichte, Handwerk, zeitgenössische Kunst, derzeit Sanierung) und das **Herkomer-Museum** (Gemälde, Skulpturen, Grafiken, Di–So 13–18 Uhr).

Vilgertshofen: Die Wallfahrtskirche zur Schmerzhaften Mutter (1688–92, Johann Schmuzer) besticht vor allem durch kraftvollen Wessobrunner Stuck und Deckengemälde von J. B. Zimmermann.

## Tipp des Tages

Das alle 4 Jahre in Landsberg stattfindende Ruethenfest, größtes Kinderfest Bayerns und eines der schönsten und ältesten, sollte Anlass sein, die Radtour auf die entsprechende Festspielzeit (9 Tage) um die Julimitte herum zu legen. Über 1100 Kinder lassen bei Tänzen und Umzügen die Geschichte der Stadt aufleben. Hintergrund ist ein 500 Jahre alter Brauch, wonach Kinder mit ihren Lehrern im Frühjahr vor die Stadt zogen, Gerten abbrachen und mit den Zweigen in die Stadt zurückkehrten.

# 45 Landpartie von der Ilm zur Paar

mittel · 41 km · 130 m · 4.15 Std.

### Route
Pfaffenhofen – Englmannsberg
(km 12,2) – Waidhofen
(km 17,7) – Hohenwart
(km 23,4) – Weichenried
(km 28,3) – Ehrenberg
(km 33,5) – Pfaffenhofen
(km 41)

### Verkehr
In und um Pfaffenhofen sowie
an einzelnen Stellen verstärkter
Verkehr, sonst nur verkehrs-
arme/verkehrsfreie Straßen
und Wege.

### Steigungen
Gesamtlänge gut 6 km, davon
1,7 km stärker ansteigend.
Hauptanstieg vor Buchhof,
sonst viele kurze bis mittellange Steigungen.

### Wegezustand
Uferweg an der Paar und
Sträßchen vor Ehrenberg geschottert, aber durchwegs gut
befahrbar, sonst nur Asphalt-
beläge.

### Ausgangspunkt
Bahnhof Paffenhofen/Ilm

### Anfahrt
Auto: A 9 bis AS Pfaffenhofen,
dann Staatsstraße 2045 bis
Pfaffenhofen. Ca. 55 km,
Fahrzeit ca. 45 Min. Bahn:
Mehrmals täglich München
bis Pfaffenhofen (direkt) und
zurück. Fahrzeit ca. 40 Min.,
Fahrradmitnahme möglich.

### Freibäder
Freibad Pfaffenhofen (Ortsteil
Altenstadt)

### Tourist-Info
Pfaffenhofen an der Ilm:
Tel. 0 84 41/78 22 51,
www.pfaffenhofen.de

Im Norden Oberbayerns bilden die Hallertau, Donaumoos und das Altmühltal eine eigene Großregion. Die Tour in der Hallertau bewegt sich zwischen Pfaffenhofen und der Paar. Ihre Markenzeichen sind beschauliches Bauernland, verschlafene Dörfer und Weiler und – häufige Steigungen! Eine angenehme Abwechslung bietet das steigungsarme Paartal mit ansprechender Landschaft.

## Streckenbeschreibung

**Abschnitt Pfaffenhofen–Waidhofen.** Erstes Ziel nach Ankunft am Bahnhof ist das Zentrum von Pfaffenhofen. Dorthin gelangt man auf der Schrobenhausener- und Dr.-Bergmeisterstraße sowie auf dem Kapellenweg und Draht. An der Scheyener Straße geht es gegenüber auf der Keller- und Hohenwarter Straße wieder hinaus. Gut 2 Kilometer radelt man bei etwas mehr Verkehr, dann kommt die Linksabzweigung nach Wolfsberg. Damit treten wir ein in eine stille und verkehrsarme Hügelregion mit verschwiegenen Dörfern und weiten Ausblicken. Hopfengärten erinnern daran, dass man in der Hallertau ist. Im kräftezehrenden Auf und Ab passieren wir Buchhof, Kienhöfe, **Wolfsberg**, Men-

zenbach und Ellenbach, wobei das Radschild »Erlebnistour an Ilm und Paar« zusätzlich die Richtung bestätigt. Nächste Ziele bei weiter steigungsreicher Strecke sind **Englmannsberg**, nach Waldabfahrt das schmucke Dorf **Loch**, schließlich Wolfshof und nach Querung der B 300 das Etappenziel **Waidhofen**.

Das neugotische Rathaus von 1868 in Pfaffenhofen an der Ilm mit seinem Spitzturm, Gegenpol zur Pfarrkirche St. Johannes Baptist

**Abschnitt Waidhofen–Weichenried.** An der Sternstraße in Waidhofen biegen wir rechts ab und folgen dem Schild Sportplatz. Es geht über eine Kreuzung und dann auf dem Radweg zu einem Kreisverkehr, den wir rechts wieder verlassen. Nur wenige kurze Steigungen deuten an, dass wir im reizvollen **Paartal** angekommen sind, dem sogar eine eigene Fernradroute gewidmet ist. In Wangen an der kleinen Kapelle gelangen wir auf dem Mühlweg über die Paar und an ihr entlang nach **Hohenwart**. Dieses Teilstück ist landschaftlich der Höhepunkt der Tour.

*Einkehr*

Pfaffenhofen/Ilm: Müllerbräu (B): Tel. 08441/49 37 10; Waldhofen: Gasthof Bogenrieder (B): Tel. 08443/10 33; Hohenwart: Metzgerbräu (B): Tel. 08443/219

Romantische Szene im Paartal: Die Paar zieht eine Schleife, dahinter erhebt sich auf dem Klosterberg die Pfarr- und Klosterkirche von 1895.

Mit anmutigen Flussbildern und schönen Ausblicken auf den Klosterberg von Hohenwart radelt man auf einem abgelegenen Feldweg durch bäuerliche Gemarkung. Wir steuern die Kirche in Hohenwart an, biegen danach an der Durchgangsstraße links und nach Überquerung der Paar rechts Richtung Freinhausen ab. Wieder umgibt uns bei Ausblicken auf die Paarwiesen ländliche Abgeschiedenheit. Einen Kreisverkehr lassen wir in gerader Linie hinter uns und folgen 1 Kilometer danach der Rechtsabzweigung Richtung **Schwaig**, die nach dem Gut auch zur B 300 in **Weichenried** führt.

>>**Naturfreund ist derjenige, der sich mit allem, was in der Natur lebt, innerlich verbunden weiß, an dem Schicksal der Geschöpfe teilnimmt, ihnen, so viel er kann, aus Leid und Not hilft und es nach Möglichkeit vermeidet, Leben zu schädigen oder zu vernichten.**<<

**Albert Schweitzer**

Abschnitt Weichenried–Pfaffenhofen. Damit verlassen wir das Paartal wieder und radeln gegenüber auf der Dorf- und an der kleinen Kapelle auf der Hopfenstraße hinaus. Erneut bestimmen viele Hopfengärten das bäuerliche Landschaftsbild. Nach 2,5 Kilometern geht die Asphaltstraße in eine Schotterstraße über, die stellenweise etwas ruppig ist. Weitere 2 Kilometer danach erreicht man **Ehrenberg**. An der Durchgangsstraße schwenken wir nach rechts und 200 Meter danach links auf den Eutenhofener

Weg ein. Jetzt nehmen die Steigungen wieder zu. Nachdem wir **Eutenhofen** hinter uns gelassen haben, stoßen wir auf die etwas verkehrsreichere Straße Pfaffenhofen – Tegernbach, die jedoch über einen Radweg verfügt, der uns nach links an den Anwesen Köhlhof und Brunnhof vorbei zu der Stelle bringt, wo wir bei der Hinfahrt Richtung Wolfsberg abgebogen sind. Die Reststrecke ins Zentrum von **Pfaffenhofen** ist bekannt und beträgt nur noch gut 2 Kilometer.

## Sehens- und Wissenswertes

**Pfaffenhofen an der Ilm:** 1438 erstmalige Beurkundung als Stadt. Heute ist Pfaffenhofen mit rund 22 000 Einwohnern Kreisstadt. Wichtigste Sehenswürdigkeiten sind die gotische **Pfarrkirche St. Johannes Baptist** (1393) mit barockisiertem Innenraum (1672) sowie das neugotische **Rathaus** von 1868 und das **Heimatmuseum** im alten Mesnerhaus mit religiösen Kunstschätzen des Landkreises (Öffnungszeiten unter Tel. 0 84 41 / 49 04 80).

**Hohenwart:** Die Wurzel des Dorfes liegt auf dem Klosterberg, wo 1074 ein Benediktinerkloster gegründet wurde. Nach wechselvoller Geschichte wurde das Kloster 1803 aufgelöst, heute beherbergt es eine Behinderteneinrichtung. Die neubarocke Pfarr- und Klosterkirche St. Georg auf dem Klosterberg ist Nachfolgerin der 1895 abgebrannten Basilika von 1074.

*Tipp des Tages*

Hopfen und Spargel sind Markenzeichen der Hallertau. Von Ende April bis Mitte Juni finden alljährlich die Hallertauer Spargelwochen statt. Wer seine Radtour in diese Zeit verlegt, kann die vorzüglichen Spargelgerichte probieren, die von Gaststätten und Restaurants zubereitet werden, auch vom Müllerbräu in Pfaffenhofen und Metzgerbräu in Hohenwart (siehe Einkehr).

Bäuerliche Impressionen aus dem Paartal nahe Hohenwart

# 46 Von Ingolstadt ins weite Donaumoos

leicht 48 km 10 m 4.15 Std.

### Route
Ingolstadt – Staustufe Bergheim (km 14) – Schloss Grünau (km 16,3) – Weichering (km 22,6) – Museum Kleinhöhenried (km 31,2) – Lichtenau (km 36,2) – Hagau (km 39) – Ingolstadt Zentrum (km 48)

### Steigungen
Die gesamte Strecke ist bis auf zwei ganz kurze Auffahrten von je 100 m Länge so gut wie völlig eben.

### Verkehr
Verkehrsschwerpunkt ist Ingolstadt. Sonst nur mäßiger, häufig aber geringer oder ganz fehlender Verkehr.

### Wegezustand
Rund die Hälfte der Strecke sind Schotterwege, die bis auf wenige Stellen durchwegs gut befahrbar sind.

### Ausgangspunkt
Hauptbahnhof Ingolstadt

### Anfahrt
Auto: A 9 bis Ingolstadt Süd und weiter ins Zentrum. Ca. 80 km, Fahrzeit ca. 1 Std.
Bahn: Mehrmals täglich München–Ingolstadt (direkt) und zurück. Fahrzeit 1 Std., Fahrradmitnahme möglich.

### Freibäder
Ingolstadt: Volksbad Nähe Kreuztor, Baggersee Ingolstadt, Osterfeldsiedlung

### Tourist-Info
Ingolstadt: Tel. 08 41/ 305-30 30, www.ingolstadt.de

Eine lange genussvolle Fahrt am Donauufer macht den Anfang. Dann besuchen wir das Jagdschloss Grünau, ziehen ab Weichering eine Schleife durch das Donaumoos und kehren auf einem sehr angenehm zu fahrenden Radweg nach Ingolstadt zurück. Steigungen und Verkehr gibt es praktisch gar nicht – also beste Voraussetzungen für einen wohltuenden Radltag.

## Streckenbeschreibung

### Abschnitt Ingolstadt–Weichering.
Start ist in die Fußgängerzone an der Moritzstraße, die man vom Bahnhof auf der verkehrsreichen Münchener Straße und über die Konrad-Adenauer-Brücke erreicht. Wir folgen im Zentrum in gerader Linie der Theresien-, Kreuz- und Friedhofstraße, überqueren die große Westliche Ringstraße, um drüben links und nach 100 Metern rechts auf der Brodmühlstraße fortzusetzen. Gut 1 Kilometer danach zweigt links der Mitterschüttweg ab, von dem wiederum die Stauseestraße abgeht und uns zum Damm des Donaustausees führt. Wir erklimmen ihn und radeln auf dem **Dammweg** nach Westen hinaus. Vor uns liegen rund 11 Kilometer am Donauufer, die ersten zwei und die letzten sechs sind besonders reizvoll, weil sie direkt

am Ufer entlangführen und Ausblicke auf den Strom und seine Auen bieten. Ein Stück Genussradeln ist das, bei dem man getrost eigenen Gedanken nachhängen kann, ohne auf Ampeln oder Schwenks achten zu müssen. An der **Staustufe Bergheim** geht es über die Donau und knapp 1,5 Kilometer danach links ab (Radschild) mit Kurs auf **Schloss Grünau**. Es folgt ein Wegedreieck, dort bitte rechts halten. Am Schloss stößt man auf den vorbildlich ausgeschilderten **Donauradweg**, dem wir nun folgen, dabei durch **Gut Rohrenfeld** kommen und in einem weiten Links-/Rechtsbogen durch friedliches Bauernland schließlich den Ort **Weichering** erreichen.

Oben rechts: Das neue Schloss in Ingolstadt, eine trutzige Herzogsburg aus dem 15. Jh.

Oben links: Nur am Sonntag so ruhig und beschaulich: die Fußgängerzone in Ingolstadt

Linke Seite: Das Donaumoos von Berg im Gau aus: flaches Ackerland, so weit das Auge reicht

**Abschnitt Weichering–Hagau (Donaumoos).** Direkt nach Überquerung der Bahn in Weichering sagen wir dem Donauradweg wieder ade und radeln – statt links abbiegend – geradeaus Richtung Seestüberl weiter. Nach Einmündung in die Neuburger Straße geht es durch den Ort an der Kirche vorbei und auf der Ingolstädter Straße über die B 300 hinein in die **Osterfeldsiedlung**. Bei striktem Südkurs fahren wir an der nächsten Querstraße

*Tipp des Tages*

In Ingolstadt empfiehlt sich ein Besuch im Audi-Forum. 2-stündige Führungen bieten Einblick in verschiedene Bereiche wie Produktion, Firmengeschichte und Jahrhundert der Mobilität oder Museum Mobile. Vor dem Ausflug nach Ingolstadt sollte man unter Tel. 0800/283 44 44 Führungszeiten, Treffpunkte und Kosten erfragen. Das Audi-Forum befindet sich in der Ettinger Straße/Kreuzung Waldeysenstraße, ca. 5 km vom Hauptbahnhof entfernt.

rechts nach **Neuschwetzingen**. Damit befinden wir uns im Donaumoos, einer weiten und völlig ebenen Region, gegliedert nur von verstreuten Baumreihen und Buschgruppen und von lang gezogenen Straßendörfern. Nächste Abzweigung links ist die Weidenstraße. Sie trifft nach 2 Kilometern wieder auf eine Querstraße, wo wir eine kurze Rechts-/Links-Bewegung machen und auf dem Unteren Kanal ein kurzes Stück hinüberradeln nach **Kleinhohenried**. Wir biegen links ab, passieren etwas später das Freilichtmuseum und treffen 2 Kilometer danach auf die etwas verkehrsreichere Straße in **Probfeld**. Ein Radweg bringt uns mit weiten Rundblicken nach Lichtenau. Nach der Kirche nutzen wir die Windener Straße nach rechts, müssen auf der links abzweigenden Hagauer Straße an einem wenig ansehnlichen Kieswerk vorbei und erreichen nach Überqueren der B 16 die Staatsstraße 2041, deren Radweg an den Südrand von **Hagau** führt.

*Einkehr*

Ingolstadt: Kuchlbaur (B): Tel. 0841/ 355 12; Antonius-Schwaige (B): Tel. 0841/ 326 80; Straßencafés in der Fußgängerzone; Weichering: Gasthof Vogelsang (B): Tel. 08454/ 912 60

**Abschnitt Hagau–Ingolstadt.** Der Restweg ist schnell erklärt. Wir folgen im Dorf der Rosenschwaigstraße nach Norden. An einer markanten Linkskurve setzen wir rechts fort, stoßen 500 Meter nach der Sandrach auf eine Kreuzung und zugleich wieder auf den **Donauradweg** und biegen rechts ab. Vor uns liegt ein sehr schöner Radweg, der uns in gerader Linie und später mit weiten Ausblicken auf die Donauauen nach **Ingolstadt** zurückbringt. Die Schilder des Donauradwegs lenken uns bis ins Zentrum der Donaustadt.

## Sehens- und Wissenswertes

Ingolstadt: Früher Herzogresidenz, später Universitätsstadt, dann Bayerns Militärstadt Nr. 1 und heute moderner Industriestandort. Entsprechend profitiert die Altstadt vom reichen historischen Erbe. Besonders beachtenswert sind dort: **Liebfrauenmünster**, größte spätgotische Hallenkirche Bayerns. **Franziskanerkirche** (Hochaltar und Grabplatten) und **Kirche Maria-de-Viktoria** (Rokokosaal der Gebrüder Asam, kostbare Monstranz). Sehenswerte Einzelgebäude: **Herzogkasten** (ältester Profanbau der Stadt), das **Ickstatthaus** in der Fußgängerzone und das **Tilly-Haus**, in dem der berühmte Feldherr 1632 verstorben ist. Am Ostrand der Altstadt das **Neue Schloss** (15. Jh.) mit dem Bayerischen Armeemuseum (Di–So 10–17.30 Uhr). Von Interesse auch das **Kreuztor** (1385), die Barockanlage der Alten Anatomie und das Alte Rathaus (1882).

Kleinhohenried: Heimat- und Freilichtmuseum (Di–Fr 8–17, Sa/So 13–17 Uhr). Themen sind Landwirtschaft und Handwerk im Donaumoos.

Linke Seite: Das von parkartiger Auenlandschaft nahe der Donau umgebene Jagdschloss Grünau aus dem 16. Jh., einst Residenz des Pfalzgrafen Ottheinrich, kann leider nicht mehr besichtigt werden, ist aber dennoch schön anzuschauen.

Das weite und völlig ebene **Donaumoos** ist heute vorwiegend Kartoffelanbaugebiet, nachdem das einstige Moor südlich der Donau zwischen Ingolstadt und Neuburg gegen Ende des 18. Jh. trockengelegt worden war.

# 47 In den Tälern von Altmühl und Urdonau

mittel  52 km  20 m  4.45 Std.

### Route
Eichstätt – Wasserzell (km 5,2) – Breitenfurt (km 13,5) – Dollnstein (km 16,5) – Konstein (km 23,6) – Wellheim (km 25,4) – Hütting (km 32) – Rennertshofen (km 35) – Stepperg (km 41,8) – Riedensheim (km 45) – Neuburg/Donau (km 52)

### Verkehr
In den Orten etwas mehr Verkehr, vor allem in Eichstätt und Neuburg, sonst aber so gut wie verkehrsfrei.

### Steigungen
Gesamtlänge gut 1,6 km, davon ca. zwei Drittel stärker ansteigend. Hauptanstieg (ca. 750 m) hinter Stepperg. Sonst nur vereinzelt kurze und leichte Steigungen.

### Wegezustand
Alle Straßen und Wege der Tour bis auf wenige kurze Stellen gut gepflegt und ohne Einschränkungen mit dem Rad befahrbar.

### Ausgangspunkt
Stadtbahnhof Eichstätt

### Anfahrt
Auto: A 9 bis Ingolstadt Süd, dann B 13 bis Eichstätt. 110 km, Fahrzeit ca. 1:30 Std. Bahn: Mehrmals täglich München–Ingolstadt (umsteigen)–Eichstätt Bahnhof (umsteigen)–Bahnhof Eichstätt Stadt. Fahrzeit ca. 2 Std., Fahrradmitnahme möglich. Rückfahrt von Neuburg/Donau oder Ingolstadt.

### Tourist-Info
Eichstätt: www.eichstaett.de; Neuburg/Donau: www.neuburg-donau.de

Wir radeln dort, wo einst die Urdonau ihren Lauf nahm: zunächst ein Stück im reizvollen Altmühltal, dann durch das Wellheimer Tal und schließlich im Donautal bis Neuburg an der Donau. Eine ausgedehnte Tour, die nur wenige Steigungen aufweist und auf ganzer Strecke sehr angenehm zu radeln ist. Auch Kunstfreunde kommen nicht zu kurz.

## Streckenbeschreibung

**Abschnitt Eichstätt–Dollnstein.** Wir fahren zunächst vom Stadtbahnhof über die Spitalbrücke ins Stadtzentrum, wo wir uns den Attraktionen der Altstadt zuwenden können. Denn wir kehren ja nach Ende der Tour nicht mehr hierher zurück. Dann aber brechen wir auf. Auf Fischer- und Herzoggasse gelangt man zum Herzogsteg und radelt drüben am Ufer der Altmühl hinaus.

Im Einzelnen beschreiben muss man den Weg nicht, denn er ist auf ganzer Länge zweifelsfrei ausgeschildert. Die Radschilder sind mit Ortsnamen oder einfach mit »Radwanderweg« beschriftet. So radeln wir an der Altmühl entlang in einem relativ ausladenden und bäuerlich geprägten Tal mit bewaldeten Hängen an der Seite und örtlich kleinen Felsformationen. Man-

cherorts wirkt die offene Auenlandschaft sogar parkartig. Nachdem
**Marienstein**, Rebdorf, Wasserzell,
Obereichstätt und **Breitenfurt** passiert sind, treffen wir in **Dollnstein**
ein und verabschieden uns hier von
der Altmühl.

Abschnitt Dollnstein–Rennertshofen.
Wellheimer Tal heißt die Senke, die
wir in der nächsten Etappe durch-
laufen, bekannt insofern, als das
Tal in Urzeiten von der mächtigen Urdonau durchflossen wurde
(siehe Wissenswertes). Ein erstes Schild mit Hinweis Wellheim
steht am Marktplatz von Dollnstein. Diese Schilder bringen uns
hinaus in ein ländliches Tal, das wohl eine Spur herber und einfacher ist als das Altmühltal, aber sonst ein ähnliches Bild abgibt.
Die Gegend wirkt wie ausgestorben: kein Mensch, kein Laut an
der Strecke. Radler und Wanderer sind viel seltener als an der
Altmühl. Hier bietet sich eine ideale Gelegenheit zu meditieren,
also seinen Gedanken nachzuhängen oder aber seine Fantasie
spielen zu lassen hinsichtlich Größe
und Lauf der Urdonau. So ziehen
wir – gelenkt von Radschildern –
vorbei an den Dörfern Ried, Konstein
und **Wellheim**, durchqueren später
noch Hütting und landen schließlich
am Ortsrand von **Rennertshofen**.
Hier treffen wir auf ein erstes Schild
**Donauradwanderweg**. Dieser wird
nun unsere weitere Route bestimmen.

Abschnitt Rennertshofen – Neuburg/Do-
nau. Wir verlassen also das Wellheimer
Tal und treten ein in die breite Niederung
der Donau. Die Schilder Donauradwanderweg lenken uns zunächst durch Rennertshofen, anschließend durch **Step-
perg**. Danach folgt die einzige anstrengende Steigung entlang
einer Akazienallee, dann erreicht man mit Aussicht auf das
Donautal das Dorf **Riedensheim**. Von dort geht es hinunter

Oben: Über der Altmühl thront
die mächtige Willibaldsburg.

Linke Seite: Vorbei an kleineren
Felsbastionen läuft der Radweg
an der Altmühl entlang.

**Tipp des Tages**

Höhlen-Interessierte aufgepasst: Auf Höhe des
kleinen Dorfs Mauern, 2 km vor Rennertshofen,
passiert man die sogenannten Mauerner- oder
Weinberghöhlen. Sie sind von der Straße aus
am Hang auf der rechten Seite zu sehen und
in wenigen Minuten erreichbar. Ihre Nutzung
wurde bis in die Altsteinzeit nachgewiesen
und durch bedeutende Funde untermauert.
Betreten kann man sie nicht, da sie mit einem
Zaun abgesperrt sind.

direkt an das Donauufer, freilich nur ein kurzes Stück, aber in ansprechender Auenlandschaft und mit schönen Ausblicken auf den stolzen Strom und weiter durch die Donauniederung nach **Bittenbrunn**, wo man im prämierten Gasthof Kirchbaur einkehren kann. Die letzten 2 Kilometer bis **Neuburg** bieten zwar schöne Ausblicke auf die Neuburger Altstadt, sind aber entlang der verkehrsreichen Staatsstraße kein wirkliches Radlvergnügen mehr. An der großen Ingolstädter Straße biegen wir rechts ab, überqueren die Donau und schieben über die Amalienstraße hoch in die Altstadt. Das Ziel ist erreicht!

## Sehens- und Wissenswertes

**Eichstätt:** Bischöfliche Residenz und Universitätsstadt mit barocker Eleganz, zugleich behagliche kleinstädtische Atmosphäre

und malerische Lage im Altmühltal. Wichtige Baudenkmäler der Stadt: **Dom** (11. bis 16. Jh.) u. a. mit Pappenheimer Altar (1495) und Buchenhüller-Madonna (1430). **Residenzplatz** mit der einstigen fürstbischöflichen Residenz und Kanzlei sowie Kavaliers- und Kanonikerhöfen. Schutzengelkirche (1620) und **Bischöfliches Palais**, eine ansehnliche Barockanlage. **Hofgarten** mit der einstigen fürstbischöflichen Sommerresidenz. Die **Kapuzinerkirche** enthält eine Nachbildung des Heiligen Grabes in Jerusalem. Am Marktplatz das **Rathaus** mit der Biedermeier-Fassade (1824) und der Willibaldsbrunnen (17. Jh.). Hoch über der Stadt thront die **Willibaldsburg**, von 1355 bis 1725 Wohnsitz und wehrhafter Zufluchtsort der Fürstbischöfe. Sehenswert dort u. a. der Gemmingen-Bau sowie das Juramuseum (Di–So 10–16 Uhr) mit berühmten Fossilienfunden, wie dem Urvogel Archaeopteryx im Original.

Von der Stadt aus ist die Willibaldsburg über die Burgstraße nach rund 1 Kilometer oder 20 Minuten erreichbar.

**Urdonau:** Gewaltiger urzeitlicher Strom, der in der Eiszeit durch das Wellheimer-

Malerische Gruppierung am Karlsplatz in Neuburg, u. a. mit Hofkirche, Marienbrunnen und Rathaus

und Altmühltal bis Kehlheim floss, in der Rißeiszeit seinen Lauf durch das Schuttertal (bei Hütting abzweigend) nahm und erst danach in das heutige Donautal einschwenkte.

Wellheim: Über dem Dorf Burgruine mit Bergfried, zurückgehend auf das 12. Jh. **Urdonautal-Museum** mit zahlreichen Fundstücken (Mi–Mo 8–22 Uhr).

Neuburg an der Donau: Ehemalige Residenzstadt der Pfalzgrafen mit malerischem Bauensemble in der Oberen Altstadt. Barockes **Residenzschloss** mit Burghof, Schlossmuseum (Di–So 10–16 Uhr) und freskengeschmückter Kapelle. Reizvolles Ortsbild am **Karlsplatz** mit Renaissancebauten, Marienbrunnen und Hofkirche (eleganter Innenraum in Weißgold mit reichem Stuck). Beachtenswert in der Oberstadt auch ansehnliche Palais und Patrizierhäuser, wie die Provinzialbibliothek, das Weveldhaus, die Münz (ehem. Ritterhaus und Münzstätte) sowie Oberes und Unteres Tor. Das **Stadtmuseum** (Di–So 10–18 Uhr) im Weveldhaus dokumentiert die wechselvolle Geschichte der Stadt.

*Einkehr*

Eichstätt: Krone (B): Tel. 08421/ 44 06; Dollnstein: Zur Post (T): Tel. 08422/15 15; Wasserzell: Zum Hirschen (T/B): Tel. 08421/96 80; Neuburg/Donau: Zur Blauen Traube (T/B): Tel. 08431/83 92

# 48 Zwei-Tages-Tour durchs reizvolle Altmühltal

schwierig | 92 km | 39 m | 10 Std.

## Route
1. Tag: Eichstätt – Kipfenberg (km 27) – Kinding (km 33,5) – Beilngries (km 44) – Dietfurt (km 55); 2. Tag: Dietfurt – Riedenburg (km 20) – Essing (km 28,5) – Kelheim (km 37)

## Verkehr
Bis auf wenige kurze Abschnitte und Ortsdurchfahrten meist verkehrsarm oder -frei

## Steigungen
Generell ist der Altmühlradweg ein flacher Kurs. Bis vor Beilngries enthält er einige kurze und leichte Anstiege. Ab Beilngries bis Kehlheim ist die Strecke bis auf zwei kleine Buckel völlig eben.

## Wegezustand
Kies- und Asphaltuntergrund wechseln sich ab; die Wege sind alle gut befahrbar.

## Ausgangspunkt
Eichstätt, Stadtmitte

## Endpunkt
Kehlheim

## Anfahrt
Auto: Eine Anfahrt mit dem Auto ist nicht empfehlenswert, da keine Rückkehr nach Eichstätt. Bahn: Regelmäßige Verbindung von München zum Bahnhof Eichstätt; von dort Zubringer nach Eichstätt-Stadt. Rückfahrt: regelmäßige Verbindung ab Kelheim oder Saal a. d. D. nach München

## Tourist-Info
www.eichstaett.de, www. naturpark-altmuehltal.de, www.beilngries.de, www. dietfurt.de, www.riedenburg. de, www.kelheim.de

Der 1979 eingerichtete Altmühlradweg hat längst Kultstatus. Kein Wunder, denn das Altmühltal glänzt mit parkartigen Uferzonen, schroffen Felsgebilden und malerischen Burgen. Zudem besitzt der Radweg selbst alle Vorzüge einer Top-Route: verkehrsfrei, gepflegter Fahrbahnbelag und mustergültig ausgeschildert. So wird die zweitägige Fahrt von Eichstätt nach Kelheim zwar zu einer konditionellen Herausforderung, aber auch zum nachhaltigen Erlebnis.

## Streckenbeschreibung
**Vorbemerkung:** Die Route braucht nicht ausführlich beschrieben zu werden, denn sie ist zweifelsfrei gekennzeichnet. Dargestellt wird also nur der grobe Verlauf des Kurses mit wichtigen Zwischenstationen.

### Einkehr

In vielen Orten des Altmühltals bieten sich Einkehrmöglichkeiten, besonders in Eichstätt, Kipfenberg, Beilngries, Dietfurt, Riedenburg und Kelheim. Einzelne Gasthöfe werden deshalb nicht genannt.

## Abschnitt Eichstätt – Dietfurt
**(1. Tag).** Nach Besichtigung von Eichstätt (s. Sehens- und Wissenswertes) geht es ab dem Bischöflichen Ordinariat zur Altmühl und hinaus ins Tal. Mit schönen Ausblicken auf Fluss und Talhänge erreicht man über Landershofen (Kirche), Pfünz (Ortsbild), Inching (Schlösschen) und Pfalzpaint das Dorf **Gungolding**, das wegen seiner Wacholderheide, der größten Bayerns, bekannt ist. Klammheimlich hat die Altmühl ihr Bett verbreitert, und an den Hängen sehen wir erste Felsgebilde. Es folgen die Orte Arnsberg (Felswände und Schloss) und **Kipfenberg**, wo Ortsbild und malerisch postierte Burg aus dem 12. Jh. zu einer längeren Pause anregen. Bald darauf wird die A 9 unterquert, das Dorf **Kinding** (u. a. Kirchenburg) durchfahren und das Freizeitzentrum Kratzmühle passiert, wo man eine Badepause einlegen kann.

Dann kommen wir nach **Beilngries** mit mittelalterlicher Stadt-befestigung, schmuckem Ortsbild, bedeutender Pfarrkirche und mehreren originellen Museen. Hier könnte man in guten Hotels übernachten, hätte aber am nächsten Tag eine fast 50 Kilometer lange Schlussetappe vor sich. Da ist es überlegenswert, über Kot-tingwörth und Töging weiter nach **Dietfurt** zu fahren und dort mit einfacheren Unterkünften vorliebzunehmen – dafür ist der Restweg dann nur noch 37 Kilometer lang. Übrigens ist Dietfurt über die Grenzen hinaus für seinen Chinesenfasching bekannt, der alljährlich am Faschingsdonnerstag stattfindet.

Radlgenuss im Altmühltal: grüne Wiesen und Talhänge, ein leuchtend gelbes Rapsfeld und darüber weiß-blauer Himmel

**Abschnitt Dietfurt – Kehlheim (2. Tag).** Ab Dietfurt führt die Route nördlich um den Wolfsberg herum und weiter über Mühlbach zum Kanalufer. Mit Ausblicken auf Kanal, kleine Felstürme an den Hängen und auf Stillwasser, wo Frösche Quakkonzerte ver-anstalten, passiert man u. a. Untereggersberg und Gundlfing

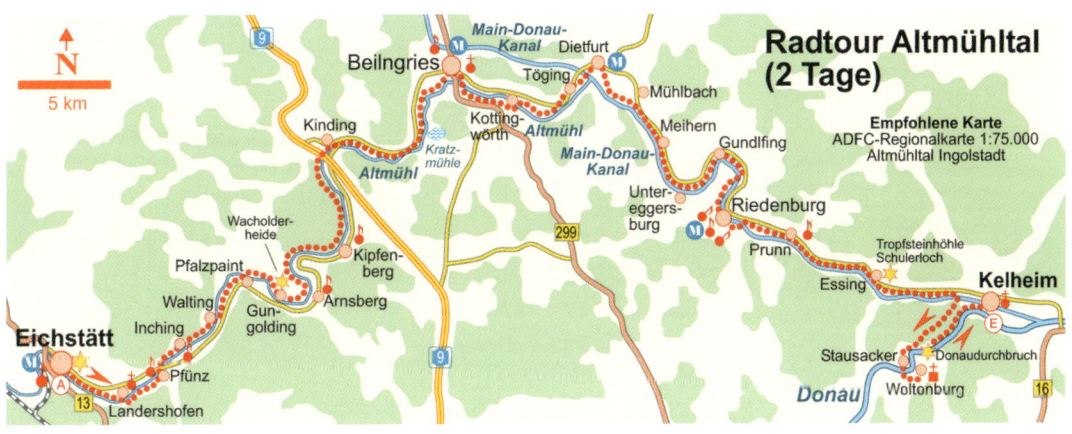

211

Oben: Der Marktplatz in Kipfenberg, wo man einen Kaffee trinken und gleichzeitig die fotogene Burg bewundern kann.

Ganz oben: Das Kloster Weltenburg aus dem 18. Jh., obwohl schon um 600 gegründet. Die Kirche wurde von den Brüdern Asam erbaut.

und gelangt nach **Riedenburg**. Höhepunkte dieses malerischen Altmühldorfs sind das Ortsbild, Schloss Rosenburg, die Burgruinen Rabenstein und Tachenstein sowie u. a. ein Kristallmuseum mit der größten Bergkristallgruppe der Welt.

Jetzt folgt der Endspurt. Wir erfreuen uns noch an der hoch gelegenen Burg **Prunn**, eine der besterhaltenen Ritterburgen Bayerns, wagen in **Essing** vielleicht noch einen kurzen Abstecher zum Schulerloch, einer der schönsten Tropfsteinhöhlen des Altmühltals, und landen schließlich nach weiteren knapp 10 Kilometer in **Kehlheim**.

Abstecher Weltenburg. Wer gut in der Zeit liegt, kann vor Kehlheim noch eine rund 8 Kilometer lange Schleife über Weltenburg (Kloster) und Donaudurchbruch radeln (s. Karte). Ab der Brücke der Kelheimer Staustufe geht es zunächst 2 Kilometer steil (!) hinauf zur Befreiungshalle, dann vom dortigen Parkplatz durch schönen Laubwald hinunter ans Donauufer und knapp 1 Kilometer an diesem entlang. In Stausacker setzt man mit der Fähre über. Wenn man die Klosterkirche besichtigt und sich im behaglichen Biergarten erholt hat, bringt uns ein kleiner Motorkahn mit spektakulären Bildern durch die Enge des Donaudurchbruchs und setzt uns ca. 2 Kilometer danach auf einem Radweg am Ufer wieder ab. Bis Kelheim ist es dann nur noch ein Katzensprung.

## Sehens- und Wissenswertes

**Eichstätt:** Die Große Kreisstadt ist Bischofsstadt und Sitz einer katholischen Universität. Barocker Glanz und gemütliche Kleinstadtatmosphäre prägen ihre Ausstrahlung. Wichtigste Kirche der Stadt ist der **Dom** mit dem Pappenheimer Altar (1495), der Sitzfigur und dem Grabstein des Hl. Willibald sowie der Buchenhüller-Madonna (1430). Hinter dem Dom steht der Komplex der **Residenz**, am Leonrodplatz befinden sich **Schutzengelkirche** und **Bischöfliches Palais** und im Hofgarten die frühere fürstbischöfliche **Sommerresidenz**. Am Marktplatz beherrschen das **Rathaus**, der Willibaldsbrunnen und schmucke Bürgerhäuser das Bild. Besuchenswert wäre auch die **Willibaldsburg** mit Juramuseum, doch sollte der Nachmittag für die Radetappe frei gehalten werden.

**Kelheim:** Alter Herzogsitz und sympathische Kleinstadt. Höhepunkte sind das Ortsbild, malerische Stadttore, die Kirche Mariä Himmelfahrt sowie das Alte und das Neue Rathaus.

**Befreiungshalle:** Erbaut von Leo von Klenze Mitte des 19. Jh. im Auftrag von König Ludwig I. Sie soll an die Befreiungskriege gegen Napoleon erinnern. Im Innern sind 34 überlebensgroße Siegesgöttinnen aus Carrara-Marmor aufgestellt.

**Kloster Weltenburg:** Um 600 gegründet, heutige Anlage aus dem 18. Jh. Betrieben wird das Kloster von Benediktinermönchen. Die prächtige Klosterkirche stammt von den Gebrüdern Asam.

**Donaudurchbruch:** Eines der berühmtesten Naturdenkmäler in Deutschland. Die landschaftlich beeindruckende Felsenge mit steil aufragenden Jurasteinmassiven ist an ihrer schmalsten Stelle 110 Meter breit; sie wurde mit dem angesehenen Europa-Diplom ausgezeichnet.

### Wissenswert

Ab Dietfurt verläuft der Radweg bis Kelheim im Regierungsbezirk Niederbayern, was der Faszination der Tour freilich keinen Abbruch tut. Das ist schon eher der Fall durch den Umstand, dass die Altmühl 1 km südlich von Dietfurt zum Main-Donau-Kanal wird, also ihr reizvolles individuelles Flussbild verliert und sich als nüchterner, begradigter Kanal präsentiert. Die kleinen Altarme und Teiche dienen heute als Stillwasserzonen und kleine Biotope.

> **»Sie gehört zu den erlebnisreichsten und landschaftlich schönsten Radtouren Bayerns: eine Fahrt durch das reizvolle Altmühltal von Eichstätt bis Kelheim.«**
>
> **Dr. Hermann Braun, München**

# 49 Auf ruhigen Wegen durchs Eglinger Land

mittel    26 km    118 m    3 Std.

**Route**
Egling – Aufhofen (km 3,7) – Attenham (km 7,5) – Thanning (km 10) – Reichertshausen (km 14,5) – Harmating (km 16,5) – Ascholding Holzwirt (km 22) – Egling (km 26,1)

**Verkehr**
Zwei neuralgische Punkte sind der Dorfbereich von Aufhofen und die Durchgangsstraße in Attenham. Ansonsten nur wenig und streckenweise ganz ausbleibender Verkehr.

**Steigungen**
2 stärkere Anstiege und mehrere kurze Steigungen. Hauptsteigung zwischen Aufhofen und Eulenschwang (ca. 500 m)

**Wegezustand**
Überwiegend asphaltierte Land- und Nebenstraßen, Schotterbelag zwischen Harmatinger Weiher und Ascholding sowie auf der Waldstrecke zwischen Ascholding und Egling.

**Ausgangspunkt**
Kirche in Egling

**Anfahrt**
Nur mit Auto von München aus über Grünwald, Straßlach und Deining (St 2072) oder auf St 2573 bis Sauerlach und dann auf St 2070 bis Egling.

**Freibäder**
Thanninger- und Harmatinger Weiher.

**Tourist-Info**
Egling: Tel. 08176/931 20

Mit der Neuauflage des Buches 2021 bilden zwei besonders beschauliche Touren abseits des Trubels das Schlusskapitel. Sie führen durch ruhige Gefilde und sind relativ kurz. Gerade im Eglinger Hügelland östlich des Isartals gibt es viele Wege, die in stiller bäuerlicher Gegend weitgehend ungestörten Radlgenuss und weite Ausblicke bieten. Die Eglinger Tour ist nur 26 km lang, vor allem auch deshalb, weil die Strecke von zwei längeren Anstiegen und mehreren kurzen Buckeln durchsetzt ist. Klar muss aber sein, dass man auch hier mal Autos oder Menschen begegnen kann.

## Streckenbeschreibung

**Abschnitt Egling-Thanning.** Die Ausfahrt Egling erfolgt ab Kirche auf Haupt- zur Münchner Straße, wo wir dann nach rechts in den Kirchfeldweg einbiegen. Er geht über in den Kirchweg, der bis **Dettenhausen** führt. Dort setzen wir auf etwas stärker befahrener Landstraße nach Osten fort und erreichen **Aufhofen**, ein Dorf, das wegen seines Gasthofs und eines Bade-

weihers stets gut besucht ist. Gleich wird es aber wieder ruhiger, wenn wir in Richtung Eulenschwang fortsetzen. Nach markantem 500 m-Anstieg biegen wir am Ende des Sträßchens rechts ab, gelangen zum Weiler Sonnenham und wenig später nach **Attenham** an der Staatsstraße 2070. Mit gebotener Vorsicht machen wir dort einen Rechts-/Linksschwenk und steuern mit hinreißender Alpensicht den Weiler Wörschhausen an. Dort geht es rechts weiter, bis links der Weiherweg abbiegt, der uns kurz darauf nach **Thanning** bringt. Das Dorf zählt zu den ältesten der Gegend und wurde bereits Mitte des 8. Jahrhunderts urkundlich erwähnt. Es ist bekannt für malerische alte Bauernhäuser. Ein besonders schönes steht am Ende des Weiherwegs.

**Abschnitt Thanning–Harmating.** Wir verlassen Thanning wieder auf der Amtmann-Straße und steuern das Sträßchen Egling–Moosham an. Dort biegt man links ab, erreicht die Ortsmitte von **Moosham** und radelt nunmehr links nach Feldkirchen hinüber. Die Landschaft erlaubt hier weite Rundumblicke bis hinüber zu den Bergen.

Die Straße in **Feldkirchen** führt nach Osten hinaus, knickt dann nach Süden ab und passiert ein großes Kieswerk, für ein paar Minuten ein weniger schöner Anblick, der uns jedoch die Fahrt auf verkehrsreicherer Straße erspart. Schon sind wir am Kieswerk vorbei und steuern nun in stiller aussichtsreicher Gegend das Dorf **Reichertshausen** an. Am jenseitigen Ortsrand biegt links ein Sträßchen ab, trifft nach langgezogenem Anstieg auf eine Querstraße, an der es rechts hinüber nach **Harmating** geht. Dehios Handbuch Deutscher Kunstdenkmäler erwähnt in Harmating die Kapelle St. Leonhard, aber auch das Schloss, das ab 1531 im Besitz der ausgestorbenen Münchner Patrizierfamilie von Barth war. Es handelt sich um einen dreigeschossigen Bau aus dem Spätmittelalter. Bekannt ist das Dorf aber auch wegen

Das Schloss in Harmating, von der Südseite aus gesehen

Linke Seite: Geschmücktes Bauernhaus am Ende des Weiherwegs in Thanning

215

des im Tal liegenden Harmatinger Weihers, der im Sommer gern als Badesee genutzt wird.

**Abschnitt Harmating–Ascholding.** Nun lassen wir auf dem Richtung Ascholding ausgeschilderten Sträßchen das Rad im Wald hinunterlaufen zum Harmatinger Weiher, wo man eine kurze Pause einlegen und einen kleinen Spaziergang am Ufer machen kann.

Jetzt aber peilen wir Ascholding an. Um der etwas verkehrsreicheren Staatsstraße 2072 auszuweichen, biegen wir 100 m nach dem Weiher von der St 2073 links auf einen zunächst etwas ungepflegten Schotterweg ab, der an einem Betriebsgelände vorbeiführt, dann aber in freies Gelände eintritt und weite Aussicht bietet. Wenig später unterquert der Weg an der Südostecke von Ascholding die verkehrsreiche St 2072. Nun radelt man am Südrand des Ortes zunächst auf der Isarstraße mit spektakulärer Gebirgssicht nach Westen, wechselt dann auf die Auenstraße und gelangt über die Hauptstraße hinweg auf dem Sträßchen Am Holz zum Holzwirt.

## Tipp des Tages

Nachdem Ascholding einer jener Orte im Alpenvorland ist, der zahlreiche alte und stattliche Bauernhäuser besitzt, wird empfohlen, einen Rundgang zu machen. Fündig wird man vor allem entlang der Hauptstraße und des Dorfbachs.

Wenn man am Westrand von Ascholding auf dem Sträßchen Am Holz hinauffährt, fällt der Blick unweigerlich auf die einladende Terrasse des Gasthofs Holzwirt, wo man dann sicher nicht widerstehen kann und einkehrt, zumal an einem heißen Tag und bei quälendem Durst.

**Abschnitt Ascholding–Egling.** Nun noch das Finale der Tour, also die Rückfahrt nach Egling. Vom Holzwirt aus führt ein Schotterweg nach Norden weg. Er verläuft fast durchgehend im Wald, über kleine und markante Buckel hinweg und geht nach 2 km in ein asphaltiertes Sträßchen über. Es heißt Waldstraße, ist gelegentlich auch von Autos der Anlieger befahren und führt nach gut 1,5 km zurück nach Egling. Sollten Sie nicht beim Holzwirt eingekehrt sein, bietet sich in Egling der Gasthof Oberhauser Hotel Post an, ebenfalls ein renommiertes Haus mit Biergarten.

## Einkehr

Aufhofen: Jägerwirt mit Biergarten, Tel. 08176/99 89 50; Feldkirchen: Gasthof Hansch, Biergarten, Tel. 08176/360; Harmating: Gasthof Holzheu, Biergarten, Tel. 08176/74 34; Ascholding: Holzwirt mit Terrasse, Tel. 08171/783 66; Gasthof Lacherdinger, Biergarten, Tel. 08171/295 59; Egling: Gasthof Oberhauser Hotel Post, Biergarten, Tel. 08176/930 30

# 50 Im Fünfseenland – abseits des Trubels

leicht | 28/31 km | 130 m | 3–4 Std.

### Route
Gauting – Unterbrunn – Hanfeld (km 10,1) – Perchting – Maisinger See (km 17,8) – Aschering – Traubing – Tutzing (km 28,3); mit Ilkahöhe (km 31,3).

### Verkehr
Vor Perchting auflebend, in Gauting und Tutzing stärker, sonst so gut wie verkehrsfrei.

### Steigungen
Ein paar sachte Anstiege und kurze Buckel, sonst eben.

### Wegezustand
Zwischen den Orten oft gut befahrbare Schotterwege, sonst stille Asphaltsträßchen. Auch die Wege durch die Deixlfurter Seenplatte sind zum Radfahren geeignet.

### Ausgangspunkt
S-Bahnhof Gauting.

### Anfahrt
Mit S6 vom Großraum München aus bis Gauting; Rückfahrt ab Tutzing.

### Freibäder
Maisinger See, Deixlfurter See, Strandbäder in Tutzing.

### TouristInfo
Gauting: Tel. 089 89337-0
Tutzing: Tel. 08158 2502-0

Das Fünfseenland ist touristisch ein Schwergewicht. Allerdings konzentriert sich der Zustrom hauptsächlich auf die Seen und ihre Ufer. Auf den Höhen zwischen den Seen zeigt sich ein ganz anderes Bild: friedliches, fast einsames Bauern-, Wiesen- oder Moorland, dazwischen verschlafene kleine Dörfer und Waldparzellen, gelegentlich ein Alpenblick, aber kaum Menschen oder Autos. Es sei denn, man passiert ein »Highlight« wie den Maisinger See, dann kann es auch hier oben etwas enger werden.

## Streckenbeschreibung

**Abschnitt Gauting–Hanfeld.** Ausgangspunkt der Tour ist **Gauting** im Würmtal. Ab Bahnhof geht es auf Bahnhof-, Ammersee-, Zugspitz- und Königswieser Straße zu einer Bahnunterführung in **Königswiesen** und drüben gleich rechts auf die Mühlstraße Richtung Unterbrunn. Der geschotterte und stille Waldweg passiert anfangs eine markante Gabel, dort links weiter und läuft dann geradlinig durch Wald und später im Freien nach **Unterbrunn**. Solche beschaulichen Waldpassagen erleben wir heute noch einige Male. Nun folgen wir links der Hausener Straße, radeln durch menschenleeres Bauernland und gelangen nach **Hausen**, das wir geradlinig durchqueren. Am Ende geht es über

»Traumlandschaft«: Der Maisinger See unter blau-weißem Himmel mit seinen Schilfzonen und Seerosenkulturen.

eine Landstraße und drüben auf gut befahrbaren Schotterwegen weiter bis zur verkehrsreichen Staatsstraße 2069. Nach kurzem Links-/Rechts-knick unterqueren wir die Straße und gelangen nach **Hanfeld**.

**Abschnitt Hanfeld–Maisinger See.** Ab Hanfeld geht es strikt in Westrichtung auf Schotterweg in leichtem Auf und Ab durch Wald und nach Brücken-Überquerung der neuen Staatsstraße 2563 hinein nach **Hadorf**.
Auf der Dorfstraße verlassen wir Hadorf wieder und werden jetzt auf den nächsten knapp 2 km bis **Perchting** von mäßigem

Der Maisinger See, ganzjähriger Treffpunkt von Radlern, Spaziergängern, Badegästen und Biergartenliebhabern.

Autoverkehr begleitet. Durch eine Unterführung gelangen wir in die Dorfmitte und radeln auf der Pöckinger Straße wieder hinaus. Die folgende Etappe zeichnet sich durch offene Hügellandschaft, weite Rundblicke, eine stetig abfallende Strecke und nicht zuletzt durch einen spektakulären Blick auf das Wettersteingebirge mit der markanten Zugspitze. Dann haben wir den naturgeschützten und einst von Mönchen angelegten **Maisinger See** erreicht. Er liegt landschaftlich sehr reizvoll und bietet Gelegenheit zum Baden und zur Einkehr in einem Gasthof mit Biergarten. Kein Wunder also, dass er zu jeder Jahreszeit gut besucht ist. Wer möchte, kann am See auch kleine Wanderungen unternehmen.

*Einkehr*

Unterbrunn: Gasthaus Högner mit Biergarten, Tel. 089/850 34 18; Maisinger See: Maisinger Seehof, Biergarten; Tel. 08151/74 42 42; Traubing: Gasthof Alter Wirt, Biergarten; Tel. 08157/12 43; Ilkahöhe: Forsthaus Ilkahöhe, Biergarten, Tel. 08158/82 42; Tutzing: Tutzinger Hof, Biergarten Tel. 08158/936-0.

Soeben hat eine Radlerin das Dorf Traubing verlassen und fährt nun in anmutiger Gegend nach Süden in Richtung Tutzing.

**Abschnitt Maisinger See–Tutzing.** Wir brechen wieder auf, radeln jetzt zwischen Maisinger Bach und Moorland nach Süden bis zu einer kleinen Brücke, wo unser Weg nach rechts abbiegt. Der folgende Abschnitt bis Aschering gehört zu den schönsten der Tour: bequem fahrbarer Schotterweg, reizvolle Moorgegend und ein spektakuläres Gebirgspanorama.

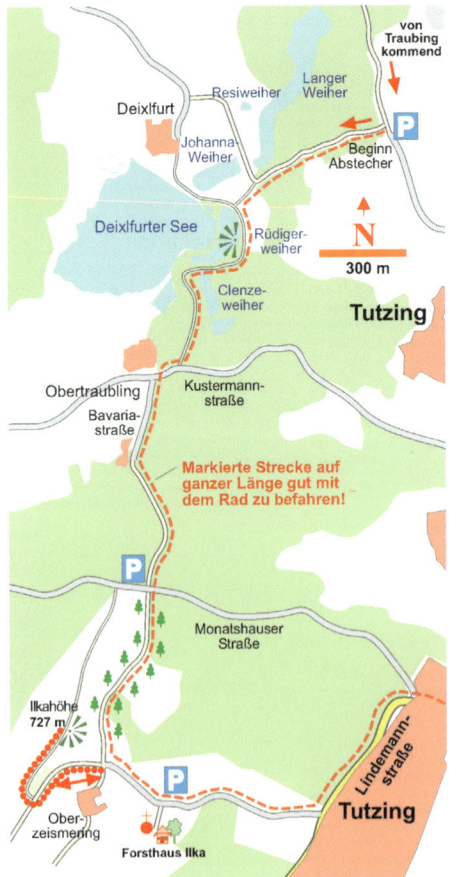

Bald darauf landen wir in **Aschering** an der St. Sebastian-Straße nahe der Kirche, biegen dort links ab und folgen am südlichen Ortsrand dem rechts abgehenden Sträßchen in Richtung Traubing. Der Landschaftscharakter bleibt erhalten, also Acker- und Wiesenland und Aussicht nach allen Seiten. In **Traubing** stößt man auf die Andechser Straße, biegt dort links und an der Kirche wieder rechts ab, um dann wenig später der Tutzinger Straße nach links zu folgen. Damit beginnt die Schlussphase der Tour. Nachdem die Bundesstraße 2 unterquert ist, geht das Sträßchen in einen Schotterweg über. In leichtem Auf und Ab führt der Weg in ein Waldstück, passiert ein Golfgelände und bietet nach gut 500 m die Gelegenheit, nach rechts zu den Deixlfurter Seen abzubiegen (siehe Tipp).

Ansonsten aber geht der Schotterweg in eine Asphaltstraße über und führt ständig abfallend hinunter bis **Tutzing**. Vor einer Bahnunterführung weist uns ein Schild nach rechts. Die nächste Bahnunterführung nutzen wir für den Seitenwechsel und radeln nun auf Heinrich- und Bahnhofstraße vor zum S-Bahnhof.

**Abstecher Deixlfurter Seen und Ilka-höhe.** Empfohlen wird ein Abstecher über die Deixlfurter Seen und die Il-kahöhe, womit sich die Gesamtlänge der Tour auf 31 km erhöht. Gedacht ist der Abstecher für Leute, die sich nicht scheuen, zwei touristische »Hotspots« anzufahren und damit in Kauf neh-men, dass sie vielen Leuten begegnen. Die Route beginnt – von Traubing kommend – 500 m nach dem Golfge-lände an einem Parkplatz, wo rechts eine Schotterstraße in den Wald führt (siehe Karte).

Die Deixlfurter Seenplatte liegt in ei-nem Landschaftsschutzgebiet und besteht aus dem großen Deixelfurter See, wo Baden erlaubt ist, und acht

## Zum Aussichtpunkt Ilkahöhe

Da der eigentliche Aussichtspunkt etwas oberhalb von Oberzeismering liegt, wird empfohlen, das Fahrrad unten stehen zu lassen und einen kurzen Spaziergang (ca. 1,5 km hin und zurück) zum eigentlichen Aussichtspunkt zu unternehmen (siehe Karte gepunktete Route). Los geht es ca. 300 m vor dem Parkplatz Ilkahöhe an der Kreuzung, wo ein kleines Schildchen die Richtung zur Ilkahöhe zeigt. Wissen muss man, dass die Aussicht von oben durch Baumwuchs immer mehr eingeschränkt wird. Als Belohnung kann man sich danach im zünftigen Biergarten des Forsthauses Ilkahöhe von den (we-nigen) Anstrengungen der Tour erholen.

weiteren kleinen Weihern. Die Seen punkten vor allem im Früh-jahr und im Herbst mit landschaftlichem Reiz. Als Wanderziel nicht minder beliebt ist die Ilkahöhe (726 m), denn sie ist einer der bekanntesten Aussichtspunkte des Alpenvorlands und bie-tet prächtige Aussicht auf den Starnberger See und die Gebirgs-kette. Zudem steht dort das Forsthaus Ilkahöhe, das als Restau-rant einen guten Namen hat und zudem einen Biergarten besitzt.

Dieser Blick auf den Starnberger See und die Alpenkette bietet sich vom 726 m hoch gelegenen Aussichtspunkt Ilkahöhe.

# Register

# Impressum

Verantwortlich: Miriam Gieler
Lektorat: Anette Späth
Repro: LUDWIG:media
Layout: Eva-Maria Klaffenböck
Kartografie: Armin Scheider
Herstellung: Bettina Schippel
Printed in Slovenia by Florjancic

★ ★ ★ ★ ★

**Sind Sie mit diesem Titel zufrieden? Dann würden wir uns über Ihre Weiterempfehlung freuen.** Erzählen Sie es im Freundeskreis, berichten Sie Ihrem Buchhändler, oder bewerten Sie bei Onlinekauf. Und wenn Sie Kritik, Korrekturen, Aktualisierungen haben, freuen wir uns über Ihre Nachricht an J. Berg Verlag, Postfach 40 02 09, D-80702 München oder per E-Mail an lektorat@verlagshaus.de.

Unser komplettes Programm finden Sie unter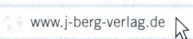

**Bildnachweis**
Alle Abbildungen stammen von Armin Scheider, mit Ausnahme von: Seite 58 unten: Pressebüro Ritterturnier, Klaus Bock; Seite 58/59 oben Mitte: Pressebüro Ritterturnier, Klaus Bock; Seite 59 oben rechts: Pressebüro Ritterturnier, Peter Ernszt; Seite 75: Bildarchiv der Kreisstadt Mühldorf am Inn, Heiner Heine; Seite 199: Rathaus Pfaffenhofen an der Ilm, Elisabeth Steinbüchler

Umschlagvorderseite: Radlglück im Chiemgau (mauritius images/image BROKER/Norbert Eisele-Hein)
Umschlagrückseite: Der Dorfplatz in Anger mit dem Untersberg im Hintergrund (Tour 19)

Die Deutsche Nationalbibliothek verzeichnet diese Publikation in der Deutschen Nationalbibliografie; detaillierte bibliografische Daten sind im Internet über http://dnb.d-nb.de abrufbar.

Aktualisierte Neuauflage
© 2021, 2020, 2017, 2006 J.Berg Verlag in der Bruckmann Verlag GmbH, Infanteriestraße 11a, 80797 München

ISBN 978-3-86246-537-8